U0745621

廖继勇——

著

定制家居
销售一本通

SALES GUIDE
TO CUSTOM HOME

人民东方出版传媒

东方出版社

图书在版编目（CIP）数据

定制家居销售一本通 / 廖继勇著．—北京：东方出版社，2020.10

ISBN 978-7-5207-1641-3

Ⅰ.①定… Ⅱ.①廖… Ⅲ.①家具-销售 Ⅳ.① F724.785

中国版本图书馆 CIP 数据核字（2020）第 155535 号

定制家居销售一本通

（DINGZHI JIAJU XIAOSHOU YIBENTONG）

作　　者：廖继勇

策划编辑：鲁艳芳

责任编辑：张洪雪　杭　超

出　　版：东方出版社

发　　行：人民东方出版传媒有限公司

地　　址：北京市朝阳区西坝河北里 51 号

邮　　编：100028

印　　刷：北京汇瑞嘉合文化发展有限公司

版　　次：2020 年 10 月第 1 版

印　　次：2020 年 11 月北京第 2 次印刷

开　　本：710 毫米×1000 毫米　1/16

印　　张：19

字　　数：290 千字

书　　号：ISBN 978-7-5207-1641-3

定　　价：68.00 元

发行电话：（010）85924663　85924644　85924641

版权所有，违者必究

如有印装质量问题，请拨打电话：（010）85924725

序 言

这几年，定制家居行业发展迅猛，但是至今市面上都没有针对定制家居销售的专业书籍，很多定制家居行业的销售人员都渴望能有这样的一本书，来学习并自我提升，而这，也让我有了出书的愿望。

过去的十年，我一直在从事销售培训管理工作，其中有六年是在定制家居行业。由于常年和一线终端销售直接接触，我的很多理论、方法和技巧都是来源于终端，而我非常喜欢思考和总结，所以能够保证这些理论通过不断的验证提炼后又高于终端，既保持了理论的先进性，又确保方法和技巧贴合终端实际，真正做到在实战中落地，且有效实用。

通过这几年的不断积累，我觉得是时候把这些实战经验分享给广大定制家居行业的销售人员了，所以我更加坚定了自己的出书愿望。

出书是个辛苦活，工作量很大，需要花费的时间和精力很多，感谢东方出版社以及所有帮助和支持过我的朋友。

在"因缘和合"之下，经过大半年的努力，才有了这本书，希望这本书能给大家带来一些启发和帮助。祝阅读愉快。

廖继勇

2020 年 1 月

目 录

认知篇

01
什么是真正的销售

02
搞清目的才能取得胜利

03

最好的成交不是因为价格

技巧篇

04

这么说：把成交"聊"出来

05

这么做：让客户当天就买单

06

销售就是一场心理博弈

实 战 篇

07

客户要买的，到底是什么

08

客户有异议？应对有"绝招"

09
贵，不是销售差的理由

管理篇

10
精英店长必备三种心态

11

客从哪里来

12

业绩从哪里来

13

你的团队为什么没有战斗力

心态篇

14

你连学习都不会，还想谈成功？

15

做销售 ＝ 谈恋爱

16

靠实力，成为值钱的人

附　录

认知篇

你对销售的理解和定位决定了你做销售的姿态和行为，最终影响你的结果。那么，你对销售这个职业的理解是怎么样的？

01

什么是真正的销售

什么是真正的销售

什么是真正的销售？

你对销售的理解深度，决定了你成功的速度；你对销售的定位，决定了你今后的地位。你对销售是怎么理解的？如果你认为销售就是卖货，那你永远都只能是个卖货员，你的姿态是卑微的；如果你认为销售就是你刚好需要，我刚好专业，那你就是个专家，你的姿态是自信的。

真正的销售，不是简单机械地卖货，而是帮助客户解决问题，为客户提供更好的解决方案。

真正的销售，不是销售产品，而是销的是自己、售的是方案。

真正的销售，不是传销，不是忽悠，更不能欺骗。

真正的销售，不是关注"卖"，而是关注如何帮助消费者去"买"。

真正的销售，不是靠逼、不是靠促、不是靠压，而是靠真诚、靠引导、靠共鸣。

真正的销售，不是说，而是听，少说多听。

真正的销售，不是没有负能量，而是能尽快地找到平衡。

真正的销售，不需要你有多好的口才，需要的是你的诚心。

真正的销售，不需要你讲得多高深、多专业，需要的是化繁为简，通俗易懂。

真正的销售，不存在失败，只是暂时没有成功。

真正的销售，是要洞察消费者需求，找到需求背后的痛点，针对痛点提供解决方案。

真正的销售，没有对立的立场，没有买方，也没有卖方。

真正的销售，是成为问题的解决者，而不是问题的制造者。

真正的销售，你讲了多少不重要，客户记住多少才重要。

真正的销售，目的不是销售，而是口碑。

真正的销售，就像聊天，聊对方的心愿、聊对方的担忧、聊如何完成对方的心愿、聊如何拿走对方的担忧。

真正的销售，就像演戏，不在演技，而在入戏。

真正的销售，就像种树，不能着急，要有耐心，专心做好施肥、浇水、除草工作，你会发现成交就像开花结果一样，一切都那么顺其自然。

真正的销售，彼此之间是没有压力的。

真正的销售，要全力以赴满足消费者被尊重、被认可、被赞美的需求。

真正的销售，目标不是成交，而是让客户满意的成交。

真正的销售，是想客户之所想，急客户之所急，一切以客户为中心。

真正的销售，就是忘记销售。

做销售，最难的是什么

做销售最难的是什么？我觉得，是得到消费者的信任。

当消费者信任你的时候，成交是水到渠成的，就像兄弟姐妹之间的相处一样，无须多虑，自然舒适。

怎样才能得到消费者的信任？也许你会说专业、服务、价值等，可是这一切都要基于你的真诚，先诚心后专业。真诚是一切信任之基础。换位思考，如果对方满口胡言、吹嘘夸大客观事实，满满的套路和算计，你会信任对方吗？当然不会。所以，消费者一旦发现你的虚伪，就会立即停止对你的信任，这时候再想重新建立信任可以说是难上加难。如果没了信任，产品、价格都会变得不值一提。

业界内，为了业绩，心浮气躁、急功近利，导致弄巧成拙的大有人在。一位作家说过："一两重的真诚，等于一吨重的聪明。"所以如何做到真诚，才是顶尖销售人员的必修课。

想要让消费者感受到你的真诚，需要做好以下三点。

1. 仪容仪表。

仪容仪表决定了眼缘，如果做不好，消费者第一眼就会对你没感，没感，真诚就没根基。做好仪容仪表需要做到穿着职业、干净整洁、微笑待人等。

2. 行为举止。

行为举止决定了你的磁场，能让消费者感受到你的个人魅力，它包括自然大方、淡定从容、眼神柔和坚定等。

3. 你的态度。

态度决定一切，做好这一点，就要做到五个"不要"：

① 不要不懂装懂。消费者问到什么你不懂的，就要实话实说或者请求其他懂的销售员来协助讲解，不要不懂装懂，胡说八道，这样只会令人反感。

② 不要夸大事实。要尊重客观事实，一就是一，二就是二，不要吹嘘夸大事实，不要用自己的小聪明去挑战消费者的智商。

③ 不要王婆卖瓜。不要一味地说自己的产品有多好，而要站在消费者的角度去思考：你说的是不是消费者想要听的，是不是对消费者有帮助。

④ 不要刻意诋毁。面对消费者对比竞品的情况，不要去诋毁，只需要说客观事实，真正的强者不需要靠吹灭别人的灯来让自己的灯更亮。

⑤ 不要否认过错。如果自己有哪些地方做错了、说错了，该道歉的要大胆道歉，敢于承认错误，敢于纠正错误。

信任为销售之根本，唯有让消费者感受到你的真诚，方能取得消费者的信任，一切才会变得简单。

怎样才能把销售做好

很多人都想从事销售行业，因为虽然做销售很累，但是特别能锻炼和提升一个人的综合能力。那怎样才能把销售做好呢？在此跟大家分享一些技巧和心得。

1. 换位思考。

要了解和掌握客户需求，否则再好的服务都只能是一厢情愿。

有两个工匠雕刻老鼠，比拼谁的雕工更精湛，而裁判是一只猫。第一个工匠雕得栩栩如生，第二个工匠雕得不是很像，按照道理赢得胜利的肯定是第一个工匠，但结果是第二个工匠赢了！为什么呢？因为第二个工匠是用鱼骨雕刻的，也就意味着第二个工匠更了解客户——猫的需求！所以，了解和掌握客户的需求是成交的关键！

有时候，你给客户的不一定就是客户想要的，没有换位思考，你的服务再好也只是一厢情愿，结果只能功亏一篑。

2. 转换心态。

把客户当情人。

按照同性相斥、异性相吸的原理，理想的状态下，如果是男客户进来，就要女销售接待，把男客户当男朋友；如果是女客户进来，就让男销售接待，把女客户当女朋友。实在不行，男销售接待男客户的时候要把他们当兄弟；女销售接待女客户的时候要把对方当闺密。

情人之间的关系是密切的，也是甜蜜的，如果你从态度上把客户当情人，就可以更有效地感染客户、打动客户。

3. 整合资源。

学会团队协作。

不做超级英雄，学会团队协作。

有一个故事非常经典：一个父亲要求他的孩子全力以赴地把一块大石头

搬起来，结果孩子用了九牛二虎之力还是搬不起来，于是沮丧地跟父亲说："我拼尽全力了！"父亲回答说："孩子，你并没有拼尽全力，因为我在你旁边，你都没有请求我帮助。"什么是全力以赴？除了自己拼尽全力之外，还要借助所有你能用上的资源。

所以，销售员一定要学会利用和整合资源，同事、店长、老板甚至培训老师都是你的资源，用不用和怎么用就取决于你自己了。

4. 目标感强。

做销售只要不失去目标，就不会失去动力。

所以，建议大家每个月、每一周甚至每一天都给自己定一个目标。这个目标一定要是非常具体的、可以做得到的、可以衡量追踪的，同时是跟销售工作相关的，并且是有时间限制的。这样的目标很容易实现，但定下来就要坚持完成。

5. 不留后路。

从你进入销售行业就要想着，销售是一条不归路。既然开始做销售了，就不要给自己留退路，因为当你给自己留退路的时候，潜意识就会带你走退路，而不是往前走。相反，如果你不留退路，你就只有往前走，坚定的结果一定是不一样的。有时候，不逼自己一把，你真的不知道自己有多优秀！

做好销售的五条法则

任何一项简单的工作，做好都不简单。销售更是如此。关于如何做好销售，在此分享五点我的思考。

1. 做销售要清楚职业定位。

你对销售这个职业的理解和定位决定了你做销售的姿态和行为，最终影响你的结果。那么，你有没有想过，什么是销售？你对销售这个职业的理解是怎么样的？做销售这行，你对自己的职业定位一定要清晰，既不要自命不凡，也不要妄自菲薄。

我对销售的理解是：销售不是简单机械地卖货，而是帮助客户解决问题，为客户提供更好的解决方案。所以，做销售，从本质上来说就是做服务。

如果你对销售的定位是正确的，你做销售的心态就应该是积极向上的，即你是真的把客户当朋友，你是真的会站在客户角度思考问题，并全力以赴帮助客户解决问题。试想，如果你真的是以这样的心态和行为去服务客户，怎么可能会不成交？客户有什么理由会拒绝你？

2. 做销售要有灵性。

做销售要有灵性，不能只有单向思维。世界是相对的，好坏、善恶、多少、大小、长短，都是相对的。要做好销售，就要在这个过程中找到平衡，拿捏有度。

比方说，消费者喜欢顺纹，你就要说"顺纹好，顺风顺水"；如果消费者喜欢不规则的纹路，你就要说"不规则好，独特有个性"。世间万物本来就没有绝对的好和绝对的坏：消费者住在闹市，就说购物方便；住得偏远，就说空气清新；小孩顽皮，活泼可爱；小孩安静，有书生气；长发飘逸，短发干练；大眼有神，小眼迷人；鼻小精致，鼻大高挺；房大气派，房小温馨……

说到底，所谓的有灵性，就是指说起话办起事来既不会显得夸大其词，溜须拍马，导致过犹不及，也不会显得呆板木讷，气氛紧张，尬聊而止。

3. 做销售要注重细节。

"千里之堤，溃于蚁穴。"细节决定成败。为什么迎宾接待环节客户不搭理你？是不是你没有微笑？是不是你没有问好？是不是你仪容仪表没做好？比如有鼻毛、眼屎、口臭、体臭，让客户对你避而远之？为什么客户订单了却没签合同，煮熟的鸭子怎么就飞走了？是不是你冷落了客户？是不是没有做好跟进？

客户资源是稀缺的，你可以不注重细节，但是你的竞争对手不会。做销售，拼的就是细节，唯细节最动人。

4. 做销售要足够专业。

销售是建立信心、建立感情、建立信任的过程。信任是成交的前提和基石。消费者凭什么相信你？因为你足够专业。

熟能生巧，专业是因为熟。你只有足够熟练，才能变得专业。你只有变得专业才有机会成为专家，才能具备权威和被信任的能力，最终成为赢家。

5. 做销售要换位思考。

所谓大道至简，想要做好销售，没有太多奥妙，无非就是那么几条简单的道理，其中之一就是换位思考。

这个道理古人几千年前就总结出来了，而且非常精辟：己所不欲，勿施于人。

你把自己当成客户，你想要听什么，你不想听什么。想明白后，你就知道做销售要说消费者听得懂的，说消费者想要听的话了。

那消费者想要听什么呢？我总结了一下：

你是谁？

你说的是什么？

你说的对我有什么好处？

为什么要相信你说的？

为什么要现在买？

为什么要跟你买？

不管你销售什么，都要记得好好回答这六个问题，因为这些是他们最想要听的。

干好销售的底层逻辑

干销售，你得知道业绩是怎么来的。这个其实很简单，记住一个简单的公式就够了：业绩 = 客流 × 成交率 × 单值。

首先是客流。从店面渠道来说，客流就是进店客户数。随着消费者购买渠道的多元化，全渠道营销成为一种必然，也就是说我们不能再单一地依赖自然进店的客流，而是需要从线上的电商渠道引流到线下，从整装、家装等渠道将客户引流到定制家居，以此来确保进店客户数能支撑起业绩目标的实现。

全渠道的开发与合作，属于经销商的战略部署，这里我们不做展开，我们谈谈销售可以有所作为的成交率和单值。

什么是成交？成交就是买卖，想成交，首先消费者得愿意买。那消费者购买的到底是什么呢？这个问题要想明白。

品牌的背后是什么？是产品和服务，所以你要对你的产品如数家珍，你要用诚心对待消费者，这就是销售的本源。什么是诚心？不卑不亢、不扭曲事实、不诋毁竞品、不急功近利，想客户之所想，急客户之所急，这就是诚心。有了诚心，一切都会水到渠成。

消费者买的除了产品和服务，还有一点，就是感觉。这点我一定要画重点。这些年国内在这方面的认知和作为也有了很大提高，即通过营造环境来提升消费者的购买体验感和参与感。所以店面的展示和道具系统的打造都非常重要。

搞清楚消费者要买什么，还得弄明白消费者购买的逻辑顺序：好看—好用—耐用。

人们特别讲究眼缘，买什么东西首先得看得上眼，看上眼了，才有兴趣了解产品的功能。就像买车，如果连看都看不上，还有兴趣试驾？因此，产品的外观放在第一位，功能放在第二位。落实到销售技巧上，讲解的顺序应该是先讲产品的外观、风格、款式，再讲设计理念和内涵，同时重在演示，让消费者参与进来，眼见为实。

至于产品的细节，是消费者最后关心的一点，虽说排在最后，但是细节好坏直接决定了产品在消费者心中的价格，决定了消费者的购买决心，所以产品的细节卖点要高度提炼并熟悉掌握。

最后说说单值。

单值大小 70% 由消费者的购买力决定，剩下的 30% 可以由销售团队去影响。

消费者没钱、买不起，单值怎么可能做大？所以，客户的购买力是单值大小的大前提。我们在消费者有购买力的前提下来聊聊如何提升单值，方法有二：一要靠需求的挖掘能力，二要靠团队的专业能力。

消费者的需求是可以刺激的，因为需求背后的问题是客观存在的。

消费者的需求被成功激活唤醒后，就会有购买的渴望，接下来就会考虑在哪儿购买的问题。正如洗碗机，消费者有买洗碗机的需求，但是洗碗机的选择空间很大，为什么要在你这里买？消费者需要你给个理由，这就需要团队以专业能力来打动消费者。

以上就是干好销售的底层逻辑和关键点，这些如果理不顺，销售就会越干越累，事倍功半；理顺了，事半功倍。

成交三部曲

任何成功都不是一蹴而就的，成交也是如此。成交要有个过程，欲速则不达，揠苗助长是不可取的。想要成交，就必须做好过程，我把这个过程分为"三部曲"。

第一步，激活需求。

为什么要激活需求？

首先，一切销售的行为都是基于消费者的需求展开的，无需求，就无销售。

其次，一切产品的研发也是基于消费者的需求进行的，无需求，就无产品。

因此，我们要想成功地把产品销售给消费者，就必须激活消费者的需求。

如何激活需求？

既然产品是基于需求开发的，最终是为了满足消费者的需求，那需求的背后就是消费者的痛点。因此，激活需求，就要找到每个产品背后隐藏的痛点，通过呈现痛点来激活消费者的需求。

第二步，价值塑造。

如果消费者有消费能力也有需求，但订单还是没有成交，那绝对不是价格问题，而是价值问题。因为不值得，所以不成交。所以，消费者不是怕买贵的，而是怕买贵了。

所谓价值，就是：这个价，值不值。因此，价值的塑造至关重要，包括品牌价值的塑造、环保价值的塑造、产品价值的塑造、服务价值的塑造等。价值塑造到位，价值＞价格＝便宜；价值塑造缺失，价值＜价格＝贵了。

第三步，价格包装。

产品的销售最终还是会谈到价格，这是不可避免的。价格的高低是相对的，对消费者来说更多的还是一个感觉，感觉对了就是对了。

消费者要的不是价格，不是折扣，你亏本卖，消费者不一定感觉便宜；你高价卖，消费者也不一定感觉贵。消费者要的是尊重，是面子，是台阶，而这些是需要销售团队分工协作、默契配合、共同包装的。

所以，价格包装要做好，要用"铁三角"服务模式，要用三次循环报价法，通过这些服务形式来让消费者"感觉到位"。

以上就是成交的"三部曲"，理解不难，难的是践行，难的是坚持。我们有没有坚持去研究并总结消费者的生活痛点？我们有没有坚持在报价前就作价值塑造？我们有没有坚持做好并不断完善"铁三角"的服务模式来包装价格？找到成功的路径后，剩下的就是坚持，成功的路上并不拥挤，因为坚持的人不多。

一名优秀销售的标准是什么

本来我是想写"一名优秀导购的标准是什么"，后来想想"导购"这个词不太好，导购的意思是"引导客户购买"，目的性太强，产品导向性很大；

后来想改为"家居顾问"，但感觉也不太好，这个词是从日本翻译过来的，给中国老百姓的感觉有点奇怪，而且"顾问"的意思是"先顾后问"，有一定的客户导向；最终我还是选了"销售"这个词，我觉得这个词更通俗、更有味道、更接地气，"销售"不一定就是销售自己的产品，也可以销售自己的观念和思维，扩展性强。生活无处不销售，销售可以说是人生的必修课。

那么，一名优秀销售的标准是什么呢？我总结了六点，供大家参考。

1. 会聊天。

会聊天很重要，销售的过程就是沟通的过程，如果跟客户聊开心了，成交是必然的。很多销售最后没成交，其实就是把天聊"死"了，所以，学会如何跟客户聊天很重要。怎么聊、聊什么，我们在其他章节会有详细介绍，这里不再展开。

2. 懂生活。

一个懂生活的销售跟客户聊天会更加接地气、更有感染力，也更容易说服客户，当然，我这里的"说服"指的是让客户认可我们，认可我们的专业。一个没下过厨的人跟你说厨房要怎么设计，你觉得可靠吗？一个邋邋遢遢的人跟你聊收纳技巧，你觉得靠谱吗？所以，卖什么，你得自己先体验，多总结。

3. 懂产品。

客户进店买的是产品，关注的也是产品，因为只有产品才能解决客户的问题，所以产品作为销售和客户之间的桥梁和中介，其作用是非常重要的。你一定要对产品很熟，能够在最短的时间内根据客户的需求推荐相应的产品。

4. 懂客户。

客户是销售的对象，所谓"知己知彼，百战不殆"，销售的过程是我们和客户博弈的过程，所以你要懂客户分类和客户心理。销售的过程也是服务的过程，所以你要懂客户需求。

5. 懂价格。

价格永远是客户最关心的，产品的标准销售价、折扣和底线，你最好都要知道，而且要烂熟于心，不要算个价搞半天，那样客户会反感；不要把价格算高了，那样客户会说你欺骗他；当然也不要把价格算低了，因为客户不会感谢你。

6. 懂市场。

市场是影响销售的重要因素，除了当地的房地产市场，还有竞品。懂房地产市场，你就很容易判断客户的购买预算和客户心理；懂竞品的营销策略、价格策略、产品和话术等，你就能做到心中有数，不然你就会被对手打得蒙圈甚至伤痕累累，对竞品了如指掌，做销售会更加得心应手。

新入职销售员如何快速上手

新入职的销售员一开始都会发怵，为什么？

因为"无知"和"未知"。"无知"在不知道销售的流程有哪些，当客户进门，不知道每一步要做什么、怎么做，也不知道该问什么、该说什么，而且特别害怕说错话得罪客户；"无知"在缺乏产品知识，不懂，不专业，不知道我们的产品跟别人的产品有什么不一样，优势在哪里，被客户问到后不知道怎么回应、不知道如何介绍；"未知"在客户有什么类型、客户一般会问什么、担心客户问的问题解决不了以及不知道如何解决。

那么，这些问题怎么解决？新入职销售员如何快速入门、提高成交率呢？我总结了以下三点。

1. 熟透销售流程。

我一直都说，销售的过程是我们和客户进行心理素质比拼的过程，比拼的是谁更加淡定、谁更加从容；我也说过销售的过程是引导的过程，要引导客户，除了学会提问，还要清晰流程、明确步骤。

流程属于方向的范畴，做销售没有方向，就好比无头苍蝇到处乱飞乱撞。销售流程究竟有哪些？这个事众说纷纭，但你只需要掌握最核心的七个步骤就足够了，这七个步骤分别是：① 礼貌迎接→② 快速破冰→③ 价值塑造→④ 针对介绍→⑤ 方案规划→⑥ 量尺申请→⑦ 离店跟进。

熟透这七个步骤的好处就是让你接待客户的时候更加胸有成竹，很自然地知道现在跟客户是处于哪一个步骤，下个步骤是什么，以及下个步骤客户一般会问什么问题、有什么动作，你要做好哪些准备和话术应对，等等。

2. 背熟产品话术。

不知道你有没有发现，客户进店的时候，他们的眼睛都是在看产品，有时候都不看我们一下，这不是因为你长得不漂亮或者不帅，也不是客户不礼貌，而是客户往往都目的性很强，来店面就是直接关注产品的。所以，作为销售人员，我们永远不要忽略产品的重要性！产品在这个时候就是我们和客户之间建立信任的桥梁和中介，不管营销手段如何变化，都不能离开产品谈情怀、谈服务。

基于此，产品话术就非常重要了。产品话术重在如何介绍产品的款式、风格，重在有没有把产品的设计理念和内涵传递给客户并感染客户。如果只是给客户讲解产品细节是没有任何冲击力和效果的，因为客户更加关心"喜不喜欢"，而不是"好不好"，"喜不喜欢"比"好不好"更重要。而大部分销售人员都是客户一进店就着急讲解产品细节，以此证明自己的产品多么好，结果导致客户不予理睬甚至反感。

3. 了解客户类型。

关于客户分类，相信大家看过很多相关的文章，但是看完效果并不好，因为在实际运用中很多不能落地。理论的东西不能落地的原因有很多，其中一个原因就是太复杂！所以一定要把复杂问题简单化，越简单越实用。

按照我的经验总结，客户大概可以分为七种：① 哑巴型（从不说话）；② 沉默型（随便看看）；③ 卖弄型（好为人师）；④ 审讯型（不断提问）；⑤ 腼腆型（不好意思）；⑥ 投胎型（往里面冲）；⑦ 无目的型（东张西望）。

常见的客户无非就是这几种类型，后文会告诉大家详细的应对技巧及话术，如果对于每一个类型的客户我们都提前做好充分的准备，接待客户还会紧张吗？

不管你是多么"新"的一名销售员，掌握了以上几点并把它做好，就能保证你在客户面前不露怯，并且会越来越老道，很快成长为一名超级销售。

给初做销售者的四个建议

1. 不要怕麻烦。

终端的销售员总是怕麻烦，签完合同、安装完就希望从此不再与客户联系，怕消费者打电话过来骂人、怕质量问题要上门维修、怕客户抱怨安装效果不好等，反正就是怕麻烦。

可是，做生意是要求长久的，不是只做一锤子买卖。再说，好的关系都是麻烦出来的，当然，不是说给客户添麻烦，而是让客户给我们"添麻烦"。客户有问题是好事，把客户的麻烦解决了，是进一步跟客户建立链接和增加黏性的大好机会，是维护客户、提升口碑的难得机遇。

客户也是人，也知道工作赚钱不容易，将心比心，所以客户也知道让销售上门一趟不容易。所谓患难见真情，正是因为如此，我们更不能怕麻烦，而要通过行动来证明我们的服务。

2. 要乐观自信。

没有人喜欢与整日唉声叹气的悲观主义者交往，爱笑的人，运气不会差。这话是有道理的，因为笑容就像太阳温暖着每一个人，周围的人更愿意靠近你、帮助你，运气当然不会差。

乐观的人也是自信的人，人必自信而后信于人。作为销售，如果连最起码的自信都没有，那你说的话很难有感染力和信服力，想成交是很难的。如果没有自信，肯定也没有激情，而激情是销售的发动机，缺少激情，销售这条路肯定也是走不远的。

3. 升级"武器库"。

一口一手，销售高手，这句话早已过时。在信息透明且消费者注重体验的时代，如果还光靠讲，那么是很难做好销售的。店面要配备足够多的道具，告别销售就靠一张嘴的时代，通过道具让消费者眼见为实，实现销售便捷化。

4. 成为生活家。

那怎么跟客户聊生活呢？比方说你是卖橱柜的，那你就得自己亲自下厨，从买菜到洗碗的整个过程你都要经历，这样你才能知道橱柜的哪些地方不合理、不好用，才能知道怎么设计、怎么解决。

一个顶尖的销售高手，不一定是产品专家，但一定是生活专家。从现在开始，体验生活、感悟生活，多跟那些有着丰富生活经验的亲朋好友或者老员工聊天取经，是一种成长捷径。真的，你可以不懂产品，但必须懂生活。

02
搞清目的才能取得胜利

销售人员如何快速变得专业

销售行业门槛比较低，但成为一名专业的销售却并不容易。那如何成为销售专家？这就需要我们平时的销售经验积累和相关知识储备了。不过，最根本的还是要掌握方法，真正的专业销售一定不能仅仅知道是什么（what），而且要知道为什么（why），还要知道怎么说得好（how）。

我们来看一个场景：

一位客户进店后直接问："你们用的是什么板材？"销售员回答："用的是实木颗粒板。"客户："有没有小样品？"销售员："有啊，您看看这小样品。"客户："你们这板材有什么好？为什么要用实木颗粒板？"销售员："因为实木颗粒板防潮性能好，环保，握钉力和承重性好。"客户看了看马上质疑："你看这表面千疮万孔的，水都可以灌进去了，还说防潮性好？"销售员一听顿时红了脸，变得哑口无言，随后客户也离开了。

实木颗粒板防潮性能好（what），这个严格来说，新员工报到第一天就应该知道，而它为什么（why）防潮性能好（是因为保留了大量的木质纤维），知道的人就不多了，不知道为什么好，那又怎么（how）能跟客户讲得好呢？

为什么客户会点头并且成交？说白了就是用专业打动客户并征服客户，因为客户在其他品牌问到同样的问题但是没有得到满意的答案，这时，如果你给出了非常专业又有说服力的答案，一定能让客户觉得你很专业，客户一且觉得你很专业，就很容易相信你。相信你之后，成交自然是水到渠成的事。

我们销售员如果变成专家，能够挖掘到客户的需求、找到客户的问题并提供专业的解决方案，客户还会一直跟你砍价吗？显然不会！

从现在开始，马上行动，多学多思多练多总结，你也可以成为专家！

业绩千万的秘诀：PAPP 销售法则

销售是有法则的，掌握了法则，才算掌握了提升业绩的秘诀。我走访全国多个优秀商场，访谈了很多百万、千万级销售人员，总结出了这样一套销售法则，学会这个法则，就能助你业绩飞涨。

这个法则就是：PAPP 销售法则。

什么是 PAPP ？

P——Pain，抛出痛点；

A——Analyze，分析原因；

P——Plan，解决方案；

P——Prove，演示证明。

1. 为什么要用 PAPP ？

① 客户愿意听。PAPP 销售法则的第一步骤就是抛出痛点，首先，这能很好地刺激客户神经，引起客户关注；其次，第一步骤采用的是提问的方式，能很好地引导客户的思维，你提问，客户只要听，就能引导客户。

② 客户听得懂。PAPP 销售法则的第二个步骤是分析原因，我们不光要提出问题，还要帮助客户分析原因，所以客户就很容易听懂。

③ 客户认可你。PAPP 销售法则在第三个步骤才会开始说产品卖点，没有自卖自夸，而是对症下药，提出解决方案。同时通过演示证明让客户眼见为实，真正做到所听即所见，所以客户听了容易信服。

2. 如何用好 PAPP ？

① 套用模板。P：现在的（　　）看起来都差不多，但是很容易（　　），你

知道为什么吗？

　　A：就是因为（　　）。

　　P：我们的（　　）。

　　P：您可以看 / 敲 / 试 / 躺一下，是不是跟我说的一样？

　　②实战练习。学了PAPP销售法则理论后，一定要结合卖点进行练习。在练习的时候，切记你怎么说就怎么写，不要写出来后说不出来，一定要结合当地的实际情况和你自己的语言习惯进行转化。

　　③尽量简洁。学习PAPP销售法则的第三个注意事项就是要尽量简洁，不要啰唆。一个卖点一分钟以内必须讲完，超过一分钟客户就会不耐烦。

　　④聚焦一点。永远记住，客户80%都是外行人，我们讲卖点的目的除了让客户听得懂和认可之外，还要让客户记住，要让客户记住就要记得聚焦！

　　下面我们来举几个例子，告诉大家如何运用PAPP销售法则。

　　比如卖橱柜：

　　现在的橱柜台面看起来都差不多，但是很容易断裂，您知道为什么吗？

　　就是因为台面薄导致的。

　　我们的台面率先免费升级行业最厚的20毫米，长久使用不易断裂。

　　您可以看一下我们跟别人家的台面厚度对比，我用锤子砸下去都没问题，是不是跟我说的一样？

　　比如卖衣柜：

　　现在的衣柜背板看起来都差不多，但是很容易受潮发霉，您知道为什么吗？

　　就是因为背板打钉贴墙。

　　我们的所有背板都是采用卡槽式安装，背版不打钉不贴墙，通风良好，不会受潮。

　　您可以敲一下，是不是跟我说的一样？

　　比如卖床垫：

　　现在的床垫弹簧看起来都差不多，但是很容易产生噪声影响睡眠，您知道为什么吗？

因为市面上很多床垫的弹簧都是连锁弹簧，所以当床垫受到压力的时候，特别是当人翻身的时候，弹簧之间就会相互摩擦，所以有噪声。

我们的这款床垫采用的是独立袋装弹簧，我们把每个弹簧分别装入柔软的无纺布袋里，这就有效隔离了弹簧铁丝之间的金属摩擦。

您可以躺上去翻个身感受一下，是不是跟我说的一样，我们这里刚好还有拆分的样品，让您眼见为实。

比如卖木门：

现在的木门看起来都差不多，但是时间一长很容易导致木门下垂影响开关并且无法修复，您知道为什么吗？

因为市面上很多木门合页都是固定死的，不能调节高度，而木门一般都是几十斤上百斤重的，使用过程开开合合，时间长了肯定多多少少会有点下垂，如果下垂严重还会刮破地面，所以木门的合页能不能调节高度就很关键了。

我们的合页是隐藏式三维可调静音合页，可以上下、左右和前后调节距离，可以有效解决木门时间长导致下垂的问题。

您看我演示一遍，是不是跟我说的一样？

除了以上我举例的橱柜、衣柜、床垫和木门，所有的产品卖点都可以套用PAPP的销售法则编写话术，建议大家编写时要聚焦每个产品的核心卖点，确保话术烂熟于心，脱口而出。

关于销售创新的几点思考

1. 关于如何解决价格异议的创新思考。

在终端做销售，碰到最多的异议就是价格异议。商家用尽办法和招数，折扣一低再低，礼品一送再送，客户就是觉得贵。此时怎么办呢？怎么让客户感觉便宜呢？

我们不妨思考一下，为什么越来越多的人喜欢网购？除了方便快捷之外，另一个很重要的原因就是价格。因为价格便宜，近年来越来越多的大宗购物都在线上交易了，比如说电视机、冰箱甚至汽车等。其实网上的一些价格，线下店面也能做，问题是哪怕做到了那个价格，客户依然觉得贵，客户就是觉得网上便宜。

既然如此，我们何不把线下做活动的产品放到线上去销售？然后在处理价格异议的时候，让客户反过来到线上去买？告诉客户，不好意思，我们这个价格已经是最优惠了，如果还要再便宜，你可以在网上下单，我帮你看看网上现在还有没有优惠名额……这不就很好地解决了客户觉得贵的问题吗？

2. 关于如何实现销售差异化的创新思考。

我们卖的是橱柜吗？我们卖的是衣柜吗？有些人说，不，我们卖的是方案。没错，卖方案是实现销售差异化的关键，不过"方案"有些抽象。方案应该是整体的。

比方说你做橱柜，你应该说是卖厨房，而不是卖橱柜。客户需要的也不是橱柜，而是厨房，既然说是厨房，除了橱柜，还应该包括吊顶、灯具、墙砖、地砖，这些都是客户需要的，我们能否按照不同风格做出价格高、中、低三个厨房整装打包的方案让客户挑选？如果你没有代理吊顶、灯具、墙砖和地砖，能否异业合作？这既方便了客户，也能做大单值。

3. 关于如何引流的创新思考。

很多终端的引流出了问题，所谓"巧妇难为无米之炊"，没客户是最致命的。关于如何引流，我想关键是要增加客户的参与感和体验感。让客户参与进来体验，能有效地实现引流，能带动准客户以及让客户喜欢我们，认可我们，如果能做到这些，成交是水到渠成的。

比如，可以每个月搞一期以烘焙为主题的高规格活动。例如"亲子烘焙班"，可以采用收费制，价格自定，建议象征性收费，因为贵了没人参加，但是如果免费，会让客户感觉有猫腻，适得其反。关于场地，不一定就在店面，除非店面够大，档次够高，建议选在一个比较高端的场所，比如在大型商场租个场地，这样一来客户体验感更好，二来显得我们是专业的，有利于品牌的口碑宣传。

除了"亲子烘焙班"，还可以搞"厨王争霸赛"，设置赛规、流程和奖金，组织选拔员工参与比赛，邀请客户现场试菜品尝，顺带搞个夜宴也很好……

最后提醒一下，所有活动都必须提前规划好，包括费用预算、宣传准备、人员安排、物料食材、场地布置、座位安排、现场纪律维护、流程细节、时间节点、结束总结、二次宣传推广、后期跟踪细节等，把这些都做好，才能做一次有一次的收获。

你真的具备用户思维吗？

用户思维，顾名思义，就是站在客户的角度来思考问题，更广泛地来说，就是站在对方的角度换位思考。用户思维在销售和产品设计领域至关重要。

资深媒体人罗振宇通过用户思维研发了"得到"App，用户超 3000 万，"得到"帮助广大读者用最短的时间以最高的效率来扩展视野，慢跑半小时、坐地铁半小时、健身半小时或者睡前半小时就能搞懂一本书，这就解决了很多人没时间读书以及不知道有哪些好书的问题。也就是说，通过用户思维设计出来的产品往往会很受欢迎。

用户思维同样适用于定制家居行业。比如某品牌特别研发了"大家居"系列产品，也正是基于为消费者创造"个性空间定制＋一站式自主选材＋管家式全程服务"的一站式、一体式服务，站在消费者的角度，替客户解决为了家装东奔西跑的烦恼。

除了产品之外，销售同样需要用户思维，但是很多人对此理解不够深刻，导致销售行为仍然没有发生改变，还是一个劲儿"王婆卖瓜，自卖自夸"式地讲产品有多好。当然，这也很正常，毕竟用户思维不是销售人员天生就具备的，也不是一时半会就能完全掌握的。这需要我们在销售中、在日常生活中多总结、多思考。

在这里，我把我总结的一些核心思维跟大家分享一下。

真正具备用户思维的产品讲解，只需要跟消费者说清楚什么是好的、什么是坏的。

真正具备用户思维的销售，不是一个劲儿地逼单、促单、压单，而是想办法满足客户的需求、解决客户的问题。

真正具备用户思维的核心，是体验式营销，通过道具、方案和情景，让客户更多地参与进来，让客户的体验感更强。

真正具备用户思维的初衷，不是说一定要多卖家配、多卖电器、多卖五金，而是卖能够解决客户问题的解决方案，而方案不一定就是你手上的产品。

真正具备用户思维的思考，不在于想着怎么卖好怎么卖多，不在于卖，而在于买，在于帮助客户买到能够解决问题的方案。

所以，如果你真的具备用户思维，你就不会在一开始就跟客户讲卖点，讲太多的细节；如果你真的具备用户思维，就不会一直打价格战，而是想着如何通过服务来弱化价格；如果你想要具备用户思维，就要搞明白一点：客户买的不是产品，而是能够解决问题和满足需求的方案。

如何具备用户思维？关键就是要找准客户的痛点，而痛点的发现需要时刻关注消费者需求的变化。

比如厨房，一开始，厨房只是个洗菜、做饭和洗碗的地方；后来，厨房是烹饪美食的地方；再后来，厨房是亲子教育和休闲娱乐的场所。

销售要回归本源

销售要回归本源，这个本源是什么？就是服务。服务谁？用户。用户是产品的使用者和体验者，是口碑传播的关键，所以只有"用户思维"，而没有"客户思维"这个说法。

消费者买的是体验，那我们理应卖服务，通过服务效率的提升来提高消费者的体验感，这就是优秀商场之所以优秀的内功心法。优秀商场的共同点是通过服务来驱动业绩增长，而大部分商场都只是通过促销来驱动，所以增长越来越乏力。

说到这儿，就会有很多人说促销很重要，价格低才有竞争力，价格为王。是的，价格确实很重要，但是价值感更重要。为什么小品牌的价格很低，但一直都是小品牌就是做不大？为什么大品牌的价格不便宜，但是越做越大？很显然，消费者不只是关注价格，他们更关注价值！如果消费者不订单，往往不是因为产品价格高，而是因为价值感低！

也有很多人说产品很重要，是的，好的产品可以让销售更有激情，甚至可以弥补销售上的不足。然而，问题是定制家居行业的产品差异逐渐缩小，仅靠产品去市场上竞争只会越来越吃力。

在产品差异化缩小的今天，如果没有服务到位就推特价套餐，哪怕成交了，退单率也会很高。产品的差异是有限的，而服务的差异是无止境的。诸如一些定制家居品牌的金保姆服务、金管家除螨行动等，都体现了对服务的重视，但是仍然有很大的空间可以发挥。

说到底，销售要回归本源，做细服务，从前端到后端都是如此。

客户为什么没在你这里成交

客户有购买的需求，也已经进店了，但是最终却没在你这里成交，为什么？你的产品没有价格优势？没关系，好东西的优势从来都不是价格；你的产品价格高？没关系，好东西从来都不便宜。只要报价不超过消费者的预算，成交都是有机会的。

所以，作为一名优秀的销售，你要找准、搞清消费者的真实预算。在不超出消费者预算的情况下，可以把更多的时间和精力放在为消费者提供服务上，而服务的核心就是你的设计。

为什么？从产品层面来说，因为现在的产品基本同质化了，只要是个品牌，产品差异化都不大；从消费者层面来说，他们需要的不是简简单单的柜子拼凑，而是如何将家居从空间、视觉、收纳和功能上尽可能好地结合在一起，而这需要的就是设计。

中国的家文化是比较浓郁的，所以中国人对家的要求和期望都比较高，尤其是现在房价高企，很多人一辈子可能就只有一套房子，所以都希望自己家的装修能够一步到位，以满足对未来家居生活的美好期待。

然而，未来的家居生活什么样，消费者起初只能靠想象，具体的实现需要设计师将方案变成一张图纸，让消费者能够看得见。这时候就非常考验设计师的水准，产品的差异是有限的，而设计的差异是无止境的。对于经营者来说，要足够重视设计师团队的打造，要给设计师足够的尊重和荣耀；对于设计师本身而言，则要经常去思考：

我的设计方案是不是针对消费者的需求而设计的？

我的设计方案能否解决消费者的生活痛点？

我的设计方案有没有创意、有没有亮点？

我的设计方案是不是足够用心，是不是能超出消费者的期望？

……

设计师的设计方案能否在满足消费和需求的前提下，还能超出消费者的期望，这对于做大单值以及口碑的传播是至关重要的。

很多时候，消费者并不是没有钱，也不是真的嫌贵，而是你给的设计方案太普通，没能打动他们，加上产品服务又一般，所以消费者只好跟你讨价还价了，如果价格不满意，成交当然无望。

如何让自己的目标更清晰

我在调研时，发现销售做得好的，无一不是目标清晰的，而销售做得差的，问他目标的时候都是一脸懵。所以，做销售，最怕的就是没有目标、失去目标或者目标不清晰，这样很容易让人陷入迷茫。

那么，销售员在收到业绩目标后应当如何给自己做有效的目标细化和分解呢？

首先，你得知道业绩是这么来的：邀约客户—进店客户—意向客户—量尺客户—预约单客户—合同单客户—业绩。

其次，你要找到并算出其中的关键变量指标：获客率、留店率、量尺率、成交率、转单率、单值。（获客率＝进店客户数÷邀约客户数、留店率＝意向客户数÷进店客户数、量尺率＝量尺客户数÷意向客户数、成交率＝预约单客户数÷量尺客户数、转单率＝合同单客户数÷预约单客户数、单值＝业绩÷合同单客户数）

最后，根据月度目标和关键指标数值计算出你需要邀约的客户数、进店客户数、意向客户数、量尺客户数、预约单客户数以及合同单客户数。

举例说明：假设你月回款目标20万元、单值2万元、转单率80%、成交率60%、量尺率80%、留店率60%、获客率30%，那么你的月合同单客户数目标约为20万÷2万=10个，月预约单客户数目标约为10÷80%=13个，月量尺客户数目标约为13÷60%=22个，月意向客户数目标约为22÷80%=28个，月进店客户数目标约为28÷60%=47个，月邀约客户数目标约为47÷30%=157个。

月度目标算出来后要细化为周目标，周邀约客户数目标约：157÷4周=40个，周进店客户数目标约：47÷4周=12个，周意向客户数目标约：28÷4周=7个，周量尺客户数目标约：22÷4周=6个，周预约单客户数目标约：13÷4周=4个，周合同单客户数目标约：10÷4=3个。

周目标要进一步细分到每天的过程目标，在分解的时候，考虑到周一至周日客流的分布，建议周一至周五占50%，周六、周日占50%，比如说周邀约客户数目标为40个，那么周一至周五占比20个，每天邀约客户数为20÷5=4个；周六、周日占比20个，每天邀约客户数为20÷2=10个。

以上分解方法和步骤可以根据自己的目标直接套用，大家要尽快细化自己的周过程目标和日过程目标，目标越清晰，行动力就越强。

想要做好销售，就要忘记销售

想要做好销售，就要忘记销售。这是什么说法？到底是什么意思？

学销售跟学武功是一个道理，你不能拘泥于招式，招式只是"形"，只记住招式容易让你变得死板，而销售是灵活的，不能死板，因为你无法断定下一个客户是男是女、是有钱还是没钱，你也无法要求客户一定要按照你的风格来，你只能随机应变、灵活应对。所以，如果你学销售无法深刻理解招式背后的本源，无论学到多少招式，都是皮毛。比方说销售流程，流程是为目标服务的，流程的每个步骤只是招式，每个招式背后的目的才是本源。

那销售的本源是什么？

如果你记住销售的本源是签单、是赚客户的钱，那么你的所有招式都会显得目的性太强，招式虽然很多但是死板刻意、漏洞百出，会被客户一眼洞穿，进而对你采取防守策略（捂住口袋）甚至反攻（刁难、谩骂甚至投诉）。

如果你认为销售的本源是为了满足客户的需求，解决客户的问题，那么你会发现，在你跟客户沟通的过程中，会突然忘掉之前背的所有话术、忘掉所有的技巧，只想着如何帮助客户解决问题，在这个过程中你用的招式很杂，也无定式，但是很有效，最后顺其自然地签单，实现了共赢。

客户为什么不买？不是因为价格高，而是因为客户觉得价格有水分！说白了，就是客户不相信你，想要得到客户的信任，就不要卖。

做销售有三个境界：第一境界，卖产品；第二境界，卖自己；第三境界，不卖。

卖产品，目的性太强；卖自己，功利性太强；唯有不卖，唯有忘记卖，忘记一切功利性的东西，把客户的家当成自己的家，忘记卖点、忘记话术，客户进店，你就想着客户要的是什么，我能帮到客户什么。如此，客户不相信你，相信谁？

以不卖来卖，才是最好的卖！所以，想要做好销售，那就忘记自己是做销售的吧！

做销售，如何拥有强大的自信

优秀的团队和顶尖的销售都有一个共同的特质：强大的自信心。

自信心是一个人相信自己能力的心理状态，相信自己有能力实现既定目标的心理状态。强大的自信可以让你在眼神、表情和话术上更具亲和力、感染力和说服力，而这正是成功销售的内核。人必先自信，而后信于人。如果你连自己都不相信，如何让消费者信服你？

做好销售，你首先要对品牌有信心。越是大品牌的销售，越是要有强大的自信，否则你连小品牌都打不过。如果消费者拿小品牌来对比，你完全可以自信地回应：什么？你说 A 品牌？A 品牌跟我们完全不是一个档次的，根本没法比啊。

当然，作为销售，不应当诋毁竞品，但是可以有这种不屑于跟其他品牌对比的自信和语气。

再有就是对自己要有信心。对个人而言，没有天生的自信，只有不断培养的自信。那如何才能培养出强大的自信呢？我的答案是专业。机会留给有准备的人，更是留给专业的人。

你不懂演讲，你没有演讲的经验，给你机会去演讲，你肯定没信心；你不懂管理，你没有管理的经验，给你机会去做管理层，你肯定没信心⋯⋯

所以人只有做自己擅长的事情，才能拥有强大的自信，才能克服紧张和恐慌，才能做到淡定从容。一般来说，你做销售的时间越长，你就越擅长这个职业，也就越专业；但是如果你没有掌握方法，就只能是经验积累的比较多而已，难以谈得上专业。那作为销售，如果让自己变得专业呢？

我认为四个模块的内容决定了一个销售员的专业程度：产品、流程、竞品和异议处理。所以，要想变得专业，也要从这四个模块入手。

1. 熟悉产品。

比如门板知识。门板在定制家居中好比人的脸面，决定了颜值高低，所以门板的种类、工艺特点一定要非常熟悉。比方说核心卖点，不需要太多，总结几个就行，关键是如何讲透，让消费者听懂、记住并认可。

2. 熟悉流程。

要熟悉流程的步骤，每个步骤的动作、话术、配套的道具及应用等。

3. 熟悉竞品。

要了解竞品的品牌定位、竞品的产品结构、竞品的核心卖点、竞品的人员架构、竞品的营销策略等。

4. 掌握异议处理的方法。

要掌握常见异议的分类、应对的步骤和话术等。

如果你能对以上四个模块都了如指掌，你就会成为一位专业人士，这些专业可以让你拥有强大的自信。

路径不对，付出再多也没结果

很多销售人员每天工作很忙，付出了很多，却一直没有结果，业绩惨淡。为什么？原因很简单：没找到正确的方法！

方法对于销售人员来说太重要了，没有找对方法的死记硬背和套用话术是没有效果的；相反，如果掌握了方法，销售其实是很轻松的事情。

在终端销售中，优秀的销售员都有自己的一套，也就是说每个销售员都有自己的方法和技巧。比如一个销售员好几次接待沉默型客户都用赞美的方法成功破冰，那么这个方法会随着时间的推移，在这个销售员身上不断强化，进而形成一种习惯和依赖，一旦遇到沉默型客户他就会很自然地去赞美。

这里面包含了一个著名的经济学理论——路径依赖。什么是路径依赖？在这里跟大家讲个故事，以便于理解。

有人将五只猴子放在一个笼子里，并在笼子中间吊上一串香蕉，只要有猴子去拿香蕉，就用高压水教训所有的猴子，直到没有一只猴子再敢动手。然后用一只新猴子替换出笼子里的一只猴子，新来的猴子不知这里的"规矩"，竟伸出上肢去拿香蕉，结果触怒了原来笼子里的四只猴子，于是它们代替人执行惩罚任务，把新来的猴子暴打一顿，直到它服从这里的"规矩"。试验人员如此不断地将经历过高压水惩戒的猴子换出来，最后笼子里的猴子全是新的，但没有一只猴子再敢去碰香蕉。

起初，猴子怕受到"株连"，不允许其他猴子去碰香蕉，这是合理的。但后来人和高压水都不再介入，而新来的猴子却固守着"不许拿香蕉"的制度，这就是路径依赖的自我强化效应。

终端销售员在销售中如果发现或者找到好的路径（方法），一定要形成依赖（习惯），否则会被情绪影响。有些销售员第一个月是冠军，第二个月倒数，业绩非常不平稳，就是因为得到一些好的路径（方法）而没有去总结、提升，并且形成依赖（习惯），发挥就差。而真正优秀的销售员虽然不是每个月都拿冠军，但是业绩是趋于平稳的，因为销售员已经形成了路径依赖，大脑就像智能电脑一样，不管心情好坏，在跟客户沟通的过程中，第一步干什么、第二步干什么……逻辑非常清晰。

下面我从终端销售这个角度提炼和总结优秀销售员的成交方法（路径）。

1. 认同理解。

遇到客户提出异议的时候，应该多一些认同理解，而非直接回应"不""不是""不对"等话语，这样只会徒增客户的反感和逆反情绪，最后导致不欢而散。

当客户体验产品提出异议的时候，比如说客户打开门表示："怎么这么臭啊？"我们应该不要急于解释和分析，而是"顺从"客户，认同理解地说："姐/哥，确实是有些气味，看来您是非常注重环保健康的。"随后再进行分析和解释，解决客户疑虑。

再比如，很多销售员在报价时经常会碰到客户说："怎么这么贵啊？能不能再便宜啊？"面对诸如此类的价格异议，绝对不能直接回应否定答案，比如"不贵！""不能！""已经很便宜了！"等等，这样至少会损失一半以上客户，因为这些产品又不是只能在你这里买，你的态度让我感觉不爽，我宁愿以同样的价格在其他地方买也坚决不会在你这里买。

所以，对于此类异议应该首先认同理解，接着以反问作为回应，不要直面回答，可以说："姐/哥，我们的价格确实不便宜，您说贵是跟哪个品牌对比呢？"然后根据客户的回答，具体情况具体分析，灵活应对。

2. 演示证明。

当你介绍完产品带来的好处后需要提供证明，只有这样客户才会深信你，否则他们就算表面信了，心里也会打个问号。

为什么要演示证明？因为演示证明可以让客户信服你。我经常在终端发现销售员只会用嘴说我们的衣柜、橱柜怎么怎么好，就算客户不耐烦了还在反复说。这个时候，如果你能拿出更加实在的证据出来，比如说验证报告、报关单，以现场实验让客户眼见为实，他们自然就信了。

你在介绍完产品好处后一定要记得演示证明，比如某款产品防水，你可以直接泼水上去甚至直接把它扔进水里；比如产品防刮，你可以用钢丝擦演示给客户看……

3. 敢于承诺。

有没有发现一个这样的现象，我们去购物的时候，明明知道商家的回答是肯定的，但总是自觉不自觉地问对方。比如我们去买翡翠，往往会问是不是真货，而且我们总是要得到对方肯定的回答后才更加放心。实际上，商家卖东西，怎么会给你否定回答，那不是自砸招牌吗？

为什么会这样呢？因为客户是需要商家给予信心的。客户购物需要你给他信心，即便你的产品事实上真的是很好，客户还是需要你给信心，特别是第一次在你这里购物的客户。所以，作为终端销售员要敢于承诺，给客户信心。

当然，敢于承诺是在真实客观的基础上给客户信心，而不是弄虚作假和欺骗客户。

03
最好的成交不是因为价格

顶尖销售人员的五项修炼

"知之修炼，谓之圣人。"一个人的修炼一定是由内而外的，没有内在深厚的底蕴和功力，就很难做到宠辱不惊。对于销售来说，修炼也非常重要。

销售人员变得优秀甚至成为顶尖人物需要哪些修炼呢？

1. 先诚心再专业。

我在终端做调研时，发现很多销售员很专业，但缺少诚心。面对这样的销售，如果你是客户，你愿意买他的产品吗？

如果你不诚心，再专业也没用。所以，如何让客户感受到你的诚心非常重要，也是销售人员最应该思考的问题。这是成为顶尖销售人员的第一项修炼。

不用着急学专业知识，先摆正心态，接待客户的时候应时刻记住：不要想着怎么成交，而是想着怎么帮客户解决问题。对待客户还要坦诚淡然，不要得失心太重，否则就会舍本逐末。

2. 透过现象抓本质。

很多人做了多年销售还是知其然而不知其所以然。比如说提问的目的，提问是为了什么？是为了提问而提问？当然不是。提问的目的有两个：第一是引导，第二是互动。提问很简单，但是效果很神奇，只要你问，只要对方听，你就百分百能够引导对方。

提问除了能够引导客户之外，还可以有效地与客户进行互动。这也是为什么看似很傻的问题还要问，比如说："您以前有没有来我们店面了解过？"这种问题就跟"你吃饭了没"几乎是一个级别的，看似很简单但是极其有效，因为回答这种问题根本不需要思考。而当客户回答了我们的问题，是不是就互动起来了？这就是我们要的效果。建议大家记住一句话：提问的最高境界就是让对方的嘴巴比脑子还快！如果你做到了，你就成功了！

3. 先说服自己。

销售的过程是沟通的过程，也是说服的过程。因为只有说服了客户，才能让客户信服。终端销售人员接单成交率不高的直接原因就是跟客户沟通的时候没有底气，没有感染力和说服力，根本原因是自己都没有说服自己。试问：自己都不相信，自己都不信服，如何让客户信服？自己都觉得贵，如何让客户觉得不贵？自己都觉得不值，如何让客户觉得值？

不管是电话营销、店面营销还是户外推广，都建议换位思考，把自己换位成客户，看看你的销售话术能否说服自己，是否有心动的感觉，如果没有，就不要着急去说服别人，因为没法说服。

销售最大的敌人是自己，战胜敌人，就要先战胜自己，说服别人，就要先说服自己。

4. 学会独立思考。

终端销售人员最缺的是什么？不是激情、不是技巧、不是知识，而是独立思考的能力。拿培训来说，从形式到内容形形色色、各式各样，哪怕是同一种培训，不同的老师讲出来的感觉和效果也不一样，如果你缺乏独立思考的能力，就很容易变成老师怎么说、怎么做，你也跟着怎么说、怎么做，如果没有经过独立思考并结合自身语言习惯和思维习惯对所学知识进行转化，那么即使你参加再多的培训，也只能学到皮毛而已。

所以，大家不要照本宣科，切忌教条主义，有时候书上说的不一定就是对的。比如碰到一位说"随便看看"的客户，有的书上教大家这么回应："好的，那您随便看看，我就在您不远的地方，有需要随时叫我。"这种回应有效果吗？客户有需要时真的会叫你吗？我想很多客户听完你说这句话，逛一圈就从后门溜达出去了，所以这种没有经过独立思考的回应是无法有效引导客户的。

5. 学会讲故事。

顶尖的销售人员一定是讲故事的高手，随手就能掏出一个故事来。几乎所有人都对故事没有抵抗力，这也是为什么我们看电视、看电影时会感动得流泪，明明知道里面的剧情是虚构的，但还是被感动的原因。因为那时我们的大脑已经分不清看到的故事是虚构的还是真实的，我们只知道被感动了、被震撼了，所以说，故事是极具感染力和影响力的。

故事要讲得好，除了需不断收集和总结新鲜素材，除了注意声音、表情和感染力，一定要有细节！没有细节的故事，是没有说服力的，给客户的感觉就是吹嘘。

最后送一句话给大家：将新故事当老故事讲，将老故事当新故事说。这句话看懂了，你就是讲故事的高手！

销售高手都很"俗"

销售高手都很"俗"，这个"俗"指的是通俗。

什么是通俗？通俗指的是浅显易懂，是让大多数人一听就懂、一看就明白。

做销售尤其需要通俗，你讲得越专业越复杂，客户越是听不懂或者不愿意听。因为客户毕竟是外行，所谓隔行如隔山，你跟客户讲专业术语，就好比物理学家跟你讲相对论、黑洞理论、高能粒子对撞机原理……你能听懂吗？

那么，如何通俗化地讲解呢？

最简单的方法就是举例子。

举一个比较贴切的、生活化的例子。

如果有客户说："别人 ×× 也是品牌，比你们的便宜多了。"

那么你就不要跟客户解释一堆了，你只需要举个例子，客户就什么都懂了："姐，××确实也是个品牌，但是品质不一样，就像××车和保时捷都是车，但是品质能一样吗？我们的板材原材料都是进口的。"

如果客户这时说："进口的木材就一定好吗？我觉得国产的也不错啊。"

那么你也要记得举个例子回应客户："姐，您说得有道理，我们之所以要用进口的红橡木，是因为当地的气候、土壤和水分条件决定了木材本身会更好。这就像哈密瓜，新疆能种，广州也能种，但广州种出来的哈密瓜与新疆的差异很大，您说对吗？"

以上通俗的举例，目的就是把复杂的问题简单化，让消费者更容易接受并认可。因此，要成为销售高手，我们就要学会举例子，学会"俗"一些。

超级销售该如何营销自己

在培训过程中，我一直跟学员说："成交最大的困难不是价格，也不是产品，而是如何获取客户的信任。当客户信任你了，成交自然水到渠成。"

那么，如何获取客户的信任呢？其实也简单，就是学会营销自己。如果你学会了营销自己，产品不可能卖不出去，除非客户没有需求。

如何营销自己呢？在这里，我想从专业和服务两个方面，浅谈一下我的理解。

1.通过专业打动客户。

随着科技的进步与发展，现在早已不是"酒香不怕巷子深"的年代了，因为产品同质化越来越严重，产品外在的区别已经越来越模糊，对于客户这样的外行人来说，你的产品跟其他产品甚至根本没有区别，而这也是现在大多客户遵从"哪里便宜哪里买"原则的原因。那么如何能让客户信任我们，并且认识到产品内在的细节和区别呢？这就需要我们有足够的专业知识储备和话术储备。

比如当客户问及你们的玻璃推拉门为什么这么贵，如果你没有储备玻璃推拉门卖点的知识，是不可能说得有说服力和有条理的，如果你说不出个所以然来，客户就不可能信任你！但是反过来，如果你能非常有逻辑、有条理地告诉客户"贵"在哪里，即便客户还是嫌贵，但至少客户知道"贵"在哪里了，也不会影响我们的专业形象。如果客户去别的地方，一般也会问竞品销售员同样的问题，这时候如果别人答不出，而你答出了，你说客户会信任谁？

2. 通过服务打动客户。

很多经销商都不重视服务，认为客户只关注产品、关注价格，认为产品当道、价格为王。其实不然。在产品和价格高度同质化的今天，未来市场竞争到最后，必将是细节的比拼、服务的比拼。

我这就有一个因为服务好而让客户当场签单的实例。

在一个炎热的夏日，一对夫妇进店看完产品后坐在洽谈台谈方案。这时候，销售员小刘按照常例倒了两杯冷水给客户，而女性客户当场表示："谢谢，我不喝冷的。"这时候，同为女性的小刘立即反应过来，很快倒了一杯温热的红糖水，并买了一包红枣给客户。客户看到眼前的一切，当场眼眶湿润并表示感谢，最后顺利签单。签单的时候客户说："我们之所以这么快签单，就是因为你们的服务！"

想要提供让客户感动、让客户有 VIP 感觉的服务，我建议经销商实行"三倍服务"。

"三倍服务"是从外国先进企业服务团队引进的，所谓的"三倍服务"需要团队配合，需要三个人服务一位客户。比如说 A 销售员负责接待和介绍产品，B 销售员负责倒水、请坐等服务，C 销售员作为机动人员，在三米内用微笑和眼神关注客户。这样可以让客户有 VIP 般尊贵的感觉。

作为超级销售，除了销售产品，更要销售自己。一个连自己都不善于销售、不善于包装的销售员，是很难把自己的产品销售出去的。这就像做人与做事，只有先把人做好了，才能更好地做事。

其实，销售自己是为销售产品打基础的，实际上更是在打造自身公司品牌，自身公司品牌打造出来了，产品销售自然不在话下。

如何成为新时代的销售冠军

随着物质生活水平的提高，消费者追求更高的效率、更好的体验，以及更加个性化的需求，这让销售行业也逐渐告别过去单一讲产品、讲卖点就能成交的时代。

新时代的销售冠军，跟过去有什么不同呢？你要具备用户思维，要学会洞察消费者的需求，找到需求背后的痛点，并针对痛点提供解决方案。

1. 你要想成为销售冠军，就要更多地去挖掘消费者的痛点。

人不改变，是因为不够痛；客户不改变，也是因为不够痛。痛点是成交的核心，客户因为痛点衍生需求，因为需求才有购买欲望，因为欲望才有消费冲动，最后才有成交，环环相扣。所以，痛点挖得准不准、透不透，直接影响最后是否能成交。新的销售方法也是以消费者的生活痛点为核心展开的。

2. 你要想成为销售冠军，就要多研究消费者需求的变化。

人这一辈子，需求的不多，但是想要的很多。现在消费者的需求更倾向于"想要"，而不仅仅是"需要"。

比方说，过去厨房只要能做饭、洗碗就可以了，现在的厨房不仅仅要能做饭、洗碗，还要演变成娱乐厨房、艺术厨房、中西厨房等，消费者渴望厨房能在烹饪美食之外，还可以变成一个休闲娱乐、亲子教育的地方。

3. 你要想成为销售冠军，就要学会点燃消费者的欲望。

不管你想不想成为销售冠军，你要关注的不是卖，而是买。为什么客户会买？客户买是为了什么？是为了让生活更美好，产品只是载体。所以你不但要懂产品，更要懂生活，你不但要成为产品专家，还要成为生活专家。

不管你想不想成为销售冠军，你都要有用户思维。要站在客户的立场去思考问题、站在客户的角度去解决问题，否则你说的所有话都是废话。具备用户思维，就先要忘记卖、忘记一切功利性的东西，无招胜有招，以不卖来卖，才是最高级的卖。

如何有效应对竞品

经常有人问我：某某竞品，该如何应对？某某竞品的销售攻击我们，我们该怎么反击？有这种焦虑的销售人员，往往不自信而且思维不够开放，容易被竞品的人坑，也容易被消费者引导，很难把握主动。

这里我总结了两点，可进行参考调整。

1. 面对竞品，要有自信。

我们在前文说过，自信，是做好销售的精神源泉。没了自信，目光容易呆滞，精神容易变得恍惚，语气容易不够坚定，说任何话都没有感染力，更没有说服力。

你只有具备足够的自信，才能在消费者说某某竞品如何如何好时，依然淡定从容地应对，从而客观分析两个品牌的优缺点，不扭曲事实，承认有些地方竞品做得不错，但同时也要说明我们产品的不同之处在哪里，解除消费者的顾虑和担忧。

2. 面对竞品，思维要开放。

如果竞品的销售诋毁和恶意攻击，要沉住气，不要反击，我们不需要吹灭别人的灯来让自己的灯更亮。

如果竞品的销售讲品质细节，讲一些他们有而我们没有的工艺，没关系，不要慌，回归本源，做好自己。本源就是做好服务，服务的核心竞争力是功能、设计。

他们有我们没有的工艺，其效果是一样，各有千秋。工艺的差异、产品的差异，正在逐渐缩小，尤其是大品牌，总是去对比无关痛痒的细枝末节，本质上是没有意义的，因为质量都差不多，都是有保障的。以今日的科技水平，只要是品牌，质量就不用担心太多。

定制产品，消费者真正关注的应该是功能和设计，好不好用才是最关键的。所以，谁能提供更合理、更人性化的解决方案，谁就能赢得更多的消费者；谁的设计更符合消费者的潜在需求、更能打动消费者的内心，谁就能赢得青睐。

说到底，面对竞品，消费者如何选择，在于你如何引导。

如何提高订单量

这两年，市场竞争态势极其严峻。房地产市场疲软、传统门店流量减少、产品差异缩小、活动过于频繁……这些都导致很多品牌和商场的订单量严重下滑、退单率很高。于是，整个建材行业为了争抢订单，周周促销、天天夜宴，心浮气躁、丢弃本源，陷入了恶性循环。

这个时候，我们需要停下来，静下心，理清问题，才能找对方法。

俗话说："得民心者得天下。"在销售上，这个"民"指的就是消费者，只有得到消费者的心，得到消费者的认可，才能得到更多的市场份额。所以我们要换位思考，从消费者的角度去思考：消费者关注的是什么？影响消费者成交的因素有哪些？

1. 好不好看。

对于消费者而言，一款产品的外观款式好不好看，直接决定了是否有眼缘，而决定眼缘的是产品的色彩搭配和结构布局。所以聪明的销售员往往会在门板的专业知识和效果图的储备上花工夫。

2. 好不好用。

即便产品的外观款式非常漂亮，那也是不够的，消费者还会考虑好不好用的问题。决定好不好用的是产品的功能，所以聪明的销售员还会跟消费者讲方案、讲功能，而不仅仅是讲卖点细节。

3. 耐不耐用。

除了外观和实用，消费者还会关注产品的使用期限。聪明的销售员会从产品的做工、设计等方面告诉消费者自家产品耐用。

4. 环不环保。

甲醛是不少消费者最为关心的一个问题，但是消费者对品牌的产品还是很有信心的，只是习惯性地问问试探一下，聪明的销售员会表现得淡定从容，告诉他们环保是品牌定制家居的底线。再不行，可以让消费者查一下相关环保证书或甲醛检测报告，这个问题就解决了。

5. 划不划算。

市面上的产品鱼龙混杂，计价复杂，很多消费者担心自己这个外行被骗，担心同样的东西，自己比别人买贵了，不划算。

在这种背景下，套餐应运而生，套餐已经渗透到我们衣、食、住、行的各个方面，而且已经成为划算的代名词。所以，聪明的销售员面对刚需消费群体一定会主动推一口价、打包价等去套路的、计价简单明了的、多种组合形式的、符合消费者喜好的产品套餐。

总结一下，要让消费者满意、让消费者愿意买单，需要做好以下五点：

① 帮助消费者找到喜欢的款式；

② 帮助消费者设计和推荐能满足其需求的方案和功能；

③ 帮助消费者了解产品的细节，让消费者成为内行人、成为专家；

④ 帮助消费者了解查询和检验产品环保不环保的步骤和方法；

⑤ 帮助消费者挑选最符合需求的、性价比最高的套餐。

做好这五点，你的订单量一定会上升。

最好的成交不是因为价格

如果你想要得到市场，你想要成交，就要满足客户的需求。这个道理很多人知道也认可，问题就在于很多客户的需求是比较模糊的，因为客户对那些"痛点"已经习以为常甚至麻木了。比方说习惯了进门"金鸡独立"式换鞋，习惯了买菜回家后进门把菜篮子放地上，习惯了睡硬板床，习惯了用围裙擦手，习惯了在厨房和餐厅来回走动盛饭，习惯了用双手洗碗，习惯了洗漱用品扎堆乱放……

由于设计或者产品的不合理，由于配套不全或者产品缺失，导致很多消费者形成了很多不合理的习惯。而这，正是需要我们去改变的，也是我们可以大有作为的突破点。

想要实现成交，就要让消费者自己感觉有这个需求，而需求背后往往隐藏着问题和痛点，找准痛点，才能点燃客户购买的欲望。所以，我们要把每种产品需求背后的问题找出来，让客户自己揭伤疤，然后我们还要在伤疤上"撒盐"，让客户喊痛。如此，成交自然是水到渠成的。

过去是怎么成交的？大部分都是依赖价格。很多终端不管平时还是活动促销时期，除了拼价格还是拼价格，下至员工上至老板，所有人似乎都认为只有低价才能成交，变成"无促不销"，没有价格就没有办法销售。

可是，难道客户真的只考虑价格吗？难道不拼价格就没办法成交？

我想说的一个道理是：价格很重要，但相比客户的需求而言，价格是其次的。能否解决客户的问题，满足客户的需求才是王道。否则，哪怕你通过价格战成交，客户也不一定会对你满意。

所以，最好的成交应该不是因为价格，而是因为这款产品适合消费者、能够解决消费者的问题。

真正的销售高手从不逼单

我做培训的时候，很多学员问到逼单技巧，有些学员甚至带着一些匪气问："老师，教我们怎么杀单吧！"学员问得我"心惊胆战"，我们是做销售的，又不是去违法犯罪的。

销售是你情我愿的，不存在强迫、逼迫，一切都是顺其自然的，因为强扭的瓜是不甜的。

所以，销售不要逼单。逼单只会让客户反感抗拒。真正的销售高手从不逼单，逼单是弱者的选择。

销售高手不逼单，那是如何成交的呢？

先讲个故事：

我有个同事买了房准备装修，当时随便选了个品牌油漆的预约上门服务，结果那效率真是高啊，早上预约，下午就到了。工作人员穿着统一的服装，说话也恭恭敬敬的，做基层和墙面的诊断，工具也非常高端齐全。

接下来就开始跟他们聊小孩、聊创意，说小孩喜欢在墙上写写画画是有创造力的最佳表现，不但不能制止，还应该鼓励，但在墙上画画擦不干净很让人烦恼，最后工作人员告诉他们有一款可以擦洗的油漆，可以完美地解决这个问题。聊完小孩又开始聊工作，说现在上班族精神压力都比较大，所以墙面的色彩很关键，建议他们选择蓝色或者绿色，这样可以有效地减压。接着继续问他们会不会发现墙上有开裂、起皮、空鼓、粉化和发霉的现象，我同事使劲点头，对方销售人员一一告诉他原因以及后期如何避免。沟通完，告诉他们，如果觉得可以，只需要交五百块钱的象征性定金，然后把钥匙给他们三天，三天后就可以过来验收，满了再把尾款交了，不满意就继续服务到满意为止。

我同事第二天就把全款交了。

我当时问我同事，为什么你不等验收后再交全款？我同事说，因为这个品牌让他很放心，整个服务过程他很满意甚至有点惊喜，总感觉不提前交全款有点对不起对方这么好的服务，为了"报答"这一超预期的服务，我同事现在逢人就推荐这个品牌。

确实，这个品牌不管是形象、工具还是专业知识方面都做得非常到位，全程不跟你说他们品牌有多好，也极少说产品，从不自卖自夸，更多的是实实在在地为你解决各种生活痛点问题，而这，正是打动我同事的关键。

今天的销售，早已不是把产品卖出去就万事大吉了，能否触动消费者的主动传播才是关键。而这，就需要我们具备用户思维，帮助客户解决痛点，提供完整的解决方案。

所以，成交，是不需要逼单的。如果你要成为销售高手，就请忘记逼单。所谓"有心栽花花不开，无心插柳柳成荫"，凡事不要刻意，只要把这两个问题想明白做到位，成交是必然的：

① 客户会遇到哪些问题？

② 我能提供什么方案解决这些问题？

如果把上面的问题想明白想透彻了，下一个销售高手，就是你！

你以为销售的目标是成交？错了！

销售的目标是什么？很多人都会不假思索地回答：当然是为了成交！成交，是每个从事销售行业的人所追求的结果。这话表面上似乎没毛病，但仔细分析，就会发现有问题。

成交就一定是好事吗？或者说，成交就代表客户认可你？就代表客户是满意的？显然答案是否定的。不满意的成交是毒药，会毒害销售团队，让他们误以为自己的方式是对的；不满意的成交是瘟疫，会让客户告诉他所有亲朋好友你的不好；不满意的成交是不定时炸弹，会引起客户的投诉甚至严重的售后问题。

所以，成交了也不要扬扬自得，因为成交不等于满意，销售的目标不是成交，而是让客户满意地成交。成交还分满意和不满意？是的。客户不满意还会成交？是的。你想想你过去的购买经历不就知道了嘛，难道你每次购买的体验都是满意的？

为什么客户不满意还会成交？也许是因为产品的品质，也许是因为品牌的知名度，也许是因为价格低，也许是……但一定不是因为认可你！而这，往往是最致命的，因为不满意的成交客户，是不可能带来好口碑的，久而久之，这个品牌会被淘汰。

那为什么客户会不满意？购物的过程是体验的过程，而过去的销售模式，冰冷、生硬、粗暴；过去的销售模式，急功近利，目的心太强；过去的销售模式，王婆卖瓜、自卖自夸，说的都不是客户想要听的。

所以，销售模式是必须改变的，但很多终端的老员工至今没转变思维，继续王婆卖瓜、自卖自夸，虽然用的方法老套、简单、粗暴，但还是能签一些单，所以脸上沾沾自喜，扬扬自得，偶尔还会跟你炫耀说："你看，我用老方法照样能签单，我为什么要改变？"是啊，为什么要改变？很多人也正是因为思维固化才被淘汰的，很多人能从失败中吸取教训，但只有极少数人能做到居安思危，有反思进取的态度。

永远要记住：成功有个副作用，就是误以为过去的方法同样适用于未来。

改变总是痛苦的，但是不改变会更痛苦。我们不能只是追求简单粗暴的成交，这不是我们的目标，我们的目标是让客户满意地成交。而想要让客户满意地成交，就必须具备用户思维，关注客户的诉求，想客户之所想、急客户之所急，一切以客户为中心，解决客户的问题。

成交法则三段论

一蹴而就的成交很少，正如一见钟情的爱情一样，很少，甚至很难。

凡事都有个过程，急不来，做销售也一样。

做销售，就像用手抓沙子，抓得越紧，沙子漏得越快越多。所以，你得学会放手、放松、放下，以此达到"抓住"的目标。这和《孙子兵法》中说的"欲擒故纵"是一个道理。

基于上述逻辑，我从消费者的角度总结出了成交法则三段论。

第一阶段：让消费者从"我不需要"到"我需要"。

消费者表面的需求，大家都能看到，正如消费者来看家居，你知道消费者需要家居，难道其他品牌的销售不知道？消费者需要什么样的家居、需要多少家居、需要哪些家居，这才是深层次的需求。而这些，就需要我们去挖掘。

目前整个定制家居行业对消费者痛点的研究都是不够的，或者说是不够深入的。消费者的痛点需要通过海量的数据调研，甚至有些需要销售亲身经历，这样总结和提炼出来的痛点才能精、准、狠，才能有感染力和说服力，才能让消费者感同身受、引起共鸣。

痛点提炼和总结出来后，接下来面临的一个问题就是，如何讲解才能让消费者自然而然地接受。总不能一开口就说痛点吧，这显得太突兀了。

怎么办呢？我们可以把消费者当朋友，不聊产品、不聊价格，而是像朋友一样聊生活、聊家常，我们发现这样"软着陆"的方式很容易切入，销售容易上手，消费者也容易接受。

在轻松无压力的聊天过程中，植入痛点的讲解和解决方案，这样一来，消费者原本不需要的东西，变成了"需要"。

基于以上思考，我把这种方法总结为"BPS 销售技巧"，后文将详细讲解，这里不再展开。

第二阶段：让消费者从"我需要"到"我认可"。

消费者需要，但是不一定就会选择你的产品。正如我需要电脑，但是我可选的产品有很多，比如苹果、戴尔、华硕、宏基、华为……我可选的太多了，为什么要选你的？除非你的产品，得到我的认可。

要得到消费者认可，需要你的产品有亮点，比如外观款式、风格设计、花色搭配、空间布局、方案规划、功能等，从卖家的角度来说就是卖点。

产品的卖点是由研发生产决定的，销售负责的是卖点的总结和提炼，卖点要和消费者的买点相结合，也就是你的卖点应该是消费者的买点。

讲解卖点的时候有三个注意事项：

① 聚焦。卖点的提炼要聚焦，讲解的卖点不要超过三个，超过三个卖点，讲了也是白讲，因为消费者记不住。

② 细节。一个优秀的销售一定都善于讲故事，卖点的讲解同样需要跟故事相结合。要注意的是，你讲的故事或者案例，一定不能少了细节，没有细节的故事或案例，是无法打动消费者的。

③ 证明。一个人靠不靠谱，要听其言，更要观其行。所谓"眼见为实，耳听为虚"，不能口说无凭，毕竟"哪个卖瓜的不说自己的瓜甜"？所以，优

秀的销售除了公正客观、不偏不倚，还应提供证明或演示，让消费者"眼见为实"。

第三阶段：让消费者从"我认可"到"我要买"。

消费者已经认可你的产品，但是如何让消费者买你的产品呢？

你要清楚影响成交的核心因素是什么，从大的方面来说，我觉得有三点。

① 消费者的购买力。购买力是成交与否的大前提，如果消费者没有相应的购买力，那么一切都是空中楼阁。正如我认可别墅，但是我买不起，怎么成交？所以，销售要探清楚消费者的购买力和预算。我提出的成交法则三段论也是基于假设消费者有相应的购买力这一前提的。

② 消费者的需求。有需求就有市场，有市场就有买卖，一切的买卖都是源于需求。正如我不口渴，我没有喝水的需求，你跟我推销水，成交的机会自然很低。因此，建立在消费者有相应购买力的大前提下，消费者需求的刺激就是成交的第一步。

③ 消费者的购买冲动。这是很多销售忽略的，因为有问题（痛点）才有了需求，因为有需求才会有购买的欲望。消费者的购买欲望是需要被点燃的，只有消费者的欲望燃烧起来，才会有强烈的冲动去产生购买的行为。因此，销售需要学习锁单促单的技巧和话术，招数一定要多，这样才能信手拈来，因人而异，刺激消费者的购买冲动。

以上就是我总结的成交法则三段论。不过，这个理论不是唯一的，也不是万能的。销售是一门大学问，行业的各种培训和流传的方法让人眼花缭乱，但我相信万变不离其宗，只要你用心去学，就没有什么做不到。

技巧篇

你要说什么，用什么样的语气、口吻，以什么样的节奏去说，这里面都是有讲究、有技巧的。

04
这么说：把成交"聊"出来

成交是聊出来的

成交是聊出来的。这句话很多人不信，觉得是纸上谈兵。在这里我以净水器销售为例，跟大家分享一下。

很多销售员都是这样卖净水器的。

第一种卖法：低价吸引。

比如：

您要看什么品牌的净水器？您要买什么样的？您要什么价位的？您过来看看，我们这里有个特价款……

第二种卖法：自卖自夸。

比如：

您过来看净水器吗？我跟您说，我们这个净水器很好的，我们采用的是六级滤芯、六级过滤，很干净的，我们用的膜是行业顶尖的PVDF超滤膜，我们用的是高性能进口炭……

采用以上销售净水器的方法都是注定要失败的，因为消费者还没感觉到需要净水器，消费者如果认为不需要，你说再多都是徒劳。如果你的团队是用这些方法干销售，想都不用想，成交率绝对很低，即便有成交，也都是特价款，团队赚不到钱，老板也赚不到钱，亏本的可能性很大。

现在，换一种话术。如果卖净水器，你可以这么跟消费者聊：

销售员：姐，我看您皮肤很好啊，您是怎么保养的，能教教我吗？

消费者：哈，你真会说话，谢谢。我皮肤也一般般啦，主要是要买好一点的护肤品，还有要多健身、多运动，晚上尽量早点睡，不要熬夜……

销售员：姐，您用的是哪个品牌的护肤品？

消费者：……

销售员：哇，这可是个大牌子，您生活品质真高，这个牌子确实很好，就是好贵啊，我都买不起。对了，姐，您这么注重保养，应该在水质方面也有要求吧？

消费者：对啊，我在家喝的都是桶装水。

销售员：确实，现在越来越多人注重饮水健康了，桶装水也是很多家庭的首选，不过您有没有想过，其实桶装水是有好几个缺陷的。

消费者：有吗？

销售员：当然了，听我跟您分析。第一，桶装水打开后，保质期比较短，如果是夏天就更短了，容易滋生细菌影响健康；第二，桶装水如果喝完了，还要让人家送过来，这送过来也是要等的，如果碰上逢年过节等水喝茶什么的就会比较尴尬，如果一下子送好几桶过来堆着也占地方；第三，桶装水配饮水机，饮水机常年通电，也是需要不少电费啊；第四，如果烧开的水一直不喝，饮水机会反复烧，这种反复烧开的水对人体有害；第五……

消费者：呀，你不说，我都不知道啊，那该怎么办呢？

销售员：建议您给家里配上净水器，我们这里有多个组合解决方案，您可以过来看看了解一下……

就这样，聊着聊着，消费者就开开心心地把净水器买了，还会真心感谢你，这才是真正的销售。

作为销售人员，你应该知道销售的核心。你的核心如果在于"卖"，就会出现这种情况：越是想卖你就越功利，消费者就越是不买，消费者越是不买，你就越以为是自己讲解不到位，结果越是陷入王婆卖瓜、自卖自夸的陷阱，恶性循环，不能自拔。

所以，销售要做好，核心应该在于"买"。这意味着你想着的是如何让消费者愿意买、你要清楚消费者会有哪些痛点，关键是你要学会通过聊天的方式卸下消费者的戒备心，让消费者接纳你、信任你，然后继续通过聊天的方式，不卑不亢、循序渐进地帮助消费者发现问题，然后寻找解决方案。

慢慢来，成交是聊出来的，不要着急。这句话如果你不理解，当然是纸上谈兵。

客户进店三句话

客户进店属于销售流程中的迎宾或者说是接待的环节，当客户进到店里的时候，到底说什么比较好呢？你如果只说一句话吧，显得有点冷场和尴尬；你要是说的多吧，给客户的感觉就是老油条，很虚伪；你要是啥都不说，在客户后面屁颠屁颠跟着，无法引导客户，客户看着你也烦……

所以客户进店后销售员到底该说些什么，看似容易，实则很讲究，本文为大家提供三句话作为参考。

为什么是三句话而不是四句话、五句话呢？因为开场接待客户的时候如果只说一句两句会显得冷场尴尬，而说四句话以上又显得啰唆，三句正好。

在说这三句话之前有必要说一下你的态度，客户进店后，在接待的时候不太建议鞠躬哈腰（给人感觉就像是进了饭店、酒店一样），如果你平常见到客户没有点头的习惯也没关系，但是你不能忘了最重要、最核心的一个动作——微笑！笑，是世界的通行证，只要你笑，给人的感觉就是善良的、温和的、亲和的。

第一句话：欢迎光临×××，里面请。

没错，就这么简单！连"您好"两个字都不需要。说这第一句话的目的是告诉客户，欢迎你选择我们的店面、我们的品牌，而不是选择其他店面、其他品牌。所以，捡有用的说。

第二句话：我们这里可以根据您家的户型以及您喜欢的风格和款式来量

屋定制专属您家的全屋空间解决方案。

这句话的目的是告诉客户，我们是个性定制的，而且我们卖的不是产品，而是方案。建议第一句话说完间隔三秒钟再说第二句，这三秒钟是留给客户适应我们的环境、适应你的存在的。

第三句话：我们这里从设计到安装都是一站式解决的，您只需要挑选您喜欢的风格和款式就可以了。

由于大部分客户都觉得装修是一件很头疼的事情，所以最后一句话的目的是让客户安心，告诉客户，其实选择家装很简单，至少在我们这里很简单。从设计到安装一站式解决也许很多品牌都能做到，但是说跟没说完全是两个概念。

需求提问三句话

做销售就像做医生，只有通过提问才能了解到有效的信息并诊断出客户的真实需求，进而有针对性地推荐产品。而需求，是问出来的。那到底怎么问呢？本文为大家提供极其简单也极其有效的提问话术。

要想成为一个销售提问高手，先要想明白三个问题。

第一，提问有开放式提问和封闭式提问两种，那么哪种提问方式客户更容易接受、更容易回应你呢？

举个例子：

开放式提问：明天中午吃什么？

封闭式提问：明天中午是吃西餐还是中餐？

以上两种提问方式，你觉得哪种提问更容易回答？

好，明白第一个道理后，接下来要明白第二个道理。

第二，提问是循序渐进、由浅入深好一点，还是开门见山、直奔主题好一点？

举个例子：

假如你想搭讪一个姑娘并请她吃饭：

循序渐进、由浅入深地提问：

甲：美女，你喜欢吃西餐还是中餐？

乙：西餐。

甲：我知道有一个地方的西餐特别好吃而且很有特色，这个地方叫……你听说过没？

乙：没有。

甲：我也没吃过，要不我们一起去吃？刚好朋友还给了我一张优惠券呢。

开门见山、直奔主题地提问：

甲：美女，我想请你吃饭，可以吗？

乙：……

甲：我们就一起吃个饭吧？

乙：……

以上两种方式，你更能接受哪一种？

如果上面两个道理都明白了，那么再来思考第三个问题。

第三，提问的目的和意义是什么？

如果你知道要提问，也明白提问很重要，你也一直在背诵提问的话术、学习提问的方法和技巧，但是，如果你忘记了为什么要提问，那前面的一切等于白学。提问仅仅是为了了解客户的需求？错！提问除了了解客户的需求之外，更重要的是互动。你问我答，就像你来我往，问而不答，非礼也！这是中国几千年的传统文化积淀起来的思维习惯和道德习惯。

所以，提问的目的和意义，不在于提问本身，而在于互动的过程。

如果你明白了这个道理，你就知道有些提问没有任何技术含量但是要去问的原因，就是这种看似无聊的问题，可以让客户的嘴巴比脑子快。当客户回答你了，跟你聊起来了，互动就开始了。

所以，你会发现有些销售员，每次培训、考试成绩都很差，但业绩就是好，为什么？因为会提问、会聊天、会互动，聊着聊着，笑着笑着，客户就把钱交了。

如果上面三个道理都弄明白了，你就懂得以下三句提问话术的意义了。

提问第一句："您以前了解过……吗？"

举例：您以前了解过实木吗？

提问第二句："您喜欢……还是……？"

举例：您喜欢浅色的还是深色的？／您喜欢什么风格，是简欧的还是现代的？

提问第三句："您家房子在哪个小区？我可以……"

举例：那您家房子在哪个小区？我可以把跟您户型相近的全屋方案和效果图调出来给您看看，这样您在选择的时候也有个参考。

以上三句最为常用，但提问不仅限于这三句。话术无定式，只要遵循提问法则，只要有效果都可以！

卖点讲解的四个技巧

对于销售员来说，讲解产品的卖点是必修课，也是销售过程中的重中之重。如何进行生动有效的卖点讲解？今天给大家简单地分享四个方法。

1. 平铺直述法。

把产品卖点提炼出来，然后将此有逻辑地、直截了当地告诉消费者。

此法适合的情况是：第一，产品的卖点较多但又比较平淡；第二，卖点容易被消费者理解。

比如某台面的卖点讲解：

第一，厚度20mm，不易断裂；第二，石英石晶体含量高达90%以上，抗油污且不易渗色；第三，原厂出产，高标准确保高品质。

2. FABE讲解法。

FABE讲解法分四个步骤：F——产品的特性→A——产品特性的优点→B——产品特性的优点带给用户的好处→E——力证。

为什么要有四个步骤呢？看个故事就明白了：

普通的销售员，拿着一沓钱对猫先生说：猫先生，这里有一沓钱。猫先生听完有没有反应？没反应，因为只讲了"F"。

聪明的销售员，拿着一沓钱跟猫先生说：猫先生，这里有一沓钱，有了这些钱就可以买鱼。猫先生听完有没有反应？还是没反应，因为只讲了"FA"。

更聪明的销售员，拿着一沓钱对猫先生说：猫先生，这里有一沓钱，有了这些钱就可以买鱼，这样您就可以大吃一顿了。猫先生听完有没有反应？有一点儿反应了，因为讲了"FAB"。

最聪明的销售员，同样拿着一沓钱，但是说：猫先生，这里有一沓钱，有了这些钱就可以买鱼，这样您就可以大吃一顿了，刚才您朋友就买了很多鱼，吃得饱饱的，现在都睡大觉了，不信您去看看。猫先生听完会怎样？欣喜若狂！因为讲了"FABE"。

3. PAPP 讲解法。

P——抛出痛点；

A——分析原因；

P——解决问题；

P——演示证明。

此法适合单个核心卖点的讲解，将此法掌握得好就可以有效引导消费者并让消费者听得懂、记得住并且认可你。

如推拉门的防尘毛条讲解：

P：现在的推拉门看起来都差不多，但是很容易积灰，您知道为什么吗？

A：就是因为推拉门之间缝隙比较大而且没有任何遮挡。

P：我们的推拉门边框背后都有防尘毛条。

P：您看一下，是不是跟我说的一样。

4. BPS 讲解法。

B——引入生活场景；

P——深入挖掘痛点；

S——提供解决方案。

此法是以讲故事、生活化的方式，潜移默化地引导消费者转变观念，进而认同产品。

如地柜地脚板的讲解：

B：您家厨房多久打扫一次卫生？

P：有没有发现地脚板的拆卸很麻烦，里面很难打理，有时候嫌麻烦干脆就不打理了，但是里面会有杂物堆积产生异味，非常烦恼。

S：我们设计的地脚板就比较人性化，拆卸非常轻松，既美观又防尘，关键是拆卸方便省力。

以上四个方法没有绝对的好坏之分，不管白猫黑猫，能抓到老鼠就是好猫，所以建议都加以学习、练习，融会贯通后就可以灵活应变，以通俗易懂的专业讲解打动消费者。

情景空间话术怎么讲

作为销售人，只有不断升级自己的思维，才能潜移默化地影响和引导消费者，从过去的讲卖点到现在的讲生活，从过去的卖产品到现在的卖空间，都是思维转变的表现，而这些转变需要话术的烘托及呈现。讲解情景空间的话术，是以前没有的，所以是要花精力去研究的。

当然，任何话术都不能死板，情景空间话术也一样，但是要有基本的结构和模板，这样才能高效地复制和转化。

这里我结合多年的实战经验提供一些简单可复制落地的模板给大家参考。

1. 讲情景空间结构模板。

咱们这个空间总共分为 X 个分区，分别是 X 区、Y 区和 Z 区。首先看一下咱们的 X 区，采用了 ××，让人感觉 ×××；其次看一下 Y 区……然后再看看 Z 区……所以咱们设计的这个空间既……又……您觉得怎么样？

2. 情景空间描绘话术。

咱们这个空间是按照主卧的标准设计的，总共分为四个分区，分别是睡眠区、休闲区、储衣区和读写区。

首先，看一下咱们的睡眠区，采用的是触点式的床背，不管是靠着看书还是看电视都非常舒服，床的两边各放了一个床头柜，寓意好事成双、成双成对。

其次，看一下储衣区，咱们的储衣区设计在床头旁边，让我们在拿取衣服的时候非常方便。门板的花色属于浅色系，让人感觉非常清爽自然；构造上采用线条感强的珊瑚板搭配烤漆腰线，整体层次分明，美观时尚；衣柜内部空间设计了长短挂衣区和各种功能配件，可以根据您的需求随心变。

再看看休闲区，咱们在衣柜的左边很好地利用了飘窗，通过一整排顶柜的设计和抽屉式地柜的结合，形成了"回"字造型，寓意福泽绵延。除此之外还最大化地利用了空间，顶柜和地柜可以放置过季衣物和其他杂物，让您的空间整齐有序；飘窗的左边设计了装饰柜，可以存放书籍、盆栽和其他装饰物，点缀属于您的私人空间，让您的家变得更美，闲暇之余，可以戴上耳机坐在地柜上，听听音乐、看看窗外的风景、晒晒太阳，捧一杯清茶或者咖啡，享受属于您的下午时光。

最后，看看读写区，咱们在飘窗的左侧设计了简易小书桌，书柜采用了上墙设计，节省地面空间，书桌高度符合人体工程学，让您办公、写作舒心舒服，无须在卧室和书房之间来回奔跑。

所以咱们设计的这个空间既不影响正常采光，又有很好的利用空间，既美观又实用，您觉得怎么样？

以上话术呈现出来的是卖空间，而非卖单品的情形，空间中有很多单品，成交单值自然较大。所以，建议店面的情景间按照这个结构来套用，把话术全部整理出来后确保全员通关。

不熟悉产品如何讲

产品是销售的纽带，是跟消费者沟通的桥梁。好的产品可以吸引消费者的目光，可以吸引消费者进店参观。可是再好的产品都不会自己说话，即便是旁边贴着各种介绍贴、卖点贴，即便是有红外线感应的智能语音介绍，也只能作为销售的辅助道具，因为消费者进店，了解产品只是理性上的需求，除此之外还希望得到重视和尊崇。只有人，活生生的人，站在消费者旁边，声情并茂、面带微笑，进行柔和又有力量、通俗又不失专业的讲解，才能满足消费者在理性和情感上的双重需求。所以，从消费者进店看产品的那一刻开始，就需要进行销售讲解。

当你对这个产品不是特别熟悉，还没来得及了解很多的时候，如何快速且通俗易懂地讲解，让消费者在最短的时间内对产品有个整体的了解呢？

我开发了一套"NCSS 讲解法"，在终端多年的实践过程中被证明非常有效，能让销售员快速掌握产品讲解方法，也能让消费者快速了解产品。

首先，要了解"NCSS 讲解法"的定义。

N（Name）：名字、设计灵感、风格款式；

C（Color）：花色搭配、色彩美学；

S（Structure）：造型款式、结构布局；

S（Symbol）：寓意内涵、感觉升华。

"NCSS 讲解法"如何应用？我以橱柜和衣柜为例：

比如：

N：这款橱柜叫"春和日丽"，属于现代简约风格，是我们这里的爆款；

C：花色上选用温馨自然的米黄布纹搭配沉稳的中灰布纹，层次分明；

S："一"字型的布局简洁大方；

S：整体既美观又实用，您觉得怎么样？

如果你后期运用灵活了，你的变化可以更多。

比如：

N：这款橱柜叫"中国风"，属于新中式风格，设计灵感源于中国山水画，整体营造一种"非淡泊无以明志，非宁静无以致远"的氛围；

C：设计师采用经典的黑白色，犹如水墨画一般，给人自然舒适的感受；

S：整体设计有地柜、中高柜和高柜，错落有致，开放柜与平开门柜的虚实结合，使视觉上显得开阔有美感；

S：整款橱柜显得别具一格、档次十足，您觉得怎么样？

再比如：

N：这款衣柜叫"香榭丽舍"，设计灵感源于法国巴黎最美丽的一条街道；

C：所以咱们设计师采用高贵的香榭白花色，上面有钢压纹路，使得白色不再单调，淡淡珍珠光的效果使得白色更显典雅；

S：层次感强的百叶门搭配上清新醒目的四叶草腰线让人感觉美观时尚；

S：四叶草的花语是幸运，因为在三叶草中找到一片四叶草的概率是十万分之一，所以这套衣柜象征幸运，您觉得怎么样？

最后，为了帮助大家快速掌握这个讲解方法，我写了几句"万能句式"，你可以直接套用。

N：您看到的这款叫……属于……风格，设计灵感源于……

C：花色上选用……的……搭配……的……，显得层次分明；

S：……的布局 / 结构，简约而不简单；

S：整体既美观又实用，您觉得怎么样？

NCSS 讲解法模板简单，容易复制，容易上手，可以更快更好地帮助消费者找到自己喜欢的款式，从而实现更快、更好的成交。

学会"三次循环报价"法，才算会报价

在终端有个现象：家居市场竞争日趋激烈，很多商场都参与了价格战，把价格调得一低再低，以为这样客户就会觉得真的便宜，结果你掏心掏肺，却

没有换来客户的认同。所以就有很多销售员抱怨：价格都这么低了，怎么客户还说价格高？怎么客户还不买？其实答案很简单，客户没有感觉到价格低！

所以，经销商只是一味把价格调低并非上策，这么做除了降低自己的利润甚至导致亏损外，没有任何好处，客户没有感觉占了便宜，满意度也没有提高，真是"赔了夫人又折兵"。

那么如何才能让客户感觉便宜呢？在这里，我与大家分享"三次循环报价"法。

第一步：按照较低折扣报价。

"现在都是明码标价，咱们平常不打折，现在活动价的折扣是……"

切忌客户一询价就直接在客户旁边用计算器报价，因为这样会给客户产生一种错觉：原来减价如此简单，除此之外，首次降价幅度可以稍微大一点，报价时间比较短。

第二步：管理人员申请优惠。

如客户仍要更低的报价，可适当向管理人员申请再给予适当幅度的优惠，切忌在客户可视范围内申请价格，第二次降价幅度要比第一次小，报价时间要比第一次长，让客户感觉降价是很困难的。

第三步：套出客户底价再促成交易。

第三次报价之前，一定要确认客户是否现在就买以及能接受的底价是多少。

A."这个价钱真的很实惠了，您诚心买我们也诚心卖，我可以试着请店长再和经理谈谈看能不能帮您争取再少一点，但请问您能接受的价位是多少呢？另外，如果我们帮您争取到了这个价位，您现在就能定下来吗？"

B.得到客户肯定的答复后，第三次报价的降价幅度要比第二次小，申请时间要比第二次长，进一步让客户感觉价格想要再低是不可能的。

如申请到的价格比客户期望的要低，就要强调你是如何努力才申请到的，同时让客户以后多介绍其他客户给你。

如申请到的价格比客户期望的要高，就要强调这个价格也是很不容易申请到的，同时说明"各退一步"以××价格成交。

用好"三次循环报价"法，有四个要义要掌握好：

① 一次比一次的报价幅度要低（让客户感觉价格想要再低是不大可能的）；

② 一次比一次的报价时间要长（让客户感觉价格想要再便宜越来越困难）；

③ 申请价格的时候不能在客户的可视范围内（如果你就在客户的旁边用计算器报价，会让客户感觉原来打折是如此轻易，自然希望价格更低，得寸进尺。永远记住：越是容易得到的东西就越是不珍惜，绝不能一下子满足客户心里的价格）；

④ 报活动价格之前一定要先报标价，这样可以让客户自然而然对比省了多少钱，可以更快地感觉到便宜，否则客户连原价是多少都不知道，如何得知你这次活动的力度？

举例说明：

一个衣柜原价是20000元，如果你第一次给客户申请下来的报价是15000元，少了5000元的幅度，用时30秒钟；那么第二次你只能报价13000元，少2000元的幅度，但是用时要比第一次时间长，耗时1分钟；第三次也就是最后一次，你只能少500元的幅度，报价12500元，但用时却要更长，至少3分钟。

通过这种方法，可以让客户感觉每一次的价格争取都是非常难的，同时让客户看到你的努力。其实这个技巧并不是说要忽悠欺骗客户，而是很多时候我们所谓的"坦白""掏心掏肺"并不能得到客户的认可，很多客户是带着怀疑、不信任的观念过来的，你再坦白，说夸张一点，即便你亏本卖给客户，客户照样不信你报的价格是底价，甚至觉得你是故意标高价格然后打折的。很多经销商都碰到过这种事，只能苦笑。

所以，"三次循环报价"法是在经销商搞活动的时候，帮助客户快速抢购优惠的技巧。虽然用了一些技巧，但并没有欺骗客户，客户买到的确实是我们的活动低价。

所以说，用好"三次循环报价"法，可以有效降低客户对价格的期望；用好"三次循环报价"法，可以让客户感觉便宜；用好"三次循环报价"法，可以大幅提升成交率；用好"三次循环报价"法，可以让你的收入翻三倍！

客户故意"挑刺儿"应对法

客户作为买方，与卖方有着天然的利益冲突，买方想要以更低的价格买到更好的产品，而卖方则想要获得更高的利润，所以客户有时候为了占据更多的主动权和谈资，会鸡蛋里面挑骨头，也就是"挑刺儿"。那作为销售人员该如何破解呢？

我一直都认为，只要是客户能说出来的问题都不是问题，最可怕的是客户啥都不说。当客户说出问题时，作为销售人员不应毫无准备地着急回应，而是应该先思考客户的心理。面对客户"挑刺儿"，我们应按如下步骤解决：

1. 先分析诊断。

客户"挑刺儿"的地方是他在乎的地方，"挑刺儿"是想以此胁迫销售员在价格上作出让步，为了在博弈中让自己处于优势，让销售员处于劣势。

2. 不可犯以下错误。

① 直接顶撞客户，这会导致客户没有台阶输了面子，如果是赢了辩论输了生意，不值得。

② 不说话，这是对客户的不尊重，漠视客户提出的异议会让客户感觉不爽甚至让客户觉得我们是在漠视他。

③ 解释了一大堆，但是自己都不知道自己说了什么。说出的那些理由自己都说服不了自己，凭什么说服客户？

3. 陈述客观事实。

① 没有十全十美的产品，有缺点是正常的。就像有人喜欢白色的鞋子，但是白色又容易脏，你说穿还是不穿？

②哪怕客户再怎么"挑刺儿"，只要这个"刺"无关痛痒就不是什么大事，回应好一些，客户也就能接受了。

③既然没有完美的产品，客户也就只能去对比从而买到相对完美的产品。

④有时候客户越是"挑刺儿"，从某一层面来说就代表越在乎，反而是一件好事，只要回应得好，成交率反而更高。

4. 参考应对四方法（这里专指客户挑的"刺"是产品缺点）

①将缺点转化成优点。比如有些客户说百叶门空心和门太轻。

参考应对思路：门不是越厚重就越好，我们的百叶门是故意设计成空心的，门太重会导致滑轮压力变大，影响滑轮使用寿命，而且推拉费劲，相反门轻盈一些推拉起来会更加轻松。

②将缺点转化为特点。比如有的客户说，你们的边框太窄了。

参考应对思路：纠正客户认为边框越宽就越好、越窄就越差的观念，边框窄宽各有特点。

话术：咱们的这款边框是故意设计成窄边的，这样显得整体性更强，就像现在的手机和电视，边框设计得越来越窄甚至是无边框，也是为了整体性更好。再说，边框的好坏不是看有多窄多宽，而是要看多厚，您别看这款的边框窄，但是它的质量一点儿不差，跟其他宽的边框一样厚，长久使用不变形。

③将缺点转化为需求。比如有的客户说，你们的门板太贵了。

参考应对思路：门板不是越贵越好，适合的才是最好的。可以根据客户的价格预算推荐价格和风格上与客户意向相符合的门板。

话术：如果这款门板超过了您的预算，可以看看咱们这款，这款门板颜色跟刚才那款是一样的，风格上也差不多。这款门板虽然价格便宜，但是品质和刚才那款价格高的是一样的，价格没必要刻意追求高的，适合的才是最好的。

④将缺点直接抵消。比如有的客户挑剔地说，皮纹不好打理，容易开裂。

参考应对思路：没有十全十美的产品，相信客户也明白这个道理，所以应该先正面回应客户的问题，打消顾虑并用产品本身最大的优点去抵消客观存在的缺点。

话术：皮纹确实相对于其他的木纹板而言没那么容易打理，但也有没想象中那么难，您只需要用半湿的抹布擦拭一下，然后每半年用透明皮革油保养一次就可以保持光亮如新了。再说咱们就是因为考虑到皮纹容易开裂所以采用最先进的冷压工艺，所以咱们的皮纹不容易开裂起皮，这点您就不用担心啦，最关键皮纹门板装在家里面效果好，上档次，不仅好看还特别有面子。

面对消费者故意"挑刺儿"，不要冲动，不要顶撞，要学会淡定从容，要学会以柔克刚。要记着：不管你销售什么产品，都没有绝对的优点，也没用绝对的缺点，只要拿捏处理好，缺点也可以变成优点。

销售员如何"把黑说成白"

"把黑说成白"，这里的"黑"指的是缺点，"白"指的是优点，"把黑说成白"的意思是将缺点转化成优点，而这方面的能力也是目前终端销售员比较缺乏的。

首先，我们要知道，所有的人和物没有绝对的缺点，也没有绝对的优点，优缺点都是相对的。每个人的背景、需求和价值观不一样，一千个读者心中，就有一千个哈姆雷特，所以要尊重每个客户的个性需求。

当然客户的需求是可以变化的，因为客户的需求往往具有不确定性和摇摆性，毕竟客户是门外汉，不专业，客户需要的不一定适合，适合的不一定喜欢，喜欢的也不一定适合，如果你够专业，脑子够活，就可以让客户既喜欢又觉得适合，一切都是你说了算。

神奇吧？不信的话我们来看个故事：

一个房地产业务员向某富豪推销一栋别墅，由于这栋别墅地点比较偏僻且交通不便，富豪拒绝了。

改日，这个地产公司的另一个业务员找到了这位富豪，他没有在办公室与富豪交谈，而是开车将富豪请到别墅区，让他参观。尽管这个别墅区交通不便，但那里青山绿水，环境非常迷人，而且小区的档次非常高，房子品质也非常好。看到这些，那位富豪有些心动，但他仍谈起了交通不便的问题。按照正常的推销，业务员一般会说，尽管这里没有公交车，但您有私家车怕什么？

但这位业务员没有这样说，而是用"把黑说成白"的销售技巧和话术说："这里没有公交车，而且我也建议您不开私家车上下班。您看这里到您的公司步行要30分钟，您每天上下班步行一个小时是多么难得的锻炼啊，日积月累，将会对您的身体有多大的好处。再看这一路的青山绿水，既能让您养神，又可以触发您无限的灵感，对您的健康和工作都是多么宝贵的资源。"

这种说法深深打动了富豪，他立即就决定购买这栋别墅。

任何产品或服务都有缺点，能够让客户将一般人认为的缺点看成优点才是最牛的销售员。在上述案例中，业务员如果只是强调富豪可以通过开车解决交通不便的缺点，他还是承认了产品的问题，富豪也会觉得购买这栋别墅自己有些亏。而这位业务员将交通不便和青山绿水进行联系处理，形成了步行——修身养性的新优势，这是很有匠心的，富豪也会觉得自己很占便宜。

你看完了上面的故事有什么感触？怎么样？厉害吧？这就是优秀销售和普通销售的区别，区别在哪儿？思维。

我一直跟大家说，人与人最大的区别就在于思维的区别，你没想到的，别人想到了；你想到的，别人已经用了，所以别人成功了，你没有成功。当然不成功只是暂时的，只要你转化思维，淘汰那些落后的思维和方法，后期也可以逆袭超越，成为一名优秀的销售员。

那么，如何将黑说成白，将缺点说成优点呢？

首先脑子必须灵活，随机应变。

比如现在建材行业很多品牌都推行免费量尺的服务，问你一下，免费量尺的核心是什么？免费？量尺？都不是，是沟通！

对免费量尺而言，上门沟通是其重中之重，其中必不可少的当然是赞美。曾有人问我：客户的户型很小怎么赞美啊？客户的装修很一般怎么赞美啊？客户的……

其实很简单，以下说法供参考。

房子户型小：

您家的户型真紧凑，大小刚好适合，不像有些客户的家太大显得太空旷，我都觉得太浪费了，真没必要买那么大的房子。

房子户型大：

您家户型真大气，像我们只能买个六七十平方米的，您家看着两百多平方米，一看就是富贵人家，住起来肯定很舒服。

房子装修很简单：

您家装修简约大方，看起来很舒服。

房子装修很复杂：

您家装修真是高大上，太豪华了，我还以为进了五星级酒店呢。

房子楼层高（比如说 28 楼）：

您家楼层高看风景真好，这座城市的风光都尽收眼底。

房子楼层矮（比如说 1 楼）：

一楼住起来是最有安全感的，您不知道啊，住的楼层太高，容易产生轻飘飘的幻觉，再说，您家在一楼，地震的时候也能来得及跑，哈哈……

房子位置比较偏僻：

您家住在这里真好，每天都可以呼吸新鲜空气，不像住在城里，天天呼吸烟气、尾气，都不知道哪天会得病。

房子在菜市场旁边：

您家这个地段真好，买菜多方便啊，想吃什么买什么，都是新鲜的，不像我住得远，每次买个菜要开车跑老远，一次就得买一个星期的，又麻烦又不新鲜。

还有房子窗户大的、小的，房子亮的、暗的……怎么赞美自己想。总之，销售是活的，销售员也应该是活的，这里指的是脑子活，不能太死板。

要想把黑说成白，需要你养成逆向思维、联想思维和逻辑思维的习惯，将缺点转化成优点的时候切忌故意做作，要动之以情、晓之以理、言之有据。

电话营销怎么销

作为销售人员，对于电话营销相信大家都熟得不能再熟了，电话月月打、周周打、天天打，估计很多人都打到想吐。但是没办法，目前来说，电话营销还是邀约客户最为有效的方式。

当然了，电话营销目的不在于在电话中成交，而是让客户到店。只有客户到店，才有深入交流的机会，才能建立起信任的桥梁，最后才能成交。不过，现在电话营销越来越难，被客户挂电话、被敷衍甚至被辱骂的情况越来越多，如果这时候你还在用老一套的话术，邀约到店的成功率就会更低。

电话营销话术无定式，不要太死板，下面的话术仅供参考。

1. 故弄玄虚法。

这个方法主要是通过让客户产生好奇，以免客户挂电话，然后转入正题引导客户。

比如：

姐/哥，是我啊，小×啊，还记得吗？您之前看了某产品，现在选好了没？是这样的，我们今晚有个夜宴活动，现场准备了晚餐和水果，还有厂家代表，优惠力度特别大，您看今晚六点钟还是七点钟方便过来？

2. 抬高身价法。

如果你说自己是经理，给客户的感觉就是领导，客户多少会比较尊重你，接下来沟通也会比较顺畅。

比如：

姐/哥，您好！我是某集团某分公司客户经理小×，这次我们有个大型活动，是由某集团总部举办的，优惠力度特别大，除了有抽奖活动之外还有……关键是我们这次……您看明天上午还是明天下午有空过来？我好安排专人接待您。

3. 赠品免费送。

如果你发现打了这么多电话客户都表示没兴趣或挂电话，不妨采用这个方法，不要总在电话中说活动，改成说赠送，毕竟人都喜欢占便宜，有免费的为啥不要？

比如：

姐 / 哥，您好！我是某集团某分公司客户经理小 ×，为了答谢新老客户对咱们的长期支持，咱们免费为您准备了一份精美礼品，请问您明天有空过来领取吗？因为我需要提前把您的信息在系统登记才能生效，想跟您确认一下时间。

4. 折扣冲击法。

商家促销经常采用低折扣法，这是因为客户往往对折扣比较有感觉，所以电话营销时直接说折扣也是一个好办法。

比如：

姐 / 哥，您好！我是某集团总部厂家代表小 ×，咱们这次有一个工厂团购活动，折扣低至五折，名额有限，您看要不要给您留一个名额？还是您过来现场看看？

5. 活动专属法。

除了折扣，活动也是打动客户的"法宝"之一。

比如：

姐 / 哥，您好！我是某集团某分公司客户经理小 ×，告诉您一个好消息，咱们商场为了进一步提升口碑，将举办一场专门针对您所在的某小区的大型团购活动，只有小区业主才能享受到这个价格政策，价保全年，建议您过来看看，您看明天有空过来吗？

很多人对电话营销嗤之以鼻，认为不可能有效果，其实只要客户有这方面的需求，是不会拒绝你的电话的。所以不要失去信心，任何限制都是从自己的内心开始的，如果你连自己都不相信，又怎么能指望别人相信你，你又如何去感染客户呢？即便方法、技巧和话术都是现成的，最终结果如何还是要靠自己，除此之外谁也帮不了你！

再谈电话营销

上文我们讲述了电话营销的基本方法，鉴于电话营销的重要性以及电话营销过程中出现的各种问题，这里我们再进一步强调三点。

1. 心态转换：电话营销＝利他利己。你是在向客户提供最优秀的产品和服务；你可能帮助了某个家庭，避免其受到不合格、不环保产品的危害。

2. 死记硬背：成功是留给有充分准备的人的，打电话之前务必通关所有话术。要做到熟悉、熟练，只有死记硬背，没有别的捷径，只有如此，才能在打电话的时候淡定从容，脱口而出，灵活应变。

3. 声音语调：首先话术要内化修改，因为每个人的语言习惯不同，其次要练习语气语调，声音要洪亮清晰，语调要轻快且抑扬顿挫，同时富有热情和感染力，只有这样才有说服力。

除了以上需要特别注意的三点之外，电话营销的话术则是基本功。以下是常规电话营销的参考应对及话术，大家可以参考学习。

对于初次接触的客户：

销售：姐／哥，您好！请问是×××吗？（不管如何回答，接着说），我是×××的×××，我叫×××，给您发的短信收到了吗？（不管如何回答，接着说）此次来电主要是告诉你一个好消息！

客户：您好！

销售：是这样的，我们正在举行大型促销活动，集团直接补贴，年度最优惠，×××仅需×××元，活动期间全场最低五折起，还有机会获得4999元免单大奖！真诚希望您能享受到这次活动带来的实惠。请问您家房子现在装修到什么进度？×××定了没有呢？

客户：还没装。

销售：那正好可以过来了解一下，我们这次活动是总部直接补贴，活动当天是凭邀请函来参加的，有了这张免费的邀请函不单是可以享受到最优惠的产品和价格，活动当天还可以免费领取精美礼品一份，而且这次邀请函只有100份名额，已经派出去45份了，现在我们的外围工作人员正在派送，我让工作人员给您送一份邀请函，诚邀您来参与我们这次活动！有时间的话可以到店里来一趟，您明天有时间吗，我在展厅这边等你。

客户：嗯，那好吧！我明天上午过来。

销售：好的，我在展厅这边恭候您的光临！祝您生活愉快！

对于已到过店但未成交的意向客户：

销售：姐／哥，您好。我是×××的×××。之前您到我们店里看过产品，就是我接待您的，今天我特地告诉您一个好消息：×××正在举行大型促销活动，活动优惠力度可以说是有史以来最大的一次，买最好的产品花最少的钱，您肯定会满意的！现在我们活动已经开始了，请问您现在在哪里呢，我叫工作人员给您送一份邀请函，诚邀您来参与我们的这次活动。

客户：我会过来看的，不需要邀请函。

销售：那您今天是不是有时间呢？有时间的话就到店里来一趟吧，看好产品尽早定下来。

客户：现在忙。

销售：那真是不好意思，打扰您了，您先忙，我另外再找个时间给您电话，为您介绍一下这次活动内容，到时候我再打给您，祝您工作顺利。

随后可发一条温馨短信为后面再次致电做铺垫。如下次客户还说忙，以短信方式告知大致活动内容。

对于已经定了别家产品的客户：

客户：定过了。

销售：那您方便告诉我您定的是哪个品牌的吗？

客户：××品牌的。

销售：那有点可惜了！其实定了也可以过来对比下，看看产品品质与价格嘛！我们这次活动力度是最大的一次，错过就再也不会有了。

客户：我这几天还不确定时间，等活动当天再说吧！

销售：姐／哥，俗话说，货比三家，我还是建议您过来看看，我们的品质和服务是行业最好的，关键是本次活动优惠力度之大，绝对是空前的，你在哪里方便接收邀请函呢？我好安排工作人员把邀请函给您送过去。

客户：我在……

销售：好的！那我安排工作人员给您送过去，到时候到了您小区（单位）附近再和您联系！祝您生活愉快，再见。

对于不给地址的客户：

客户：还是不要邀请函啦！到时候我去你们店里拿吧。

销售：姐／哥，没事儿的，我们这边需要送邀请函的客户也是比较多的，您在什么地方？我看下有没有和您地址邻近的业主，让我们的工作人员一块送过去，活动当天您可以凭邀请函领取一份礼品。

对于已经装修完的客户：

客户：已经装完了。

销售：是这样的，那您家有没有亲戚朋友正在装修的呢？到时候您可以和您的亲戚朋友一起过去，当天我们还有礼品送的。

客户：好的，到时候过去看下。

以上常见情景的应对话术要烂熟于心，同时多练习声音语调，电话营销的成功率一定能够快速提升。

背熟这些"口头禅"，业绩翻两番

什么叫口头禅？就是经常挂在嘴边的话。

它必须是以客户为导向、以事实为依据的，否则就是忽悠欺骗客户。以下口头禅是我与客户沟通时经常用的并且证实效果不错的。

① 走三家不如坐下看一家，既然来了，就进来多了解一下。

② 买不买没关系，看一看不吃亏。

③ 你来了就是缘分，我有责任帮您选到一款好产品。

④ 如果您不赶时间，我给您讲解一下，您觉得有道理就听，没道理可以不听。

⑤ 我说了这么多不是要您一定要买我们的，但是一定要买这样的。

⑥ 您可以不买我们的，但是建议您要从以下几个方面去考虑。

⑦ 我们是做口碑的。

⑧ 我们是做服务的。

⑨ 我们是诚信企业。

⑩ 我们是非常注重细节的。

⑪ 我们的价格确实不便宜。

⑫ 我们拼的不是价格，是品质和服务。

⑬ 我们卖的不是产品，是方案。

⑭ 我们做的是长久生意。

⑮ 金杯银杯不如您的口碑。

⑯ 一次购买，终身服务。

⑰ 我用五年的经验给您介绍……

⑱ 便宜没好货，好货不便宜。

⑲ 一分钱，一分货。

⑳ 没有物美价廉，只有物超所值。

㉑ 买的贵，但是用的便宜。

㉒ 贵有贵的道理。

㉓ 好贵好贵，好，才贵。

㉔ 便不便宜，要对比；专不专业，看细节。

㉕ 不怕买贵的，就怕买贵了。

㉖ 我知道您不是买不起，而是担心买贵了。

㉗ 适合的才是最好的。

㉘ 如果不适合，价格再便宜也是贵。

㉙ 好的东西就是贵的。

㉚ 我们给到您的是实实在在的价格，而不是虚标之后的打折快感。

㉛ 早买早享受。

㉜ 早买早省心。

㉝ 您多了解一些，可以少吃亏。

㉞ 买大品牌，买的就是放心。

㉟ 花钱买享受，不是省钱买罪受。

㊱ 花钱来美容，不是省钱来毁容。

㊲ 心疼一阵子，享受一辈子。

㊳ 现在房子寸土寸金，空间一定要充分利用。

㊴ 东西一定是越用越多，空间越用越少。

㊵ 外行看热闹，内行看门道。

㊶ 越是不起眼的细节，越重要。

㊷ 表面看是看不出来的，一定要看细节。

㊸ 赠品不是商品，是不能折价的。

㊹ 赠品虽然是免费的，但都是大牌子。

㊺ 现在用不着，不代表以后不需要。

㊻ 您真有眼光。

㊼ 您真有福气。

㊽ 您太有品位了。

㊾ 您真细心。

㊿ 您的孩子真可爱。

51 您家的户型真好。

52 好不好用比好不好看更重要。

53 好收纳才有好家庭。

54 我们提供的不是免费量尺，而是免费设计。

(55) 您真会开玩笑。

(56) 您说得太对了。

(57) 您来得正是时候。

(58) 您看起来很有气质。

(59) 将心比心。

(60) 我能理解您。

(61) 您说得有道理，事情是这样的……

(62) 就当是交您这个朋友。

(63) 要是我，也会这么想。

(64) 您的十分满意，就是我们的无限动力。

(65) 您还有什么担心呢?

(66) 您的选择太明智了。

(67) 我会证明，您的选择是对的。

(68) 皮有皮的质感，布有布的温馨。

(69) 床架养眼，床垫养身。

(70) 三月不晒被，螨虫陪你睡。

(71) 枕头不对，越睡越累。

(72) 药补不如食补，食补不如睡补。

(73) 三分之一的睡眠时间铸就三分之二的精彩人生。

(74) 三分之一的睡眠时间决定三分之二的身体健康。

(75) 适合的床可以睡出健康，不适合的床会睡坏身体。

(76) 再穷不能穷教育，再省不能省环保。

(77) 家健康，家人才能健康。

(78) 您不为自己着想，也要为家人着想。

(79) 什么钱都能省，唯独健康的钱不能省。

(80) 环保是我们的底线。

(81) 如果我们环保都不达标，怎么可能做出口。

㉘ 如果我们质量不好，怎么可能上市。

㉛ 如果我们做的不好，怎么可能做了这么多年。

㉜ 您就不用担心了，来，过来这里办一下手续。

㉝ 我们这里价保一年，买贵补差价，完全不用担心买贵。

㉞ 您在咱们这里买到的不仅仅是产品，更是一种安心、放心和省心。

㉟ 专业的人做专业的事。

㊱ 给我一个机会，还你一个惊喜。

㊲ 买东西不能看折扣，要看最终的价格。

㊳ 随便看看是看不出门道的。

㊴ 咱们今天先把名额抢下来。

㊵ 过了这个村，就没了这个店。

㊶ 机不可失，时不再来。

㊷ 今天这个优惠是限时限量的。

㊸ 错过这次，再等一年。

㊹ 我们不是光嘴说，我们都是有证据的。

一样的话，不同的人说出来就不一样；同一个意思，通过不同的表达方式或者用不同的话术呈现出来，效果也是不一样的。练习以上这些口头禅的目的，是让你的话在客户听起来舒服并且有说服力。销售的过程除了是和客户进行心理素质比拼的过程，还是一个说服的过程，说服凭借的就是销售人员的说服力和感染力。所以以上口头禅建议大家背熟，从而能够脱口而出，在销售实战中灵活运用，让业绩翻两番！

背熟这些话术，不做无用功

干销售，如果你身体累，没啥大不了，休息一两天就好了，但是如果你长期很拼搏、很努力，但就是结果很差，那你得好好想一想了，这证明你的销售方法出了问题。所谓"方法不对，努力白费"，你做了无用功。

我总结了一些实战话术，在这里分享给大家，帮助大家重拾做销售的信心。

情景1：

客户：多少钱？（柜体）

销售：我们的柜体是……（讲一个核心卖点来包装），才……元。

情景2：

客户：多少钱？（整个样柜）

销售：我们是定制产品，尺寸配置不同，价格也不一样。如果完全按照我们这款做的话，原价是……

情景3：

客户：多少钱？（门板）

销售：您喜欢这款吗？如果不喜欢的话再便宜也没有用，您说对吧？价格方面不用担心，我们一定给您最优惠的价格。

客户：不喜欢我来看什么？

销售：姐／哥，既然您喜欢，我们就赶紧把它定下来吧。（开玩笑的口吻进行尝试促单）

情景4：

客户：打几折？

销售：价格实不实惠不是看折扣，而是要看最终的价格，如果我们把价格标高，然后给您打个五折，相信您也不敢要啊！我们给到您的是实实在在的优惠，而不是低折高价。

情景5：

客户：我就要便宜，其他不要。

销售：您真会开玩笑。我明白您的意思，您除了要便宜，还要好看，就像一件衣服如果很丑，难道打个五折您就要？所以我懂您的意思，我们一定会给您最优惠的价格。

情景6：

客户：你就说多少钱，不要这么啰唆。

销售：我们这款原价……（直接报价）

客户：太贵了。

销售：您说我们贵是跟哪个品牌对比？

客户1：×××（大品牌）

销售：我们都是一线品牌，价格差不多的，您看的款式一样吗？

客户1：一样的。

销售：确实，现在的产品看起来都差不多，实际上差别很大。想要选到好的东西，就一定要关注细节。（结合前文写的卖点讲解四个方法）

客户2：×××（一般品牌）

销售：姐／哥，您别看现在的产品看起来都一样，实际上差别很大的，想要选到好的东西就一定要关注细节，就拿背板说吧，我们的背板……（讲产品特点）您担心买贵了吗？不用担心，我们可以跟您承诺：同材料，同工艺，保证同城最低价，双倍补差。

客户3：木工

销售：如果您拿我们跟木工比价格的话，我们价格肯定是比不过的，因为我们拼的不是价格，而是品质和服务。（结合打击木工四方法）

情景7：

客户：超预算

销售：您的预算是多少？我们有不同价位的，我可以针对性地给您推荐，这样还能节省您的时间。

背熟这些话术，可以让你再也不害怕客户问价以及对比竞品，只要信心足，销售也一定会干得更顺利。

想成为销售高手，你一定要学会聊生活

我们先来看看旧模式和新模式的两组对比。

第一组：

旧销售模式：

姐/哥，您现在看到的这款柜子是我们的新款，整套柜子以黑白色调为主，简洁大方，能够充分彰显您的生活品位。这款橱柜门板采用的是进口双饰面面板，防刮花耐磨损，柜身板是实木颗粒板，承重能力强，门铰采用的都是奥地利百隆的顶级快装门铰，不会生锈。

新销售模式：

姐/哥，您家里的抹布、清洁球、洗洁剂是不是都感觉没地方放，或者一般都堆放在水槽周围，特别混乱，还很不好看？请您看一下，我们至少可以给您提供三种解决方案：① 配置墙面挂件；② 设计一个水槽拉篮；③ 设计配置一个清洁用品的收纳拉篮。

第二组：

旧销售模式：

姐/哥，这是我们的洗碗机，我们的洗碗机采用双层反向喷臂设计，内置 22 个喷淋孔，360° 覆盖内胆；3.5m/S 高射压力冲洗，强力去除污垢；另外，我们采用了四段循环冲洗，全方位洁净餐具（预洗、主洗、漂洗、余热烘干）……您要不要来一台？

新销售模式：

姐/哥，您平常是用手洗碗吗？有没有发现其实洗碗很累的，费时又费力，有时候甚至为了谁洗碗而跟家里人吵架。用洗洁精洗碗，担心碗洗不干净，担心洗洁精残留，所以就拼命用水冲。常年洗碗还得担心伤手，所以每次洗碗后都会擦护手霜。但是戴手套洗碗，手又感觉很不舒服，想戴又不想戴。所以，建议您配台洗碗机。

很显然，新销售模式具备用户思维，更能打动客户且更加有效。旧模式和新模式的区别就在于：旧销售模式是卖产品，新销售模式卖的不再是产品，而是解决方案，前提是通过聊生活来引起客户的触动与共鸣。

所以，从旧销售模式向新销售模式转变的核心就是学会聊生活。

为什么要学会聊生活？

我们先要搞清楚，客户到底是买产品还是买生活方式？客户需要的到底是什么？我认为客户需要的是产品带来的健康、快乐、高效、卫生的生活方式。

比方说洗碗机，洗碗机是一个节约时间、提高生活品质的东西。客户买的不是洗碗机，而是一种生活方式，以前用手洗碗，要把时间浪费在洗碗上，现在用机器洗碗，把时间节约起来去做自己喜欢做的事情。所以，既然客户买的是生活方式，我们就要聊生活。

为什么要学会聊生活？

因为聊生活最能引起客户共鸣并打动客户。我创业，你也创业，我们聊创业就特别有共鸣；同样，你下厨，我也经常下厨，我们聊做饭的话题就特别有共鸣。先聊生活，再过渡到聊产品会更加顺利。

为什么要学会聊生活？

因为聊生活可以帮助你树立专家形象，通过你的专业来打动客户，通过你的专业来弱化价格。产品能卖得出去不仅仅是因为价格，而是因为这款产品适合你，能够帮你解决问题。

为什么要学会聊生活？

因为聊生活对销售人员的要求较低，可以有效降低销售人员培养的难度。尤其是新入职的员工，可以在最短的时间内学会这个策略，从而树立信心。如果按照过去的销售模式要求讲产品，难度就很高了，专业知识需要理解，而且不容易记忆，但是员工记住情景聊生活是比较容易的，特别是如果你也有这样的生活经历，就更容易讲出来。

所以，要想掌握新销售模式，要想成为销售高手，你一定要学会聊生活。

聊出成交必备的 BPS 销售技巧

销售 = 聊天，这是销售的至高境界。让销售变成聊天，不是漫无目的地跟消费者泛泛而聊，不是不要结果地聊，而是用消费者喜闻乐见、容易接受的方式去达成销售目标地聊。

随着这两年各大品牌的生产布局变化，B 端产能不断释放，加上经济下行、C 端的消费萎缩，形成供过于求的局面，所以这两年促销争夺战异常激烈，每月、每周甚至每天都在促销。无促不销，无销不促，商家各种营销手段层出不穷，消费者几乎天天"被骚扰"，时时"被教育"。同时，频繁的、五花八门的活动让消费者变得麻木，对活动不信任、对价格不信任、对商家不信任，让销售变得难上加难。

基于此，销售团队如果不能及时改变销售模式，还局限在对产品的"王婆卖瓜自卖自夸"层面，那么，成交是近在眼前却远在天边的。

销售靠的不是逼、不是促、不是压，销售靠的是真诚、是引导、是共鸣。而这一切先要自我变革，要真正具备用户思维、客户导向的观念。人是观念的产物，我们只有具备了这些观念，才能有效地影响和引导消费者转变观念，才能将消费者的抗拒化解为期待，让分歧消失，达成一致。

那么，如何实现？聊天是最好的方法，要把销售的过程变成聊天。

做销售又该如何跟客户进行有效的聊天呢？为此，我原创了 BPS 聊天技巧。

什么是 BPS ？

B：背景问题（所有跟客户有关的问题都是背景问题）；

P：痛点问题（对客户的身体或生活造成了哪些影响）；

S：解决问题（对客户的痛点提出解决方案或者办法）。

用好 BPS 销售技巧能够多卖一些功能电器和配件，能提高单值，最关键的是客户容易接受。这种销售方式给客户的感觉就是你在帮助我解决问题，而不仅仅是要卖货。

这个技巧如何应用呢？我举三个简单的例子：

水槽 + 垃圾处理器

B：姐，平常我们洗碗、洗菜的时候都会有些剩菜残渣，对吧？

P：如果下水管一旦堵塞就会特别麻烦。像我家有一次就堵了，水槽的水漏不下去，搞得整个厨房都有臭味，我那段时间都害怕洗碗了。

S：您看我们这款水槽下面安装了一个垃圾处理器，可以很好地解决这个烦恼，我给您演示一下⋯⋯

灶台 + 碗碟拉篮

B：姐，您平常做饭多吗？

P：有没有发现每次炒菜的时候，都要提前在台面备个菜碟，否则都要急匆匆跑几步过去拉开抽屉拿菜碟，非常不方便。

S：您看我们这款灶台，下方设计了一个碗碟拉篮，就可以很好地解决这个问题⋯⋯

烤箱

B：姐，我们偶尔都会自己烤一些食物，比如说烤鸭、烤鸡翅等。

P：有没有发现烤肉虽然好吃，但是做起来很麻烦，油烟特别多，而且容易烧焦产生致癌物影响家人健康？

S：我们这款烤箱不仅操作简单，并且采用健康无烟设计⋯⋯

说起来其实很简单：B——引入生活场景，P——深入挖掘痛点，S——提供解决方案。不过运用以上话术时，设计一定要衔接自然。为了帮助大家深入掌握 BPS 的精髓，我把 BPS 讲解法的重难点罗列如下。

如何引入生活场景？

做销售一定要主动出击，把握主动权，所以引入生活场景时要通过提问或者自问自答的方式，这样才能更有效地引导消费者。

引入生活场景有什么注意事项？

① 场景必须跟产品、隐私无关，否则容易引起消费者的反感，导致其戒备心加重。

② 场景是为痛点的挖掘做铺垫的，所以场景必须和痛点具有相关性。

③ 销售是灵活的，消费者不可预测，所以场景要足够丰富。

深入挖掘痛点有什么注意事项？

① 痛点要高度提炼，不能隔靴搔痒，要达到身临其境、感同身受的程度。

② 痛点要聚焦，不能超过三点，否则消费者记不住。

提供解决方案有什么注意事项？

① 方案不能只有一个，建议根据产品的品质和价格提供高、中、低三种解决方案给消费者选择。

② 提供的方案要有用户思维，目的是帮助消费者解决问题，所以你要推销的产品不一定是自己的，也可以是外购的。

期待以上的分享能够帮助大家在销售中灵活运用BPS聊天技巧，在做大单值的同时让消费者满意地成交。

05

这么做：让客户当天就买单

接待第一次进店的客户必做两件事

销售人员都知道客户进店前，我们需要做好营业前的准备，包括整理仪容仪表、参加早会、搞卫生、陈列产品等。那当客户进入店面后，我们需要做什么工作呢？很多销售员会说迎宾、接待、介绍产品和送宾就没了，但这往往是不够的，我们必须把两件事做好。

第一件事：留下客户信息。

客户进店后没有成交，如果不留下客户信息，那么成交基本无望！因为外面有很多竞品实施终端拦截，而且根据数据调查统计，第一次进店的客户成交率只有 2%～7%，所以我们接待第一次进店的客户时不要过于心急成交。因为越是心急越难成交，客户越是对你反感，给客户的感觉就是你想快点赚到我的钱！所以我们首先一定要站在客户的角度思考问题，从客户角度出发，为客户着想！千万不要急功近利，永远记住，接待第一次进店的客户时可以积极但不要心急，否则欲速则不达！

第一次进店的客户可以不成交，但是一定要想办法留下客户信息，为后期的持续跟进和服务创造机会。留下信息关键就在于找准时机！千万不要等客户准备要出去甚至已经出店后再索取信息，这样客户会很反感且不愿意搭理你。在店面获取客户信息的方法有以下几种。

① 进店有礼需登记。建议店面的活动政策增加一个进店免费送礼环节，

礼品不需要贵重，可以是杯子、碗筷或者其他生活用品，同时还可以限定名额，在店面门头或者入口处搭帐篷或桌子，由专人打印《礼品领取信息登记表》，让客户领取礼品前先登记信息。

②VIP客户信息登记表。在倒水给客户并坐下洽谈的时候，让客户填写《VIP客户信息登记表》并表示后期会有惊喜，VIP可以满足客户的尊崇感，客户看到此表时往往也会更愿意填写。

③家装效果图免费发。告诉消费者我们有大量不同风格的家装效果图，可以免费发给消费者参考找灵感，提前看到未来的家，同时主动拿出手机打开微信二维码名片或提前将自己的微信二维码名片打印出来放到工牌背面，让客户扫一扫加好友。

④留信息，抽大奖。有一次我在商场结账离开的时候发现很多顾客围在一个长条桌上写什么东西，旁边还有一个抽奖箱，出于好奇我就挤了进去，看见旁边的海报上有一个宣传语：购物满28元的顾客可以参加免费抽奖，只要在您的电脑小票上写清楚您的身份证号码、手机号码、姓名，然后投入抽奖箱；我们将在某某时间进行抽奖，如果中奖将会及时通知您。旁边没有一个工作人员，可很多消费者主动在那里排队、写资料，就是为了抽奖，所以很多消费者不由自主地留下了联系方式，这种方法其实我们可以借鉴。

第二件事：给客户"洗脑"。

所谓"洗脑"，就是找到客户的价值观并影响他的价值观，最后植入我们的价值观。因为我们只有植入新的价值观，客户才会带着我们的价值观去与其他品牌对比，这样成交率才会更高。当然这种价值观必须是客观真实、无虚假成分的，而且必须是从客户角度去思考出发、真正为客户的利益着想的，否则就是欺骗客户，毫无诚信可言。

为什么要给客户"洗脑"？除了提交成交率，还有个原因就是现在市面上的产品鱼龙混杂，表面看上去没太大区别，实际上内有乾坤，客户买回家的产品往往跟在店面看到的或者与销售员所说的差别巨大。再加上很多商家故意炒作、夸大宣传，甚至是非颠倒、迷惑消费者，而消费者本身不是行家，很容易被忽悠欺骗。所以我们作为销售人员，一定要有责任感和最起码的职业道德，帮助客户正确认识产品，看清真相。

那如何为客户"洗脑"呢？一般套路就是：

① 对于客户提出的所有异议先认同并理解（所有人都渴望得到对方的认可，这是人性的弱点）。

② 对客户的异议进行分析比较，通过演示证明所说。

③ 呈现本品牌产品的卖点并演示证实。

④ 从客户利益角度出发给出专业建议或解决方案。

客户进店后，如果能做好这两件事，那么成交是必然的！即便今天不成交，明天也一定会成交。

"随便看看"应对七招

越来越多的客户进店后会用"随便看看"来敷衍销售人员，也有越来越多的销售人员容易被客户引导，所以本文为大家提供七个方法和话术，学会这七招，就可以灵活应对"随便看看"的客户了。

第一招：黄金动线法。

策略说明：每个商场都有不一样的布局，根据商场的布局画出一条最好的动线，这就是黄金动线图，然后导购引导客户往这路线看。

参考话术：

客户：我随便看看。

销售：可以的，您可以先到这边看看。

注意细节：要走到客户面前通过手势和话术进行引导。

第二招：借力打力法。

策略说明：借力打力，借谁的力呢？当然是产品。因为客户进店就是冲着产品来的，所以要借助好产品这个道具，将客户的注意力集中在产品上。

参考话术：

客户：我随便看一下。

销售：可以的，您看一下我们这款……是今年的最新款，非常畅销。

注意细节：不需要特定某一套产品，就近原则，随便哪一套都可以。

第三招：封闭提问法。

策略说明：提问有开放式和封闭式两种，而封闭式提问是最能引导客户的，比如说二选一、三选一等。

参考话术：

客户：我先自己看看。

销售：可以的，那您是想先看……还是……

注意细节：提问的时候要尽量随意自然一点，不要显得做作。

第四招：细节转移法。

策略说明：客户进入店面后容易六神无主，哪怕表面装得很冷静、很理性、很专业，实际上都只是在看表面上的东西，所以这时候适当切入细节，能够激活客户的了解欲望。

参考话术：

客户：我先看看。

销售：可以的，但是现在的……看起来都差不多，随便看看是看不出有什么区别的，要不我针对性地给您讲解一下？

注意细节：针对性讲解其实讲的就是卖点，建议卖点不要讲太多，最多讲三个就够了，但一定要讲透彻。

第五招：导游参观法。

策略说明：导游参观法的意思是给客户一种感觉——我就是你的导游，你想随便看，我就带你参观，买不买没关系。

参考话术：

客户：我先转转。

销售：可以的，我们展厅面积比较大，有不同的分区，要不我带您参观一下？

注意细节：引导客户的时候要一边看一边讲解，切忌冷场。

第六招：新品引诱法。

策略说明：每个人都会有好奇心，人们都喜欢新鲜的感觉，而新品就是一个很好的诱惑。

参考话术：

客户：我自己看就可以了。

销售：可以的，我们前面有几个新款卖得非常火爆，很多客户都喜欢，您可以看一下……

注意细节：这个方法的前提是，第一，你的商场真的有新品；第二，你对新品很熟悉，不然就会很尴尬。

第七招：授之以渔法。

策略说明：告诉客户我们的产品有什么好，不如告诉客户一个好的产品到底应该是怎样的，需要符合什么标准。

参考话术：

客户：我先看看，多对比一下。

销售：可以的，买家居一定要多对比，毕竟家装是一件大事，您知道怎么选择一款好的……吗？我给您讲解一下……

注意细节：讲解的时候要注意节奏感，时间要控制在三分钟内。

如何让客户当天就买单

我们在终端销售，经常会遇到客户有意向但是当天不买单的情况。比如有不少客户进店，看到没有搞活动，就说："等你们搞活动的时候，我再过来看。"

这个时候，作为销售人员，你该怎么处理呢？

我们先说一下错误的应对方法：

① 沉默（无言以对）。

②"哦，好的，那您到时候再过来吧。"

第一种应对比较消极，第二种则直接放走了客户，两种应对方式都不可取。

其实，每次促消活动都有个特点：活动期限内的销量会有所增加或明显增加，但活动之前和活动过后的一段时间内，销量会很不景气，原因是活动之前的广告和宣传会使得消费者持币待购，而活动期间积聚的人气和销量也透支了活动过后相当一段时间内的销售。

那么，作为一名职业的终端销售人员，主要职责之一就是引导每一个进店客户正确选择和及时消费。对于这种有意向但是当天不想买单的客户，可以使用不同的应对方法。

1. 一般客户。

参考话术：

姐／哥，可以的，建议您先多了解一下，毕竟定制产品是大件消费品，而且现在的东西表面看起来都差不多，但实际上差别很大，要想选到好的产品就一定要关注细节。

引导客户关注细节，做好服务，记得留下客户电话进行追踪。

2. 单值很大的客户。

参考话术：

姐／哥，因为您是我们的 VIP 客户，所以我们可以提前让您享受活动折扣，保证全年最低，如果买贵，全额退差价！

3. 消费能力很强的客户。

参考话术：

姐／哥，定制产品从交款到安装需要 45 天左右，时间比较长，建议您早买早享受，省得麻烦，不然天天心里惦记着，多费心啊。

总的来说，对于消费能力强的客户应告知早买早享受；对于单值特别大的客户可以特殊处理，给予价格信心和保证；对于一般客户先做好服务获取信任，然后留下电话跟进服务。只要客户有需求，做好这几点，让客户当天买单不是问题。

快速成交之终端谈单技巧

我说的谈单技巧，其实就是大家普遍理解的逼单技巧，意思是一样的，只是从用户思维的角度来说，我不喜欢逼单这个词。到底什么是谈单？我来把它明确一下：所谓谈单，是指在客户喜欢及认可我们产品的前提下，主动提出与客户成交的销售行为。

定义清晰后，你就知道为什么谈单不能急，也急不来了。谈单是有过程的，欲速则不达，操之过急容易弄巧成拙。

谈单是为了什么？当然是为了成交。

成交的关键点是什么？简单地说：成交 = 喜欢认可 + 感觉便宜。

谈单促成交的关键作用在于让客户感觉便宜，这是谈单最重要的过程目标，而成交是结果目标。

为什么要谈单？

会谈单 = 要结果，公司要的是结果，我们要成为有结果的人，而谈单是最重要的临门一脚。

会谈单 = 帮客户，早点定下来，就早点省心，早点享受。

会谈单 = 建自信，谈单是对自己付出的努力的一种肯定和自信的体现。

如何快速掌握谈单要领？

这就像踢足球的临门一脚，第一是时机，第二是方法技巧。

关于谈单的时机，我们可以通过消费者表露出来的语言行为和表情的信号来识别，这是不可能完全掩盖的。我们要学会识别以下 13 个谈单信号：① 反复问某个细节。② 讨价还价和压价。③ 关心售后服务。④ 关心礼品的细节。⑤ 主动要求介绍产品。⑥ 体验样品，摆弄小样。⑦ 不断点头表示赞同。⑧ 仔细观看宣传材料。⑨ 征求同伴的意见。⑩ 第二第三次进店。⑪ 神色活跃兴奋。⑫ 态度更加友好。⑬ 紧缩眉头沉思。

关于谈单的方法技巧，要尽可能丰富，这样才能因人而异、因地制宜、灵活应对，接下来我分享 20 个谈单技巧及话术给大家作为参考．

1. 省钱成交法。

参考话术：

姐／哥，您也知道，买建材产品肯定是在活动的时候最划算了，我刚才给您算了一下，原价××元，现在才××元，您这次可以省××元，用这些钱您可以用来买……了！今天咱们先把优惠定下来，我来帮您开单吧！

2. 说服成交法。

参考话术：

姐／哥，我理解您的心情，装修确实需要花挺多钱的，但是定制产品跟快消品不一样的是，不需要天天买，但是要天天用，所以一定要选择品质环保和售后服务高保障的品牌。您看我们的产品细节是不是很好（是），我们的十环认证证书编号也帮您现场在线审查过了是不是（是），像我们这样的上市大品牌售后是不是更有保障一些（是）。

所以姐／哥，一分钱一分货，多花一些钱，少一些闹心，多一些享受。这次您刚好赶上我们的年度巨惠让利活动，价格是全年最低的，这样的价格和折扣，绝对是物超所值的，我去帮您开个单定下来吧。

3. 价格拆分法。

参考话术：

客户：太贵了。

销售：姐／哥，我非常理解您的心情，那您觉得贵多少呢？

客户：我觉得价格在 15000 元左右，差不多。

销售：那就是差 1000 块，对吧。

那您觉得这个橱柜买回去能用多少年呢？

客户：5 年吧。

销售：1000 元用 5 年，1000 除以 5 年，平均一年只需要 200 元，除以 365 天，平均您只需要投资 5 毛钱，您就可以用到品质优良的产品，您觉得值吗？

客户：值。

4. 三级报价法。

先报原价，再报折扣价，最后报套餐价。

5. 优惠成交法。

参考话术：

经理：姐/哥，我看了一下您的这个价格，直接按公司总部补贴来算的，已经很低了，这个套餐价，是一分钱都动不了了，超出部分折扣，我倒是可以想想办法，但也少不了太多了。

客户：价格太贵了，这能低到多少？

经理：这样，今天定的话，这个地方我帮您申请，给您7.5折，其他客户都是8折定的，小伍，把我们定了的单子给我们姐看。

经理：姐，我再给您少点，这个电器，原价4999元的烤箱，折完3700元，这个地方直接给您2999元/台，先给姐开个单吧，其他的我去申请。

6. 礼品成交法。

参考话术：

姐/哥，您看看，我们的礼品虽然是送的，但是价值非常高，比如我们这套骨瓷碗（当面折开让她摸摸），网上都要卖几百块钱，真材实料，还是大品牌，即便自己不用，送出去都有面子。这些礼品都是数量有限的，先订先得，建议您赶紧定下来吧。

7. 举例成交法。

参考话术：

姐/哥，世界上没有任何一家公司可以做到最高的品质、最好的服务，同时价格又最低，这是不可能的，正如我们不可能用××的价格买到保时捷，不可能用×××的价格买到LV的包包，您说是吗？我们去旅游，可以选择坐火车、动车和飞机，您会发现价格不一样，享受到的服务也是不一样的。您说对吗？

我们的品质是行业最高的，服务也是最好的，这次难得搞大型活动，价格是可以保障全年最低的，可以说买到就是赚到，我给您开个单吧。

8. 连续肯定法。

参考话术：

姐／哥，咱们聊了这么久。您觉得我们的品质是不是很好？（是）我们的细节是不是处理得很到位？（是）这个款式是不是您喜欢的？（是）这次既能买到这么实惠的产品又能抽奖是不是很划算？（是）那您还在犹豫什么呢？就定下来吧。

9. 单刀直入法。

参考话术：

姐／哥，过来这里坐一下，我现在给您开个单。麻烦您在这里签个名，您是刷卡还是给现金呢？

姐／哥，这真是千载难逢的机会，再过两个小时就结束了，您不用再考虑了，如果到时候您实在不喜欢是可以退的，咱们现在就先交定金吧？（直接先交定金，再开单）您看定金是刷卡还是现金呢？

10. 活动成交法。

参考话术：

姐／哥，其实我们这次活动已经是最优惠了，因为我们是 ×× 活动，所以这次买最划算，而且错过这次机会可能未来一年都不会有这么优惠的活动了。

姐／哥，您看这样好不好？如果到时候 ×× 节日确实比这个活动便宜，我双倍差价补还给您，我可以将这个写到合同上面去。

11. 拼团成交法。

参考话术：

姐／哥，要不这样，我们前一阵子搞了个团购活动，如果您今天买，我可以申请一下，能否帮您放到那个单子里，这样您也有优惠，而且我也可以冲冲量，这种价格您平时肯定是享受不到的。

12. 限时成交法。

参考话术：

姐／哥，是这样的，因为今天是团购上报总部的最后一天，所以必须今天×点之前上报总部，所以必须今天就把钱交上去，所以您可以先交一部分定金。

姐/哥，不好意思，因为我们是团购价，价格是最优惠的，而且又是直接上报总部，今天是最后一天了，我们必须直接交钱给总部，所以您需要先交2万元的定金。

13. 涨价成交法。

参考话术：

姐/哥，我建议您早点买，反正早晚也得买，而且现在买绝对是最优惠的……说实话，您现在不买，听说可能马上我们就要调价，所以现在买还是非常划算的。

姐/哥，我觉得跟您真投缘，您就像我姐/哥一样，不瞒您说，昨天开会听我们老板说总公司这个月月底就要调价，这次调价幅度挺大的，好像要上调10%……（讲述涨价理由），所以我建议您最好早点定，不然到时涨价了多不划算啊……

姐/哥，您也知道现在物价什么的都在上涨，建材行业也不例外，我听说整个行业的原材料成本都长了15%，下周就要准备统一涨价了，建议您还是早点定下来好。

姐/哥，很多客户都有您这种情况，不着急。但是很多明年才收楼的客户都已经在我们这边交了定金，因为你也知道现在啥都在涨价，不管是人工成本、原材料成本，还是运输成本都是每年上涨，钱越来越不值钱，所以价格只有涨不会跌的。再说，这次活动是全年力度最大的，我们这次价格优惠也是史无前例的，而且保价一年，您今天定下来，后面的活动都没有这场活动价格优惠力度大，后面肯定会涨价。您这次买保证是对的！

14. 从众成交法。

参考话术：

姐/哥，您看今晚的夜宴活动开始还没两个小时，到现在已经有超过30个客户定了我们家的产品了，您看看这么厚的预约单/这么多个客户都定了。

您就不用再犹豫了！

姐／哥，您看您那个小区的3栋、5栋、8栋的客户都是在我们这边定的，您就不用再犹豫了。

先生，您看这个套餐的价格已经非常优惠了。×××您知道吧，就是您小区的，对装修的要求比较高，他就是要的这个套餐。您小区的12栋、13栋这两栋楼已经有12户订购了咱们这个套餐，就是因为性价比高。您千万不要再犹豫了！

15. 假设成交法。

参考话术：

姐／哥，这次活动这么优惠，您就不用再犹豫啦，我给您开个单吧。您看是下午去测量，还是明天去测量？

16. 默认成交法

参考话术：

姐／哥，那我们今天就把活动定下来了，麻烦您过来办一下手续。

姐／哥，麻烦把名字签在这里，需要用力一点儿，里面有三份复写纸。

姐／哥，我们先填下资料吧，我也开始准备下面的工作，您也好早点安装。

17. 欲擒故纵法。

有些顾客天生优柔寡断，虽然对你的服务有兴趣，可是拖拖拉拉迟迟做不出决定。这个时候你不妨故意收拾个人重要物品（如 iPad 等），礼貌地解释自己要接待或处理其他单子的样子。这种举止有时候会促使对方下决心，但是在竞争比较激烈的情况下，不要轻易地放走每一个客户，即使客户离开了也要马上联系（先信后 Call），以免被人钻了空子。

18. 最后机会法。

参考话术：

姐／哥，活动时间只有今天一天，到下午6点截止，现在已经5点了，您先交1000元定金吧，名额马上就没有了，过了这个村就没这个优惠力度了。

先生，您真的特别幸运，遇到我们开年以来的最大促销力度，就刚才您喜欢的这款，同样的规格，刚才给您算的要12999元，平时都得20000多元，您家里做的厨房又大，那不是省的更多了，我们这个活动×××就截止了／送×××就10个名额，再不定就享受不到这个优惠了，机会难得！要不现在就定下来吧，您看是现金还是刷卡？

您看您也急着年前搬到新家，现在定下来，刚好来得急，而且您真的特别幸运，今年双节同庆，我们公司也拿出了本年度最大的促销力度，就刚才您喜欢的这款，同样的规格，刚才给您算的要13999元，平时都得23999元，我们这个活动今天就截止了，再不定就享受不到这个价格了，现在就定下来吧。

19. 大胆承诺法。

参考话术：

先生，这个价格绝对是我见过最优惠的。您不需要犹豫了！您看这样，您今天把定金交了，如果您以后发现有更优惠的套餐，我们就按照更优惠的给到您，您放心好了，没有比这次更优惠的了。我现在给您开个单吧。

20. 借力打力法。

借力打力，顾名思义，就是借助外力来达到目的。很多消费者都喜欢网购，核心原因之一就是便宜，所以只要是网上的东西，消费者就会习惯性地认为便宜，因此可以借助线上的力量来谈单。

参考话术：

姐／哥，咱们这个套餐是线上线下同款同价的，您要在天猫上下个订单才能享受我们这个优惠，套餐优惠数量有限的，先定先得，建议您赶紧定下来吧。

姐／哥，咱们这次价格已经是历史最低了，可以说是物超所值，您看我们在天猫上都宣传了这个套餐，要是价格力度不大，怎么敢在网上宣传！您就不要再犹豫了，我们这么大的品牌，这么低的价格真是头一次，买到了就是赚到了。麻烦您过来这边办一下手续。

活动天天搞，凭什么相信你这次就是最低的？这个时候，如果恰逢重大节假日，就可以借助节日这个特殊日子来让消费者相信。

参考话术：

女士，活动能有这么优惠，都是因为国庆大促！国庆大促是全年活动力度最大的一次，集团总部特别重视，这时候买东西是全年最有保障的！我们这次报名参加活动的客户特别多，量大从优嘛，这次客流这么大，薄利多销，肯定是比以往低的，您放心好了。

快速识别 13 个谈单信号，熟练运用 20 个谈单技巧及话术，成交自然又快又好。

活动现场如何谈单

很多销售人员都听过一句话：销售不跟踪，万事一场空！但是我认为成交最重要的不是跟踪，而是谈单。如果销售员不会谈单、不敢谈单，那么再多的来客数都是徒劳。

著名的营销战略家、销售之父杰克·特劳特说过："今天的市场营销，其本质并非为客户服务，而是在同竞争对手对垒的过程中，以智取胜，以巧取胜，以强取胜。"简而言之，市场营销就是战争，在这场战争中，竞争对手就敌人，而客户就是要占领的阵地，要想占领客户就离不开谈单！

其实谈单是销售流程中最简单的一步，我也不知道为什么很多销售员不会谈单，如果你之前所有的工作都做好了，客户的异议也解决了，还会谈单不成功？

在这里简单跟大家分享活动现场的 10 个谈单技巧。

1. 立场一致法。

在客户面前多说我们，而不是我或者你，不要对立，而要让客户感觉你是和他站在同一条战线的，是同一个立场，感觉你是在帮他争取低价、争取利益的。

参考话术：

看您也挺喜欢这款的，刚好我们这里搞活动，价格非常实惠，您看我们就把它定下来？

2. 氛围抢购法。

参考话术：

您看我们这次的活动力度特别大，这么多客户都跑来抢购了，您也赶紧抢优惠吧，不然就白来了。

3. 活动空前法。

参考话术：

我在这儿做了五年，从来没见过优惠力度这么大的活动，可以说是空前的，平常买一个衣柜的价格，现在可以买到一个衣柜＋一根衣通＋一个床头柜＋一个格子架＋一个裤架，买一件＝买五件，太划算了。我们赶紧定下来吧，今天是活动最后一天了，过了今天就全部恢复原价了。

4. 机不可失法。

参考话术：

这款我们是限量三套，现在只剩下最后一套了，机不可失。您要是现在不赶紧定下来，等会儿就被其他客户定了，我现在就给您开个单吧。

5. 赠品引诱法。

参考话术：

现在下订就可以获得额外大礼包，赠品有限，反正您都是要买的，不如现在赶紧下订吧。

您今天只要交满10000元定金就可以获得价值2998元的超级大礼包，里面的礼品都是大品牌的，不但好看，质量还有保证，现在大礼品只剩下两个了，我拿给你看看。

这次活动只要交款5000元，即可参与砸金蛋一次；交款10000元，即可参与砸金蛋两次（以此类推），百分百中奖。奖品有蒸烤一体机、餐具、套刀等，刚还有人砸中了蒸烤一体机，现在还剩一个蒸烤一体机的名额，您赶紧去砸一个吧。

6. 价值塑造法。

参考话术：

您也知道我们是个大品牌，像我们这样细节完美、做工精湛、款式大气的产品特别适合像您这么有品位的人，这个产品放在您家，不仅是个产品，更是个艺术品啊，我现在就给您开个单怎么样？

姐／哥，我们的价格确实不便宜，您知道我们的产品相比其他品牌贵在哪里吗？如果您不赶时间，我跟您讲一下。

7. 暂时放弃法。

有些客户优柔寡断，知道产品好，也知道价格实惠，但就是下不了决心，拖拖拉拉，这时候建议不要浪费时间，可以跟客户表示由于客户很多，人员不足，还要接待其他客户，暗示促使客户尽早下订。

参考话术：

姐／哥，今天是活动的最后一天，优惠名额有限，所以客户特别多，我们人员不够，您要是现在定不下来，我就先接待其他客户了。

8. 封闭选择法。

这种二选一的封闭式提问，虽然方法老套，但是很有效。

参考话术：

我现在给您开个单，您是给现金还是刷卡？

9. 想象成交法。

参考话术：

这是刚刚按照您的要求修改完善的方案效果图，如果没有什么问题，麻烦您在这里签个字交全款，这样就可以尽早送到您家，早点享受这么高品质的产品。想象一下，到时候您的家就跟这效果图一样，住起来真是美的享受，一家人其乐融融……

或者说：

姐／哥，今天交了定金后，明天什么时候方便去您家量尺呢？

10. 拜师请教法。

不排除有些客户对产品比较专业，这时候我们就顺着客户并认同赞美，不要和客户争论，这样更有利于成交，否则就会赢了争论，输了市场。

参考话术：

想不到您这么专业啊，以后得跟您多多学习呢。既然您都这么专业了，肯定清楚我们的产品细节是做得最好的，而且现在搞活动，多实惠啊，要不，我现在给您开个单？

客户犹豫不决该如何谈单

谈单，就像是求婚的临门一脚，成败在此一举。谈单是心理战术，所有的技巧都是为这个战术成功而服务的：动人心者莫乎于情，成交客户莫乎于心，所以谈单的时候要让客户感受到你的真情和真心，否则一切技巧都是白费。

有的客户在下单之前往往犹豫不决，这个时候如何谈单？前文已经给大家分享了不少谈单技巧及话术，这里我再给大家分享几种方法供参考。

1. 放大痛点法。

参考话术：

姐／哥，装修很烦恼，选家装更烦恼，因为除了选款式材料外还要赶工期。装修都是有时间的，拖的工期越长，物业费之类的成本就越高，要是能早点定下来就可以省点心也省点钱，再说像咱们这种大品牌，品质、售后这一块完全不用担心……

2. 清样特价法。

参考话术：

姐／哥，您喜欢的这款，价格可以说是历史最低价了，以后也不会有这么低的价格，因为这款是特价清样的，由于价格低质量也好，所以很多客户都定了这款，现在工厂只剩下 30 套，售完即止，所以建议您赶紧定下来。

3. 亲人折扣法。

参考话术：

姐 / 哥，我刚跟我们老板说您是我的亲戚，所以给了我这个价格，还答应送赠品，您不要告诉外人，这价格也就只有您才能享受，您看就赶紧把它定下来吧。

4. 打强心针法 (主要针对还要出去比较的客户)。

参考话术：

姐 / 哥，您主要比较什么呢？还是有什么顾虑的？可以告诉我，我在这个行业做了五年了，很希望能帮到您。如果您是担心价格和款式，我可以给您保证，同材料同工艺的产品，我们保证全城最低价，发现买贵，双倍补差；如果是担心款式就更没必要了，别家有的我们都有，我们有的别家没有，可以说如果您在我们家都选不到喜欢的，其他家就更选不到了，我遇到很多客户，花了很多时间和精力，最后还是选择了我们……

这些谈单技巧及话术，如果你都能烂熟于胸，那么不管你以后遇到什么类型的客户，都能踢好临门一脚，"破门而入"。

18 个情景的应对及如何谈单

情景 1：当顾客经过销售区。

销售人员 (递上活动的 DM 单页)：您好！欢迎光临 ×××，我们的促销活动开始了，由集团总部统一主导，优惠力度全年最大，建议您到店内了解一下。

情景 2：当顾客进入销售区。

销售人员 (微笑相迎，自报家门)：姐 / 哥，我是 ×××，您可以叫我小 ×，咱们这个店开了五年了，是一个老店，面积 500 平方米，是当地最大、档次最高、口碑最好的旗舰店，我们这里的款式组合有上千个，您想要的我们这里都有……

情景 3：客户二次进店。

销售人员（上前表示亲近）：姐 / 哥，您好！今天过来正好遇上我们做活动了！我们夜宴活动优惠力度特别大。您先过来这边坐，看看我们这次活动的内容（递上单页）。来，给您倒杯水。

情景 4：客户进店不说话 / 不愿导购跟着，有点走马观花的感觉。

方法一：活动破局。

销售人员：商场正在做夜宴活动，我们店本次也是开仓放价，一年一次，全年最低，而且满就送，还有抽奖活动，百分百中奖哦。

方法二：道具破局。

销售人员：姐 / 哥，看您应该逛了很久吧，您坐一下，我给您倒杯水。

方法三：赞美破局。

销售人员（选择顾客身上一个最值得赞美的点）：姐，你这条裙子可真漂亮，是今年最流行的碎花图案，我一直就想买这种款式，找了好几个地方都没找到。看起来应该很贵，是在哪里买的啊？

情景 5：顾客破冰无效之后，继续浏览着样柜。

方法一：讲解客户看着的样柜。

销售人员：您看的这一套是我们今年的新款，整体的风格大气沉稳，和您的气质很相近，它采用了手抓纹的特殊工艺，摸上去有凹凸不平的纹理，感觉自然质朴，加上中间的软包皮纹工艺，整体搭配和谐自然，是我们今年关注度最高的一款门板。您喜欢吗？

方法二：直接解释活动套餐的产品。

销售人员：姐 / 哥，您过来这边看看。这是我们这次活动推出的全屋套餐，买一个房间的所有家具，不到一万块就搞定了，原价 19988 元呢！现在只要 9988 元就能买到了，是不是优惠力度特别大呢？我们还有更多优惠措施，您千万不要错过了。

方法三：出其不意，调侃客户。

销售人员：姐 / 哥，您是遇到什么不开心的事情了吗？我看您进来后一直板着脸不说话，是我讲解不到位还是我的服务不够好呢？

情景6：客户在某款套餐前驻足停留。

销售人员：您真有眼光，这套柜子是经典系列，您看一下这个感觉，是不是内敛中透露着一种霸气，特别适合您这种沉稳大方的性格。您看一下这个皮质，顺滑细腻，上面一针一线清晰可见，做工精密，我们是非常注重细节的，因为细节决定品质。您喜欢这一款吗？（等待顾客回馈）您喜欢那就太好了，您看这款也是参加本次活动的，优惠力度特别大，还可以参加大抽奖，机会真的很难得！

情景7：顾客希望有更实惠的产品。

销售人员：这个"幸福套餐"，衣柜原价是××元，鞋柜是××元，总共是××元，现在只需要××元。这就相当于打了××折，因为这次是一年一次的工厂开仓活动，换做平时，就是处理样品也比这要贵，要是买正品，那买一个衣柜都不止这么多。不过这种套餐是限量的，集团总部只给每个商场五套，现在就剩两套了，我看您不要再考虑了。

情景8：顾客对套餐都不感兴趣，觉得套餐的款式都不喜欢。

销售人员：姐／哥，您对刚才那几款都不满意？没关系，您来这边看，我们店面有8大风格，19种柜身花色，超过1000种组合任你选择。别的品牌有的款式，我们也绝对有。我们有的款式，别人就不一定有了……

情景9：客户说：你们这些活动搞来搞去的，都是噱头，价格一样贵！

销售人员：啊！这个价格已经很优惠了！我在这里四年了都没有见过优惠力度这么大的……

情景10：客户说：我不要参加你们的抽奖／不要你们送的东西，直接优惠点／直接折成现金吧！

销售人员：姐／哥，我非常理解您的想法，我也希望能够满足您的要求。但是这个抽奖／送的这个礼品，是我们集团总部提供的，不是咱们店面提供的，没办法抵扣／折现。咱们这次的价格已经是优惠力度前所未有的了，抽奖／礼品都是锦上添花的，您不要了多可惜，送朋友做人情也好啊。

情景 11：客户说：我衣柜大，超出了你们的特价套餐，怎么办？

销售人员：因为这个套餐的优惠力度太大，是没有钱赚的，所以公司规定我们这个套餐超出的部分都是按照原价计算的哦。您可以购买 20 元的卡，20 元当 500 元用（根据活动政策灵活调整话术内容）。

情景 12：客户选定了特价产品，还要求再优惠或者送礼包。

销售人员：姐／哥，我非常理解您的心情，如果我是您也会这样想。实在很抱歉，特价产品是总公司统一制定的。这款产品是全国销量最好的，因为量大成本也会相对低一些，所以这款产品能做到特价出售，分配到咱们商场的数量也只有五套了。而且，咱们这么大的公司，操作都是非常严谨的，没按要求下订，公司系统也是不支持的，就发不了货。请您一定理解，您这么信任我，我一定帮您全程跟进，一定帮您把这款产品设计好、服务好，让您使用 20 年都无后顾之忧，您就放心吧，已经有很多客户都定了这一套。

情景 13：客户说，现在还不着急装修呢，只是过来看看。

销售人员：姐／哥，看来您计划得挺周全的，装修前多了解下确实很有必要。这次工厂开仓夜宴活动机会很难得，优惠力度前所未有！所以不急着装修也没事，您先交个预约金把这个活动优惠保留下来，等您要装修了，根据家装风格再来选择具体的颜色，我们会把这个名额在公司备案的，就算您以后再来选颜色，也可以保留这个优惠！

情景 14：客户说：我再去比较比较，其他品牌也有做活动。

销售人员：姐／哥，您说的太对了，一定要多比较比较，货比三家嘛，不过这次夜宴活动只有五个小时，活动结束就错过了，您到时候再买就要多投入好几千块钱甚至更多。还有您去比较的时候要记住从产品的细节、售后和优惠力度这三个方面进行考虑哦，毕竟选购定制家具不是选衣服，衣服坏了或者出问题了可以随时换，衣柜要是出了问题，那就很麻烦了。非常希望能够有机会继续为您服务，我们一定会让您满意的。

情景15：客户说：我再考虑考虑。

销售人员A：姐／哥，我特别理解您，买衣柜一定要好好对比一下，请问您是比较关注产品质量还是价格、品牌呢？还是有哪些咱们没有做到位的？请您一定给我指出来，便于加强我的服务来帮助像您一样认可我们品牌的客户。

销售人员B：姐／哥，我特别理解您，我知道您再考虑考虑是为了能买到一套称心如意的全屋家具，我在定制家居行业也有七八年了，市场上很多品牌我都比较熟悉，他们也都有各自的特色，不过总体说来我认为还是我们的性价比比较高，所以我也一直在这里做。而且这次的活动优惠力度是今年仅有的一次，错过可就太可惜了。

情景16：异议处理完，顾客若有所思，犹豫不决。

销售人员A：姐／哥，我在这里干了差不多八年了，从来没有如此大的优惠力度！这真是千载难逢的机会，再过两个小时就结束了，您不用再考虑了。如果到时候您实在不喜欢也是可以退的，咱们现在就先交定金吧？（直接先交定金，再开单）您看定金是刷卡还是现金呢？

销售人员B：姐／哥，咱们聊了这么久，您觉得我们的品质是不是很好？（是）我们的细节是不是处理得很到位？（是）这个款式是不是您喜欢的？（是）这次既能买到这么实惠的产品又能抽奖是不是很划算？（是）那您还在犹豫什么呢？就定下来吧！

销售人员C：您看，今晚的夜宴活动开始还没两个小时，已经有超过30个客户定了我们家的产品了，您看看这么厚的预约单／这么多个客户都定了。您就不用再犹豫了！

情景17：客户选好套餐／产品。

销售人员：姐／哥，过来这里坐一下，我现在给您开个单。麻烦您在这里签个名，您是刷卡还是给现金呢？

情景18：客户交完了定金。

销售人员A：姐／哥，恭喜你选择我们品牌，我们会用行动来证明您的选择是明智的，像您这么有福气，这辈子肯定都会顺顺利利、开心幸福的。

销售人员 B：姐 / 哥，您看这次活动力度这么大，一定要给我们介绍几个客户哦，这没问题吧？（如果客户答应，就立马跟进）谢谢啊，我们到时会和您联系，您不要嫌我们麻烦哦！

锁单的三个关键点

锁单跟谈单其实是一个意思，只是锁单这个词更加专业一些。什么是锁单？我理解为：锁单是指建立在企业活动优惠政策真实有效的前提下和能够匹配满足消费者需求的基础上，帮助消费者及时享受优惠政策的一种销售技巧。

锁单技巧的运用离不开好的产品和好的服务，否则技巧就会变成取巧，营销就会变成传销，即便当时锁单成功，最后也会退单。学习锁单，不是为了欺骗客户。

如果你的企业产品不错，服务有保障，活动政策也真实，那我们就谈谈锁单技巧。

锁单技巧不在于多，而在于精、在于有效。技巧太多，记不住，也容易变得虚而不实，急功近利。

锁单技巧关键不是话术，而是要掌握核心关键点。这是话术的灵魂，没有灵魂的话术就是泛泛而谈，毫无说服力。

再好的锁单技巧都要建立在消费者对你信任的基础上，这是成交的大前提。所以做销售，在接待客户的环节要足够真诚，足够有耐心，多听少说，搞清楚消费者的诉求，尽最大的努力去满足消费者，消费者自然会被你的真诚打动。

再好的锁单技巧都需要死记硬背，没有其他捷径。只有死记硬背，才能在接待客户的时候临阵不慌，灵活应对。

这里分享三个锁单技巧的关键点，帮助大家快速掌握。

1. 找到核心差异点。

贵还是便宜，都是相对的。从价值和价格来说：价值＜价格＝贵＝不划算＝不值得，价值＞价格＝便宜＝划算＝值得。如果消费者拿你的产品跟其他品牌对比，看起来都差不多，为什么你的贵？如果销售员也讲不出到底贵在哪儿，那消费者肯定会选择哪里便宜就在哪里买。

所以，我们一定要把自己产品的核心差异点找出来，而且要把这些核心卖点的价值塑造好，这样消费者才会买单。

2. 向客户大胆承诺。

从心理学上来看，消费者买的不是产品，而是感觉。对他们来说多少钱才算便宜？底价？成本价？亏本价？都不是，感觉便宜才是真的便宜。所以，即便你给的折扣真的很低很优惠，如果消费者不相信，便宜也是贵。相反，如果消费者相信，即便贵，也是便宜。

因此，活动优惠力度既要真实，同时也要给消费者信心，既然活动力度确实是全年最大，既然能够买贵补差，为何不干脆大胆承诺，给消费者一颗定心丸？

3. 制造紧迫感。

当消费者认可你的品牌，认可你的产品和服务后，就要制造紧迫感：机不可失，时不再来，让消费者感觉过了这个村，就没了这个店。

这个方法电商使用较多，比如网上商场的"双11""6·18"等都会搞限时限量活动：前五十名下单享受折上折、前十名有机会享受免单等，都是制造紧迫感，让消费者快速下单。

落实到话术表达，就是核心需要突出，如以"最后一个名额、最后一天特惠、明天马上恢复原价"等来促成定单。

最后，不管采用什么锁单技巧，都请不要忘了销售的本源，销售的本源是产品和服务，离开这两者，再好的营销技巧都是无源之水、无本之木，终将被消费者所抛弃。

06

销售就是一场心理博弈

客户成交三要素

想要提高成交率，想要做大单值，你需要知道客户为什么会成交。我通过多年的一线销售培训以及大量的调研和回访，总结出成交三要素，供大家参考。

第一要素：产品。

第一要素当然就是产品，客户进店是看产品而不是看你的，产品是我们和客户之间的桥梁和中介，产品的核心有三点，按顺序依次为：功能、外观、质量。

为什么功能排在第一位？因为产品的功能是满足客户需求、解决客户问题的核心，而客户也正是因为看中了产品的功能才购买的。比如洗碗机，正是因为洗碗机有机器洗碗的功能，客户为了解放双手才会购买；比如扫地机器人，正是因为它能够解决客户扫地不干净、灰尘飘满屋的问题，客户才会购买。

客户是因为有需求才购买，而功能是满足需求的核心。放到销售工作中，难点就是如何找到客户的需求点和痛点。这也是为什么要求大家学会生活化的讲解，通过聊天的方式挖掘客户需求背后的痛点，并有针对性地提供解决方案，也就是对应的产品的功能介绍。

为什么外观（好不好看）排在第二位，而质量（好不好）排在最后？很简单，因为好不好看比好不好更重要。细想一下是不是：明明这件衣服的质量不咋地，但最后还是买了；明明你的产品细节和质量都要比竞品好，但客户说别人的款式更好看，最后还是决定买别人的……你说好不好看和好不好哪个更重要？所以，销售人员要熟悉店面所有产品的外观款式介绍话术。

当然，质量还是很重要的，因为均价几万块钱的橱柜、衣柜等大件定制消费品会促使客户最终回归到理性的思考上，最终还是会考虑产品的质量，所以有必要跟客户聊聊我们的品质和环保，最好能够出示证书，让客户眼见为实。

第二要素：价格。

成交永远回避不了的问题就是价格。很多客户在乎性价比，这不是说客户没钱，也不是说客户不愿意多花一些钱，客户的疑虑在于是否物有所值。比如，外观上看起来一样的橱柜，为什么你的要比竞品价格高出几千块钱？同样都是烤箱，为什么比别人要贵一千块钱？解决这些疑问，最好的方法就是把产品的核心价值与核心卖点讲透彻。所谓卖点，就是"人无我有，人有我优"的点，这就是我们的价格比别人高的理由。

第三要素：服务。

服务主要指的是产品的售后服务、接待人员的服务态度和体验式的销售模式等。服务不好，除了影响一次成交率，还会影响到已成交客户的宣传口碑。所以服务意识、服务礼仪、服务流程和售服团队架构，也都是非常重要的。

客户为什么跟你成交？没错，因为认可你的产品、认可你的价格、认可你的服务。现在答案很清晰，剩下的就是行动了。

如何快速获取客户的信任

信任，是成交的基石和前提。想要得到客户的信任就要多站在客户的角度思考，要养成换位思考的习惯。在这里，我举三个例子说明换位思考的重要性。

案例1：买叶子还是买橙子？

有两个橙子，A是带叶子的，B是不带叶子的，你会选哪一个？

90%的人会选择A。

为什么绝大部分客户选择带叶子的橙子？因为客户认为带叶子代表新鲜，所以一般的销售员是卖橙子，而顶尖销售员卖的是新鲜。如果你只站在产品的角度来销售是不可能卖好的，一定要关注客户所关注的地方，以客户为中心。

案例2：去健身馆只是为了健身吗？

A健身馆打出两条广告语：每天健康一小时，健康工作五十年；失去健康＝失去一切。

B健身馆同样打出两条广告语：每天健康一小时，身材完美一辈子；常健身的男人，更有男人味。

结果A健身馆生意冷清，B健身馆生意火爆。

为什么呢？

健身真的只是为了健康吗？实际上，很多男人女人去健身，不是为了健康，更多的是为了身材！

所以要想吸引客户，你的广告就要抓住客户的心。就像很多人都知道早餐的重要性，但往往到胃病发作才意识到这一点一样，要想让客户坚持吃早餐，也要以客户为中心，比如可以说："营养早餐让您的脸色更红润、更迷人"，或者说"不吃早餐早长斑"，会比健康警告更有效。

以上三个案例都说明换位思考的重要性，客户最反感终端销售人员只站在产品角度来讲，除了讲产品还是讲产品，王婆卖瓜，自卖自夸。就好比我们用两个手指头摆出一个"人"字，而对方看到的却是一个"入"字，如果你只站在自己的角度去销售，那么你说的话、报的价都是废话！

所以，要想快速获取客户的信任，就必须以客户为中心，针对客户需求提供解决方案。

常见客户类型分析与应对

所谓"知己知彼，百战不殆"，想要赢得客户的信赖与支持，就要充分了解我们的客户。本文为大家分享七种客户类型与应对策略。

1. "哑巴"型（从不说话）。

分析：

"哑巴"型的意思是客户进店很长时间都一声不吭，一直不说话，这种类型的客户极少，开玩笑地说，即便客户真的是哑巴也没关系，只要不耳聋就有办法沟通，我们可以通过提问的方式来判断。

策略：

在客户后面喊客户一声，如果客户转过头来就证明客户不是耳聋，接下来继续引导客户关注我们的产品款式或产品细节。

参考话术：

姐 / 哥，前面有几个非常畅销的款式，说不定有您喜欢的，您过来看一下？

2. 沉默型（随便看看）。

分析：

沉默型和"哑巴"型不同，沉默型不代表不说话，沉默型的客户往往只跟你说一句：随便看看 / 我先看一下 / 我随便看一下……然后就沉默了。

这个类型的客户一般来说有两种：一种是真的随便看看，没有购买意向，说不定就是进来一边逛一边等人，也说不定就是进来上个厕所、喝杯免费茶、吹吹冷气；另外一种就是慢热型的，自己比较有主见，想熟悉后再跟销售员详细了解。

策略：

沉默型的客户往往不是在沉默中爆发（主动咨询），就是在沉默中消退（悄悄离开店面），所以不能让客户真的沉默下去，也就是说不要让客户真的自己随便看看，我们要主动去引导客户。

参考话术：

姐／哥，现在的橱柜看起来都差不多，随便看看是看不出有什么区别的，要不我针对性地给您讲解一下？

3. 卖弄型（好为人师）。

分析：

现在越来越多的客户喜欢教导销售员，你说什么，客户都说不对，而他说的都是对的，要在你面前秀一把"专业知识"，顺带教育你一下。

策略：

客户喜欢教导别人那不是客户的错，因为客户希望以此来获得更多的谈判心理优势，以此来要更多的利益，比如说赠品、服务等。所以遇到这类客户时切记不要跟客户抬杠，而是要给足客户面子，然后借力打力，顺势而为。

参考话术：

姐／哥，看不出原来您是个专家啊，比我懂得还多！既然您这么专业，那您肯定知道我们是行业里面最好的品牌了吧？我们是非常注重细节的，就拿这个产品来说吧……

4. 审讯型（不断提问）。

分析：

审讯的意思是客户一进店就不断地问问题，甚至有点咄咄逼人，有一种审犯人的架势！很显然，这种客户是目的性很强，而且是比较强势的。

策略：

当客户问问题的时候，你要不要回答？当然要！这是最起码的尊重。但是要记住，回答和解决完客户的问题后要学会反问客户，提问是我们销售员的一大杀器，别被这种客户"审讯"得忘了这一点。提问很简单，但是效果很神奇，因为只要你有提问，对方有听，就能引导对方的思想了。

参考话术：

客户：你们这个是什么材料做的？

导购：我们这个材料是……姐，你喜欢浅色的还是深色的？

5. 腼腆型（不好意思）。

分析：

就是"不好意思"的那种客户。比如你倒杯水给他，他会跟你说"不用了／谢谢"之类的客气话。这种客户往往比较内向或者说比较"厚道"，不敢接受销售人员的倒水请坐，担心万一接受了你这么好的服务，结果又没买会显得很尴尬。这种客户一般来说素质比较高，这种客户看起来没有购买力，但是人不可貌相、海水不可斗量，即便他不买，不代表他的家人不买，不代表他的亲戚朋友不买，退一万步来说，他现在不买，不代表以后不买！

策略：

一个客户的背后往往隐藏着至少 500 个以上的客户，如果把这个客户"得罪"了，会影响到品牌口碑的建立。所以进店的所有客户都应该服务好，服务到位。除了做好服务，还要说一些打开客户心扉的话。

参考话术：

姐／哥，我们是做口碑的，买不买没关系，像衣柜是大件消费品，一定要多对比一下，如果您不赶时间的话，我给您讲解一下可以吗？

6. 性急型（往里面冲）。

分析：

这种客户进店很匆忙，看着就很着急、赶时间。这种客户最宝贵的就是时间，最需要的就是快，所以你不能按照正常的流程去接待，客户也没时间听你讲故事、讲卖点细节什么的。

策略：

对于这种客户，正确的策略应该是留下客户信息，后期，以短信、微信或电话跟进。

参考话术：

姐／哥，这样吧，看您挺着急的，估计您也没时间听我详细讲解，所以麻烦您留个电话／加个微信，我让我们店面最好的设计师给您上门量房设计出个方案，这样您在选择的时候也有个参考，等您有时间后我再跟您详细了解一下。

7. 无目的型（东张西望）。

分析：

这类客户进店后东张西望，甚至有点魂不守舍的感觉，他有可能真的是漫无目的地逛，也有可能这只是他的一种购物习惯，习惯先把全场逛一圈之后再细细地看。

策略：

对于这种客户，我们要陪伴讲解并合理引导，通过提问引导客户，并针对客户需求进行产品推荐。

参考话术：

姐 / 哥，您看了这么多感觉喜欢哪一款？您是喜欢像这样的简欧风格还是这种现代风格的？

是什么促使客户消费

特劳特说："消费者的心是营销的终极战场。"心是什么？就是被人类的欲望点燃的场所。所以，想要得到客户的心，就要点燃客户的欲望。

首先你要知道，客户消费的目的不是为了满足"实际需求"，而是满足需求背后的欲望。

客户的需求是有限的，而欲望是无限的。欲望是什么？欲望是由人的本性产生的，是人类最基本、最原始的一种本能。而人的欲望永远都高于实际需求，比如当你肚子饿的时候，你想要的不过是一碗面或一个馒头；当你真的能吃上一碗面或一个馒头的时候，你会想如果是一碗牛肉面或是一个肉包就更好了；当你真能吃上一碗牛肉面或是一个肉包的时候，你会想如果再来一瓶酒就完美了……所以人的欲望是无止境的。

同样，客户买产品也是一样的。为什么这么说？我举三个例子，看完你就明白了。

1. 比如客户买洗碗机。

客户表面上是要买洗碗机，实际上的需求是解放双手，免得把手弄脏弄油腻。背后的欲望有可能是面子、品位、身份，有可能是节省时间去看电视剧看电影，有可能是避免夫妻为了谁去洗碗而吵架，有可能是孝敬父母……

如果你是卖洗碗机的，如何点燃、触动客户的购买欲望呢？你只有挖掘到客户需求背后的欲望，进而点燃他、触动他，才有可能说服客户并买单，而不是一直纠结着价格、价格还是价格。

建议运用 BPS 销售技巧，除此之外如果有一些礼品就更好了。如果客户是年轻夫妻，可以送一些洗涤用品或洗涤套装等；如果客户是老人家或客户是买来送给老人家的，可以送颈椎按摩器或是腰部按摩器之类对老人身体健康有帮助的东西。

2. 比如送花。

每年情人节都有很多人送花，女生表面上收的是花，实际上的需求是要看到男生的爱，背后的欲望是得到一心一意、一辈子唯一的爱。

如果你是卖花的，如何才能成功呢？你同样要挖掘到客户需求背后的欲望，进而点燃他、触动他。中国高端鲜花 Roseonly 专爱花店就很好地做到了这一点，Roseonly 规定"一生只送一人"，也就是说你想要买 Roseonly 的玫瑰，首先要用身份证实名注册，然后指定唯一收礼人，终身不能更改。怎么样？如果你是女生，要点赞不？

3. 比如抽烟。

抽烟的男人经常会开玩笑地说：哥抽的不是烟，是寂寞。其实这是真的，表面抽的是烟，实际上的需求是寻求心理慰藉，背后的欲望是灵感、是思想。有些女生甚至喜欢男生抽烟的样子，特别是中年雅痞大叔抽起烟来，女生会觉得特有魅力、特有男人味。

所以，如果你是卖烟的，你会如何点燃、触动客户呢？你的广告语是否可以这么做：我抽的不是烟，是为了放飞理想／我点的不是烟，是灵感……这就很好地触动了客户，让他们放心地抽烟，而不是整天担心健康问题，想抽又担心影响健康。

看完上面三个例子，关于如何点燃客户的欲望，相信你已经受到了一些启发。

如何促成客户的购买行为

购买是一种行为，而消费者将这个行为付诸实施是有个过程的。一般来说有三个阶段：先是有购买的欲望，然后是有购买的冲动，最后是有购买的决心。让客户完成每个阶段，需要具备三个要素：第一，产品的款式及展示；第二，产品的品质；第三，服务和专业。

接下来，我将逐一阐述，和大家一起梳理为什么需要这三个要素。

第一，产品的款式及展示。

如果连看都看不上，基本就没有戏了，所以产品款式及展示的作用是第一位的，一定要高度重视，选样切不可马虎。有以下两个原因。

①产品展示对销售员的影响。对于销售员而言，卖什么产品是由什么决定的？厂家有什么产品就能卖什么？当然不是。有些产品，销售员见都没见过，怎么卖？哪里来的自信卖？人往往更倾向于自己熟悉的领域，所以销售员往往是以商场的样柜为基点来卖的，商场有什么样柜款式，我就卖什么款式。

②产品展示对消费者的影响。装修是很累的，并不是所有的消费者都愿意天天逛建材城，天天到处去对比。去逛往往是因为选不到自己喜欢的款式，消费者一旦选到喜欢的款式其实就不想再到别家看了，选家装实在是太耗时间和精力了，消费者本来就忙，特别是白领阶层，只有周六日才有点时间。

所以，店面的产品款式很重要，一定要足够漂亮和丰富，以供消费者充分挑选。店面的产品要结合当地消费者喜欢的主流风格来展示，如现代风格、简欧风格等。除此之外，产品要按照风格归类，还要有相应的效果图和实景图，让消费者不需要花费太多精力就能找到自己喜欢的款式，提高购买效率、提升体验感。

第二，产品的品质。

消费者看中款式后，一般就会开始关注产品的材料、质量和环保问题。而这也是消费者去其他品牌对比关注的点，消费者对比过后最大的疑虑就是：为什么看起来差不多的产品，你的东西比别人贵？好的东西都不便宜，好的东西甚至可以说都是贵的，问题是你有没有把贵在哪里、贵的理由说清楚。

如果你可以很清晰地告诉消费者，你贵，因为你的材料更好、质量更高、环保更优，我相信，只要消费者有相应的购买力，成交是必然的。毕竟，每个人都渴望得到美好的东西，这是人性，亘古不变。

第三，服务和专业。

消费者购买的决心是需要安全感来营造的，你的接待讲解专业，消费者对你就有信心；你的服务态度够诚心，消费者对你就放心，这最终构成了消费安全感。也就是说，消费者感觉你是值得信赖的，我的"家"交给你，我没有后顾之忧。

因此，对于终端来说，培训是非常有必要的，包括专业知识、讲解话术、销售技巧、接待流程、竞品应对、道具运用等，确保团队训练有素。

除此之外，还有服务的诚心。

是的，干销售诚不诚心其实比专不专业更重要，你如果对消费者不诚心，即便再专业都是徒劳的。所以，服务的转变需要我们从心态、思维、言行举止上去进行，做到真正以客户为先，一切以客户为中心。

如何让客户感觉你的产品"值"

感觉？是的。价格的高低不是绝对的，是根据客户的感觉来的。客户感觉高，价格就是贵；客户感觉低，价格就便宜。

难道客户的感觉没有依据吗？有的。这个依据就是消费者的价值感。所谓价格，就是卖家愿意出手的金额；所谓价值感，就是消费者心里认为这个产品值多少钱。

所谓便宜就是客户的价值感高于价格，比如你花了经济酒店的钱住了五星级酒店；所谓贵就是价值感低于价格，比如你花了米其林餐厅的价格却吃了个快餐。

想要让消费者感觉价格不贵，只有两个方法：要么降价，要么提高客户的价值感。

一模一样的汉堡，在街边摊卖 5 块钱，在 KFC 卖 15 块钱，你可能都不觉得贵，为什么呢？因为街边摊虽然环境差，但是通过降价来让你感觉不贵，而 KFC 通过好环境提升价值感，让你也感觉不贵。如果街边摊的汉堡卖 15 块钱，买的人就会很少，不是说因为消费者给不起 15 块钱，而是感觉不值，也就是说，不是消费者买不起，而是因为看不起。

让消费者感觉不贵的两种方式中，降价的方式是不长久的，因为没有利润，就没有服务，也没有产品的不断创新。商家也不傻，不可能一直做亏本的买卖。没利润怎么办呢，就只能通过偷工减料来压缩成本，价格是降下来了，但同时品质也下降了，最终吃亏的还是消费者。

所以，我的建议是不要搞价格战，要把重心放在产品的创新、消费者体验感的塑造和服务的提升上。

首先，从产品层面来说。

要加大研发投入，推陈出新，在外观款式上突破、在功能上突破，让消费者爱上你的产品，让消费者使用起来有"尖叫""爽"的感觉，真正解决消费者的各种生活痛点。这样，即便你的价格高，消费者照样愿意为你创造的价值买单。

其次，从展示层面来说。

要从单品到全屋进行生活化、情景化的展示，将消费者的家搬到展厅上，让消费者进店后有种归属感和惊喜感，让消费者感叹：这，就是我想要的家。别人卖的是产品，你卖的是空间，是一种生活方式，这就是差异化竞争。

再者，从销售模式上来说。

要全面推行免费设计，注意，是设计，不是量尺。设计才是定制的灵魂，设计才是服务的核心。千万不要画 CAD 考验消费者的想象力，而是要做出精美逼真的效果图，让消费者所想即所见，所见即所得。不要觉得免费设计是吃亏，免费是为了获得服务的机会，你只有得到服务的机会才有可能进一步成交。

总之，价值感的塑造 = 产品 + 展示 + 模式，只有为消费者塑造出高价值感，才能让消费者感觉不贵。

销售精英要掌握的 4 大消费心理

所谓"知己知彼，百战不殆"，而这个"彼"指的不仅是竞品，还包括我们的客户。所以要做好销售就要懂你的客户。要了解一个人，无外乎通过言行来判断，毕竟一个人是由内而外发生变化的，所以言行在一定程度上反映了一个人的内心。

但问题是，销售过程中的沟通都比较短暂，无法真正有效准确地了解对方和判断客户类型。比如我以前有个老板，穿着短裤拖鞋去买手机，一进门就问有没有特价手机，结果买 100 台苹果手机给员工作为年终奖品，你说他是哪种类型的客户？还有一些客户，开始的时候咄咄逼人，以为是个很强势的人，最后却对销售员言听计从，你说这是哪种类型的客户？

现在的人几乎都有双重性格甚至多重性格，我把这样的性格比喻成"面具"。我认为"面具"是必备的，很多人的"面具"是用来保护自己不受伤害的，毕竟防人之心不可无嘛。所以人很复杂，人的心理也很复杂，人越来越会隐藏、掩盖和装饰真实的自己，你没办法来通过表面来准确地判断一个人。

这个时候就要把握人性，人性是趋于稳定的，甚至是不变的，而人性衍生出的消费心理也是比较稳定和普遍的。本文中的四大消费心理，大家一定要了解。

1. 害怕后悔。

每个人在做决定的时候，都会有恐惧感，也就是很多人说的"选择困难综合征"，一做选择就恐惧、就头痛，原因是害怕做错决定，承担不起后果。而对于客户来说，就是很怕他花的钱是错误的，这也是为什么有些客户交了定金后会表现出不安、怀疑，甚至出现指责你欺骗他交定金等行为。

在我们的销售过程中，客户也会有这样的心理，担心售前把我当"老子"、售后把我当"孙子"；担心会不会货不对版；担心送货安装出问题；等等。针对这样的消费心理，销售人员可以通过话术给客户信心。

参考话术：

姐 / 哥，我们是大品牌，大品牌质量好，信誉也好，您买到的是放心、安心和省心，只要选好款式，其他一切都不用担心，后期我会建立一个 VIP 客户沟通交流群，把我们店长和设计师拉进去，您有任何问题可以随时找我们。

对于解决客户的害怕后悔心理，作为销售精英，你时刻要想着：我怎样才能让我的客户相信我们的产品？我怎样才能让我的客户有百分之百的安全感？如果你真的是这么想的，那么销售流程中的送宾环节就要做好，包括送宾语、离店后的短信和其他细节跟踪等，不要引发客户购买后的负面情绪。

2. 喜欢占便宜。

"便宜"和"占便宜"不是一个概念，穷人喜欢"便宜"，富人不一定喜欢，但可以肯定的是，不管穷人还是富人都喜欢"占便宜"。富人喜欢"占便宜"不是因为付不起，而是享受"占便宜"的那种乐趣甚至是快感。

所以，客户不是想买便宜的产品，而是想买能占到便宜的产品。针对这个心理，除了赠品、降价之外，你的话术也很关键。

参考话术:

姐／哥，这次开门红活动，我还没开单，我就想图个吉利，我给您这个最低价，外加大抽奖／礼品，等等；

姐／哥，今天是活动最后一天，我跟老板申请的这个价格是一分钱都不赚，纯粹就是图个销量；

姐／哥，今天我任务没完成，如果你定的话，我把剩下的最后一个大礼包送给您；

姐／哥，因为我们商场还没完成集团下达的目标，所以现在给您这个额外优惠……

总而言之，所有的话术和动作都要给客户这样的感觉：只有你一个人才能享受这种价格／待遇／礼品，其他人都没有。

3. 推崇权威。

针对这种消费心理，可以借助名人或者明星进行推荐。

参考话术:

姐／哥，我们是大品牌，所以我们的产品，×××（名人或明星）都在用。

现在很多企业都找明星代言，还有很多企业会把国家领导人或者大明星到企业参观、交流、视察、合影的照片放在办公室或者商场，也是利用了这个权威效应。

4. 从众心理。

这个相信大家再熟悉不过了，比如公司同事中午吃饭的时候，一般都是在公司食堂吃，但如果同行的大多数人都说去外面吃，这时候由于受到群体的引导或者压力，会迫使你趋向于大多数人的选择，也去外面吃。这就是从众心理。

针对这个消费心理，可以利用"羊群效应"，通过告诉消费者大多数人的选择来促使其个人的消费观念发生转移，进而促使消费行为趋同。

参考话术:

姐／哥，你们那个小区很多户人家都是用我们品牌的；

姐/哥，您看今天这么多人，要是不便宜怎么都选择这次活动，您就不用担心啦；

姐/哥，您真有眼光，很多客户都喜欢这款，而且装在家里确实效果也很好……

"上兵伐谋，攻心为上，攻城为下"乃古代兵家之道，最高的兵法在于谋略，在于攻心，只有把握住客户的心，才能真正地交心，进而产生交流和交易。永远记住，客户最在乎的并不是买卖之间的匹配，而是达成信念的契合，而掌握消费心理就是契合的关键。

实战篇

一场接一场的活动不仅没有获得大量订单，反而致使销售人员身心俱疲，得不偿失。

那么，签单率低的原因何在？

07

客户要买的，到底是什么

如何有效邀约客户

做销售最怕的就是没有客户。客户邀约不来，很烦恼？不知道怎么邀约，没方法？在这里，我为你支五招：

第一招：移花接木。

目的：不要让客户觉得你是过来卖东西的，要让客户放松心态，降低戒备心，从而与我们更顺畅地沟通。

参考话术：

姐/哥，您上午还是下午有空过来喝茶？

姐/哥，您今天下午过来喝杯咖啡/过来尝尝我们亲自做的蛋糕、点心/过来玩玩？

第二招：先斩后奏。

目的：提前为客户申请优惠名额，感动客户，让客户觉得盛情难却。

参考话术：

姐/哥，由于这次活动力度很大，名额是有限的，我担心被抢光了，所以活动名额我已经给您报上了，您明天是上午还是下午过来？

第三招：皇家礼遇。

目的：通过无微不至的服务让客户倍感尊贵。

参考方法：专车接送、星级酒店自助餐、高档水果饮料等。

第四招：步步高升。

目的：让客户感受到我们的诚心以及对他的重视。

参考方法：先是由销售探清虚实，然后店长亲自出马邀约，如果不行就经理上。（现在终端都是销售邀约，这是有问题的，在客户资源稀少且来之不易的情况下，要好好珍惜，销售邀约不来的客户只要是真实有效的就应该由上司继续邀约，持续真诚的邀约才能打动客户）

第五招：免费限量。

目的：通过免费吸引客户眼球，通过限量刺激客户行动，前提是免费的东西要有神秘感，不要直接把具体的礼品告诉客户，除非是很新奇、很有吸引力的东西。

例如：金币、收藏币、美元、模型等，当然实用的生活用品也行。

以上是我的总结，当然邀约客户还有很多种办法，要具体情况具体分析，怎么运用好就看你的努力了。

如何让客户愿意交全款

客户要跟你签合同了，但不想交全款，只愿意交一部分，怎么说服客户呢？

这种情况在销售终端很常见，签合同不交全款对终端伤害是很大的，不交全款带来的风险也是不可预估的，所以如何让客户愿意交全款是个难题，我结合自己的经验分享一下我的看法，供大家参考。

客户不想交全款，正常来说，无非就是担心安装和后期的施工出问题，害怕我们不负责，这种心情是可以理解的。针对这种客户，主要需要解决的是信任问题，让客户信任你、信任品牌。

如果客户对我们的产品、价格和服务满意，那么签合同交全款是正常的，应该也是必须的，首先要认同这一点，否则你的言辞没有底气也没有说服力。

我认为，客户交不交全款，取决于你的态度是否坚定。一旦你的态度发生摇摆，就给了客户可乘之机，让客户觉得有商量的余地。人都是这样，喜欢得寸进尺。所以在谈判之初，就要态度鲜明而坚定。

当然，可能上面我说的那些你都做到了，但客户还是走了。这种客户明显就是爱面子，这时候需要解决的关键点在于如何给客户台阶下。

我的建议是以退为进，用感情牌打动客户。

所谓以退为进，比如客户只愿意交 80% 的款，这时候我们可以适当退一些，但不能满足客户交 80% 的要求，要适当提高一些；比如要求客户必须交 85% 的款，这就是以退为进，目的是让客户尽量多交一些，以降低风险。

所谓打感情牌，就是要让客户感觉到我们的诚心诚意，让客户不好意思不成交，甚至让客户感觉不成交对不起你。

好面子的客户是最容易解决的，你只需要给客户足够的尊重和重视就可以了，比如说一些好话、打感情牌、给客户送些小礼品来邀约客户再次进店等。

一般来说，用好上面的策略，成交是必然的。当然，你的设计和方案能否打动客户也很关键。所以，交全款没那么简单，成交也没那么容易，需要我们不断总结再奋进。

为什么客户兜了一圈就离开

一位客户进衣柜店，销售员上前就问："姐，您看衣柜是吗？您是一个人过来的吗？"客户兜了一圈就离开店面了。

案例分析：

为什么客户兜了一圈就离开？原因有很多：

有可能是店面装修和产品展示不到位，客户没有找到自己喜欢的款式（所以销售画册和效果图的储备真的很重要，还有就是销售能不能察言观色地及时引导说明由于店面面积有限，所以还有很多款式没有展示出来，建议坐下来看我们的效果图册）。

客户兜了一圈就离开也有可能是真的只是过来逛逛的，但是这个概率很低，有谁闲着没事会去逛建材城的？

所以客户兜了一圈就离开，最根本的原因还是我们自己本身没做好，销售不专业，没有提问或者提问的问题不对，问的都是废话。客户明明来衣柜店还问是不是看衣柜？客户明明一个人过来还问是不是一个人？那不是废话吗？

案例总结：

销售要做好，关键在引导，很遗憾的是很多销售没有很好地引导客户，反而被客户引导了，而要想引导好客户就要提问，而且要问对问题。

参考方法：

可以问一些关于客户装修现状和关心类的问题，如：

① 您家里水电铺好没？（因为水电铺好了，下一步就是橱柜衣柜安装）

② 您以前有没有了解过我们品牌？

③ 您家里装修色调是以浅色为主还是深色为主？

④ 您是喜欢简单一点的（现代风格）还是复杂一点的（欧式风格）？

为什么客户不愿给你回应

情景回顾：

有一个客户进入衣柜店，结果刚进去就得到店面销售员的"热情招待"，除了说欢迎光临之外还一直说个不停、滔滔不绝，如黄河泛滥般一发不可收拾……最后这位客户就非常无奈地"被逼走"了。当店长问销售员为什么没成交时，这位销售连客户为什么不买、为什么离开都不知道，还句句在理，认为自己该说的都说了，而且认为自己说得很到位、表现很好，全然不知客户是被自己一步步逼走的。

案例分析：

为什么会出现这样的情况呢？为什么很多客户不愿意给你回应？为什么客户会在你热情洋溢的介绍中突然离开店面？为什么客户会反感？我们试想一下，如果你作为客户，进入店面如同进入新的环境，而对方也是陌生人，一进入店面就得到如此"热情"的招待，你受得了吗？客户连适应新环境的时间都没有，就开始遭到猛烈的轰炸和不断的进攻，换作是你，你会有何感受？我想即便你的产品再好，我也不会选择在你这里购买。

案例总结：

客户购买的不是产品，而是感觉！感觉好了一切都好，感觉不好一切白搭。

参考方法：

对于刚刚进店的客户，除非客户主动提问可以张嘴，否则，除了说欢迎光临××，里面请，我是您的全屋家居规划师外，之后的十秒钟建议闭嘴，给客户十秒钟的时间去适应陌生的环境和陌生的你。

为什么客户不相信你说的

情景回顾：

一位客户进店后在衣帽间停留问："你们用的是什么板材？"销售回应："咱们的板材是进口的。"客户听后用怀疑的眼光看着销售员说："真的假的？谁家不说自己好？"销售马上回应："咱们是大品牌，不会骗人的！"客户听完，神情表现出来的还是不相信。

案例分析：

为什么客户会怀疑？很简单，因为没有提供证明。为什么终端销售员都没有提供证明的意识？因为销售员自己思想上不重视，认为客户不会在乎这些。举个例子：就像我们去酒店吃饭的时候，A酒店在你一进入门口时就开始热情招待，异口同声地欢迎光临，而进入B酒店时连个人影都看不到，你会有何感受？你会不在乎吗？你不会，但是你在乎不代表你会把感受说出来，不说也不代表你就不在乎。为什么要证明给客户看呢？因为客户更愿意相信自己看到的，而不是听来的。所以提供证明就是让客户相信我们所说的，证明我们并非口说无凭。

案例总结：

当提到产品的卖点时，切记要及时提供证据证明！让客户眼见为实！

参考方法：

及时提供：① 证书（比如客户放心手册、环保证书等）；② 小样品对比（比如板材、五金、布料等）；③ 视频（比如广告视频、演示视频等）；④ 其他证明。

如何让客户有"赢"的感觉

客户走单的原因有很多，价格是其中很重要的一个。通过多年的观察和研究，我发现客户因为价格而走单的原因主要有三个：

① 客户跟其他品牌相比，觉得表面上看起来差不多的东西，但是你们的价格高，感觉买贵了。

② 客户跟其他品牌相比，认为你的折扣和优惠幅度没有其他品牌大，感觉买贵了。

③ 客户觉得得到的礼品少或者占的便宜不够多，感觉不划算。

总结来说，就是客户感觉"输"了，"吃亏"了。因此，如何让客户有"赢"的感觉，这一点在销售中也很重要。

针对议价的客户，首先，我们要分析他们的类型。

第一种：初次来店面了解，未外出比价，不了解行情，但认为我们的产品不值这么多钱，担心买贵了或降价快。

第二种：去过其他品牌比价，觉得看起来差不多的东西，我们的价格要比别人的高，担心买贵了。

第三种：去过其他品牌比价，但是故意报低价格来比价，如果忽悠不成，也要得到更多实惠。

针对每个议价类型的客户，我们都应该想好应对技巧。

比如针对担心买贵了的客户，我们要说明我们的产品为什么值钱，价格高，高在哪儿，要说清楚、讲明白，最好能通过道具对比提供证明来打消客户疑虑。

针对故意报低价忽悠的，我们要对客户报出来的低价表示惊讶，告诉客户我们的竞品调研是常态化的，这么低不符合我们的调研结论，以此证明自己了解市场。同时，要给客户台阶下并给客户实惠，如赠送赠品、增值服务等。

客户购买定制家居如果是对比价格，只有以下三种情形，只要提前做好准备就可应对自如。

1. 跟其他品牌对比。

应对技巧：

核实比价地点和价格，防止客户虚报价格或者对错款式，因为如果是同样品质的产品，价格是不可能存在很大差异的，当然，也不排除特价限量等情况，要配合客户现场核实。

如果对方价格低得离奇，有可能销售给客户的是样柜，因此要提醒客户买样柜的风险，但不能故意或明显地贬低踩低对手。

强调我们有"全年价保"的政策，让客户放心；即使客户回头进行差价补偿，也能侧面力证我们价保的真实性。

2. 跟木工对比。

应对技巧（以衣柜为例）：

讲环保：告诉客户木工衣柜用的是什么基材，木工衣柜是现场切割，现场刷油漆的，甲醛超标严重，家都不健康，家人如何确保健康？这样的衣柜已经不是衣柜，而是"毒气释放站"，什么钱都能省，唯独健康的钱不能省。

讲细节：产品同质化越来越严重，表面是看不出来的，一定要关注细节，讲封边的细节、五金的细节、功能配件的细节、安装的细节等。

讲成本：强调每天使用成本低才是真正的价格低，告诉客户其实选择品牌定制衣柜更便宜，木工衣柜寿命短，每天的使用成本要比品牌定制衣柜高很多，从而让客户重视使用成本，而非只看到一次性购买成本。再说，木工其实也不便宜，可以跟客户算个账。

讲售后：强调售后比售前更重要！告诉客户买的不仅是衣柜，更是一种放心和省心！告诉客户所有的木工都没有五年保固和终身维修的承诺，选择木工衣柜根本没有保障！然后再讲个故事给客户听，感染客户，从而让客户放弃选择木工衣柜。

3. 跟自己期望的价格对比（想要更低价）。

应对技巧：

三次循环报价法。

跟银行合作推出免息分期付款，也可以让客户感受到实惠。

将价差等分解到每天并和顾客常需购买的日常用品做比较。

如果运用了以上技巧后，客户仍然表示价格优惠幅度不大，建议可以参考以下应对话术：

姐／哥，您说我们要是虚标一倍以上的价格然后告诉您可以打五折四折甚至三折的话，估计您也不敢买呀。咱们是诚信企业，活动才能享受这个价格，相信您肯定是愿意享受实实在在的价格而不是虚高之后的打折快感，您说呢？

姐／哥，价格您放心，同样品质的产品价格不可能比别人还高，那岂不是自己赶客还砸自己的生意嘛。再说，我们还有全年价保的政策，只要您买后发现同类型商场在同样品质的产品比我们价格低，您都可以无条件得到差价补偿的，所以说，您一点都不用担心买亏了。

相信通过以上的技巧及话术运用，绝大部分议价的客户都能被搞定，但是要想让客户有"赢"的感觉还需注意三点：

① 成交价与标价的差异不能太大，即使有明显差异也需给客户较合理的优惠理由并逐步降价，不能让客户感觉"砍价砍输了"。

② 即使客户虚报竞品的价格，也不能在言语和态度上反驳客户让其没台

阶下，可委婉道明理由并适当用礼品弥补其"占便宜"的心态，不能让客户感觉"讨价讨输了"。

③ 通过不断询价让客户看到你的努力，在成交后不吝啬对客户砍价能力的赞美：您是我见过最厉害的砍价高手。

我们想"赢"，就不能让客户"输"，只有客户"赢"，我们才能"共赢"。

七招教你如何成功卖卡

卖卡送卡（邀请函）作为促销活动的重要一环已经不新鲜了，卖卡是"蓄水"的有效工具，卖卡卖多少几乎决定着活动是否成功！卖卡的有效途径一般是电话中以送资料的名义争取见到客户，面对面卖卡。

比如下面这段电话营销话术，相信大家会比较熟悉：

您好！× 先生 / 小姐，我是……的小 ×，针对您的小区，我们做了一个疯狂抢工厂团购活动，优惠力度非常大，我们有专门的工作人员在周边派送活动资料，您看是上午还是下午比较方便，我让我们的工作人员给您送一份资料了解一下。

打这个电话不是最难的，难的是怎么把 50 块钱或 100 块钱一张的卡卖出去。这就取决于你当面怎么沟通，所以说送卡不是纯粹为了送卡，而是建立沟通的机会，进而获取客户信任，成功卖卡。在这里，我分享几个方法，供大家参考。

1. 预存倍增法。

参考话术：

姐 / 哥，这张邀请函您只需要预存 50 块钱，到时候可以直接抵货款 500 块钱，超级划算。

2. 保值超值法。

参考话术：

姐 / 哥，这张邀请函您预存 100 块钱，到时候可以直接换 1000 块钱的购物券，可以购买全场商品，另外我们还会送您价值超过100块钱的礼品，绝对物超所值。

3. 解除担忧法。

参考话术：

姐/哥，因为这次活动名额有限，必须凭邀请函才能参加，这样吧，您预存100块钱，到时候送您价值超过100块钱的礼品。如果您不满意，我退钱给您，礼品您照样拿走，您不用担忧我们会把礼品收回。

4. 神秘诱惑法。

参考话术：

姐/哥，这次活动是我们集团总部主导的工厂特供活动，价格全年最低，这次还请了神秘嘉宾/有旅游度假的机会/砸金蛋抽轿车……中奖概率大，机会难得。

5. 新品品鉴法。

参考话术：

姐/哥，我们店面今年重装升级，有很多今年最新款的产品，而且是意大利设计师原创设计的，您过来看看有没有喜欢的。而且正好我们联合工厂搞感恩回馈新老客户的大型活动，优惠力度非常大……

6. 免费设计法。

参考话术：

姐/哥，现在房子越来越贵，所以一定要有一个好的设计方案，这样才能最大地利用空间，您到时候凭邀请函进场，我们的金牌设计师会免费给您家量房出方案。

销售越来越不好做了，这是弱者的借口；我的机会来了，这是强者的宣言。只要思想不滑坡，方法总比困难多。凡事都有两面性，困难和挑战的另一面就是机会和风口，要知道，竞争对手和我们面对着同样恶劣的市场、同样糟糕的环境，这时候比拼的就是谁更善于突破创新，谁更能刻苦坚持！成功的路上并不拥挤，因为坚持的人并不多。

如何塑造产品的价值

产品价值的塑造有多重要？我用个简单公式来呈现对比一下，你就知道了：价值＞价格＝便宜＝成交，价值＜价格＝贵了＝走单。

客户关心的是价格，但买的永远都是价值。想做一名合格的销售员，永远要记住这句话。

如何塑造产品的价值呢？我提供五个方法给大家参考：

1. 扩大对方不购买的痛苦。

人不改变，是因为不够痛；客户不购买，也是因为不够痛。

比如烤箱，你就可以这么说：

姐／哥，如果家里没有烤箱，就等于厨房没有灵魂，就会少了很多烟火气，家里也会少很多乐趣，因为很多美食都是用烤箱做出来的。比如烤鸭、烤鸡、烤鸡翅、烤红薯、烤蛋挞、做蛋糕等，都需要用到烤箱。如果没有烤箱，您想吃这些都要去外面，贵还不好吃、不卫生，有一大堆让人糟心的问题。您说是吧？

2. 以提出解决方案的方式来呈现产品。

要树立产品专家形象，但是产品专家卖的不是产品，而是方案。卖产品是低级销售思维，卖方案才是高级销售思维。

比如吊柜，你就可以这么说：

姐／哥，关于吊柜的问题，我们有几个解决方案，其中一个就是吊柜联动拉篮。您看，首先，咱们这个拉篮有个拉手，高度设计合理，伸手可触，拿取轻松方便，告别上层空间够不着需要站凳子的尴尬。其次，咱们这个设计了围栏，无须担心摆放的物品掉下来。还有，咱们这个既能保证下层空间的正常物品摆放，又能充分利用上层空间，分区合理，找东西的时候可以一目了然。

3. 给出产品合适的理由。

对于客户来说，合适的才是最好的，合适的再贵都会想办法，不合适的再便宜都没有用。

比如沙发，你就可以这么说：

姐／哥，这套沙发非常适合摆放在您家里面，不管是颜色的搭配还是风格，都能完美融入客厅的空间，而且这套沙发的坐垫软硬适中，可以满足不同客人的需求，再加上寓意幸运的四叶草碎花纹，可以让人的身心放松下来，更好地享受家里的私人空间和温馨氛围。

4. 帮助客户对产品产生购买欲望。

当你不口渴的时候，一瓶水一块钱你也不会买；当你口渴的时候，十块钱一瓶水你也会买。为什么？因为你口渴，不喝就难受，一直不喝就会渴死。所以，任何购买行为背后都隐藏着痛点和问题，如果我们能找到，就能撬动并激发客户的购买欲望。如何帮助客户对产品产生购买欲望？那就要学会讲故事。

比方说保险柜，你就可以这么说：

姐／哥，家里小孩多大了？如果孩子小或者准备二胎，那家里的一些危险物品如油漆、酒精、花露水、香水、指甲油、啫喱膏、止汗液、驱蚊水、杀虫剂、空气清新剂等，一定要存放好。如果小孩拿来玩很容易受到伤害，前段时间就有新闻报道说有个小孩把指甲油喝了最后没抢救过来。所以这些危险品建议放到保险柜，毕竟小孩子都比较活泼调皮，我们不可能时时看着他们，有了保险柜就可以完全解决这个后顾之忧。您说是吧？

5. 讲明与竞争对手有哪些不一样的地方。

产品的差异化在逐渐缩小，表现上看起来一样的东西，如果只有价格不同，当然是谁更便宜就买谁的。所以我们一定要把"人无我有、人有我优"的独到之处讲清楚、讲明白。

比如板材，你就可以这么说：

姐／哥，您是不是觉得看起来跟别家一样，但我们这里价格比别人高，担心买贵了？现在的东西看起来都差不多，但实际上是千差万别的。比如说咱们这个板材，咱们用的饰面纸是进口的×××，封边条用的是进口的

×××，胶水用的是进口的×××，基材用的是进口的×××……您看看我们的×××（证书证据）。所以我们的板材里里外外用的都是进口的，一分钱一分货，价格当然就比较高一些，您说是吗？

如何做大单值

业绩＝流量×转化率×单值，单值的大小对业绩影响巨大，大家都在想方设法提高单值，可是单值的大小由什么决定呢？这个问题很多人都没有想明白，因为没有用对方法，所以单值的提升一直收效甚微。

我认为，单值大小主要由三个因素决定。

1. 消费者的购买力。

东西再好再漂亮，如果超过了消费者的购买力都是白搭。这就好比你的极限负重是担200斤，如果给你400斤，肯定担不起来，这是违背规律的。相反，如果在消费者的购买力承受范围之内，哪怕东西很贵，照样能成交。因为"很贵"是"你认为"的"很贵"，在消费者看来不一定如此。所以我经常建议销售员不要"代入感"太强，不要自以为是，你认为很贵，你认为消费者买不起。抱歉，那都是"你以为"，不要让贫穷限制了我们的想象力。

如何才能知道消费者的购买力呢？购买力似乎有点虚，我们可以理解为消费者的购买预算，这可能会明确一些。如何知道消费者的预算？这就需要你去问了。

2. 消费者的需求。

消费者购物的背后隐藏着需求，因为有需求才会有购买的冲动和欲望，这是消费的逻辑。因此，作为销售员，我们要搞清楚消费者的以下需求：

① 功能需求；② 风格需求；③ 空间需求；④ 其他特殊需求。

在终端，很多销售员根本没有搞清楚消费者的以上需求就开始推荐产品，你推荐的产品都不能满足消费者的需求、解决消费者的问题，消费者当然不买账。消费者都不认为自己需要你推荐的产品或者不认可你的产品，你讲得再好或者说产品再好，都是白搭。所以，推荐产品之前，找准消费者的需求是至关重要的。

3. 团队水平。

消费者有购买力、消费者的需求也找对了，接下来，单值的大小就由团队的水平决定了。能不能充分挖掘消费者的购买欲望，让消费者愿意买单，这要看销售的讲解到不到位，能不能把产品的价值塑造起来，让消费者感觉这钱花得值。消费者不怕买贵的，就怕买贵了。所以表面上看起来差不多的东西，如果你讲不出有什么差别，消费者当然选择哪里便宜去哪里买。塑造价值感的另外一个核心就是设计方案，方案是最能体现一个设计师对消费者喜好的拿捏、空间和产品的融合创新等功力的，也是最能出亮点的，只可惜很多设计师只是个画图员和复制粘贴的机器人。塑造高价值感，既要提升销售的讲解能力，更要提升设计师方案的设计能力。

找到根源，找对方法，做大单值便是水到渠成的事。做销售不要着急，因为快反而慢，慢其实是快。

08

客户有异议？应对有"绝招"

解决客户异议之必备"4A 技巧"

在终端做销售，常会遇到客户提出各种各样异议的情况，如果不能很好地解决，就很难成交，更别说获得客户的认可了。这里提供一个方法：4A 客户异议处理技巧。这个技巧可以说是解决客户异议的必备"杀器"。

什么是"4A 客户异议处理技巧"？

A1（Admire）赞美认同；

A2（Analyse）分析原因；

A3（Answer）解疑答惑；

A4（Attest）演示证明。

下面我们来详细了解一下。

A1——为什么要赞美认同？

当客户有异议的时候，你认为是顺从客户容易还是改变客户容易？毫无疑问，当然是先顺从，而顺从是为了后面找机会去改变他；相反，如果不顺从客户，则会引起客户更大的异议，最后连与客户交流的机会都没有，怎么去交心和交易（成交）？所以永远记住，当客户有异议的时候要先顺从，也就是赞美认同。

A2——为什么要分析情况？

客户往往更愿意相信他看到的，而不相信他听到的，也就是俗话说的

"眼见为实，耳听为虚"。而在商场中，很多客户提出异议的原因也正是基于看到（视觉）/摸到（触觉）/闻到（嗅觉）了，所以我们需要分析其中的原因，这样才能让客户信服。

A3——为什么要解决问题？

客户的问题往往都是隐藏的，不会轻易地表现出来，我们需要透过现象看本质，去挖掘问题所在。比如说客户问：怎么这么大味儿？我们除了要分析为什么味道比较大，还要知道客户的问题——担心不环保；比如客户问：门怎么这么晃？我们除了要分析门晃的原因，还要解决客户真正关心的问题——是不是质量有问题。

A4——为什么要演示证明？

如果光说光解释，客户会认为口说无凭，哪家卖瓜的不说自己的瓜甜？而在现实中也确实有不少黑心商家黑白颠倒，欺诈客户，导致客户疑虑重重，不再轻信商家。所以我们需要拿出相应的证书、报关单、视频、资料等，甚至要现场做实验，让客户眼见为实，安心放心。

那么，为什么要用 4A 客户异议处理技巧？

从客户服务的角度来说，很多时候，对客户提出的异议，销售人员没有采用正确的方式回应或者没有真正解决问题，会导致客户不满甚至投诉。

从销售人员的角度来说，很多销售员的话术没有形成严密的逻辑，导致和客户交流时经常没有条理性，客户不知其所云。

如果脑子里没有逻辑、没有框架，说话是不可能有条理的；如果脑子里面没有逻辑、没有框架，很容易导致情绪大于逻辑，心情好的时候讲得就好，心情不好发挥也就不好。如果掌握了 4A 客户异议处理技巧，可以让我们的大脑"智能化"，当客户提出异议的时候，就能够非常迅速地组织逻辑并有条理地回应，进而完美解决客户异议。如果掌握了 4A 客户异议处理技巧，就可以让客户听得懂、记得住并且认可我们所说的，因为客户得到了尊重和赞美，也了解了事情或问题的来源，关键是解决了问题并且眼见为实。

4A 客户异议处理技巧具体该如何应用呢？下文我们将分情景详细举例说明。

当客户进店不说话的时候怎么办

情景回顾：

客户进店不说话。

错误应对：

① 看一下这款门怎么样？（见客户不开口，就不再搭理）

② 您要买什么衣柜呢？我帮您推荐一下？（客户没回应，就继续跟在后面追问）

③ 我觉得这款衣柜非常适合您……（强硬推荐，滔滔不绝地开始介绍）

④ 客户不说话，我也不说。（等客户先开口，一直在后面跟着）

问题诊断：

① 客户分为二次进店客户和一次进店客户，尤其对于初次进店客户来说，如果客户不说话，切莫着急推荐，你越是着急，客户越是反感，因为客户会感觉"你就是想快点儿赚我的钱"。另外对于客户来说，进入新的、陌生的环境需要几分钟时间适应，所以我们在前几分钟要尽可能地通过倒水、请坐、微笑等服务获取客户的初步好感，再根据客户的具体情况进行推荐。所以，前几分钟除非客户主动询问，就不要过于热情地向客户推荐，不然会引起客户的逆反和防御心理。

② 终端销售员往往急于推荐，滔滔不绝，自认为讲得很好，其实是弄巧成拙。客户觉得你很烦，开口说你吧，有些客户说不出口，不好意思；不开口吧，你在耳边一直喋喋不休，比唐僧念经还烦。最后，客户只好尽快离开店面以"脱离苦海"，你的热情最后却把客户逼走了。

③ 当你向客户推荐产品的时候，如果客户不回应你，只顾着自己看，这时候你应该马上闭嘴，表现出若无其事的样子，不再着急推荐，关注客户

的眼神和行为动作。如果客户一直盯着某款产品，就是暗示你我对这款有感觉，这时你应该马上抓住这个机会，进行简短的推荐；如果客户开始用手触摸，暗示客户喜欢这款，你也要抓住时机进行推荐。

除了以上产品破冰法，还有寒暄法和活动法等可以用来破冰，让客户愿意说话，随后抓住机会适时推荐。总之，要破冰，必须提问。

提供五个方法给大家：

① 寒暄搭讪法。

参考话术：

姐/哥，有没有看今天有个新闻说××都下雪了？（等客户回答）最近天气变化无常，要多注意身体哦。我刚看到您脖子上戴了一块很漂亮的翡翠，还飘着绿花呢，肯定很贵吧？（等客户回答）对了，您买衣柜最看重的是什么？（等客户回答）您觉得好衣柜的标准是什么？（等客户回答）引导客户看细节。

② 二选一破冰法。

参考话术：

姐/哥，您看的这款是浅色衣柜，另外一边的是深色衣柜，您更喜欢哪一款呢？（等客户回答）平开门和趟门您更喜欢哪一款呢？（等客户回答）我们这款浅色的趟门有带腰线和不带腰线的，您更喜欢哪一款呢？（等客户回答）您真有眼光，这款是我们的新款/卖得最好的一款/最有特色的。一旦客户开口就要马上赞美。

③ 关注小孩法。

参考话术：

姐/哥，您小孩真漂亮，读几年级啦？（等客户回答）哦，看您小孩挺聪明的，学习成绩肯定很好吧？（等客户回答）姐/哥，我在这里做了好几年了，我给您介绍一下好吗？您看的这款是……

④ 活动破冰法。

参考话术：

姐/哥，我们这次搞联盟大活动，一年一次，活动力度特别大，我给您介绍一下好吗?（等客户回答）如果客户不回应，可能担心接受你的热情服务后如果不买会不好意思，这时候你就要接着说：买不买没关系的，多了解一下总是好的，来，我给您针对性地介绍一下怎么样?

⑤ 产品破冰法。

客户来店里不是来看你的，而是来看产品的。产品是销售员与客户之间建立信任的唯一桥梁和中介，所以一定要把产品介绍好，要把产品的设计理念、价值和内涵展示给客户，让客户从朦胧的喜欢到明确的喜欢，从明确的喜欢到爱上你的产品，这里可运用前文讲的 NCSS 样柜讲解话术来展开对话。

当客户说"随便看看"的时候怎么办

情景回顾：

客户进店说"随便看看"。

错误应对：

① 好的，那您随便看看，有需要叫我，然后做自己的事情。（如果真的不管客户，60% 的客户都不会叫你，而是会离开店面）

② 我还是给您介绍一下吧。（强行介绍）

问题诊断：

① 不信任；

② 害怕（担心接受了你的热情服务和介绍后如果不买不好意思）；

③ 自我判定型，主观性很强；

④ 真的随便看看；

⑤ 口头禅。（就像我们每个人都有口头禅一样，比如很多人表示惊讶的时候都会脱口而出"真的吗?"）

自然进店的客户越来越少，我们要倍加珍惜，不能轻易放走任何一个客户，即便客户现在不买，也要给客户留个好印象，获取客户的好感。

那如何获取客户好感？那就要通过专业和服务了，要真诚地帮助客户知道如何选择一款好衣柜、好橱柜，要相信自己的品牌细节过硬，不怕跟其他品牌对比，所以我们在面对"随便看看"的客户时应尽量引导客户了解细节，通过我们的专业解释，让客户听得懂、记得住并且认可。

参考应对：

① 好的，您先看看，我就在您附近，有需要随时叫我，我叫×××，叫我小×就行了。（自我介绍，拉近距离）

②（停顿几秒后）对了，姐，我们这里上了几个最新款，您可以重点了解一下，要不我带您过去看看？（激发客户兴趣和欲望，从而破冰引导客户）

③（带到新款式前）姐，这就是我刚才跟您说的新款式，我给您简单说一下咱们的设计理念吧……

④（一边陪同客户一边让同事倒一杯水过来，采用三倍服务技巧感动客户）姐，逛商场是很累的，来，喝杯水。怎么样？有看到喜欢的吗？（通过亲切自然的方式，让客户自然接受我们的服务并试探客户对刚才看到的产品的感觉）

⑤ 如果客户回答说有喜欢的款式或直接告诉我们喜欢哪个款式，那就进入产品细节和价格赠品异议处理环节。

⑥ 如果客户回答说没有喜欢的款式：我们的款式还有很多，因为展厅面积有限，所以没有全部上样，您喜欢什么颜色／材料／款式的？我可以给您推荐一下，这样可以节省您的时间。（找出客户产品需求并针对性推荐）

⑦ 当客户注视或触摸某款产品时，抓紧机会开门见山地上前介绍：您看到的这款衣柜是……

当客户对比价格的时候怎么办

情景回顾：

客户进来只是为了对比一下价格。

错误应对：

① 爱理不理，反正知道客户不买。

② 拼命诋毁竞争品牌，一味夸大自己品牌。

③ 过于着急，主动把底价亮给客户。

问题诊断：

① 一般来说，这类客户心里已经有了要买的产品的大概模样，甚至已经想好了要怎么样的产品，所以客户过来对比，有可能只是跟其他品牌对比，也有可能是对比木工，所以我们要先搞清楚跟哪个牌子或什么衣柜进行对比，这样才能进一步应对。

② 如果是跟木工对比的话，应对技巧可以查看后文第 9 章"跟木工比，你'贵'在哪里"的内容。如果是跟其他品牌对比，就引导客户关注细节上的差异，一定要把我们的卖点说透，让客户认可。

③ 要清楚，客户来进行对比是没有问题的，毕竟定制家居是大件消费品，谨慎购买是人之常情。只要客户进店，不管是不是过来对比的，都是机会。如果你能够很好地找出客户的购买价值观，进而植入新的购买价值观，那么你就成功了。而对于首次进店的客户，也不要认为 TA 不会买就敷衍应付，不做好服务。因为经过统计，如果你做的服务很到位，客户很满意，尽管客户当时没买而是去别家对比了，一旦去到对比的商场，发现我们的服务和产品细节更好，这时候 80% 以上的客户会选择回头。

参考应对三招：

① 转移细节法。

参考话术：

姐 / 哥，逛建材城挺累的，要不您先坐下来喝杯水？其实啊，现在的产品看起来都一样，随便看看是看不出什么问题的，价格相差不大，但是细节差别很大，所以现在买产品关键还是要看细节和服务。

② 提醒警惕法。

参考话术（比如客户要买衣柜）：

姐/哥，想要买到好衣柜一定要注意背板不能贴墙，因为背板一旦贴墙，就容易受潮、发霉、虫蛀，严重影响衣柜使用寿命和家人健康。如果是贴墙的再贵也没有用，顶多用五年就出问题了。

③暗示确认法（这方法需要前期做好服务和探索需求的准备，难度较高）。

参考话术（还是比如客户要买衣柜）：

姐/哥，您刚才说要买售后有保障的，我可以理解成是买品牌衣柜吗？因为品牌都是非常注重服务的，我们××算是品牌吗？（等客户回答）您还说要买质量好的，我可以理解为就是要买细节好的衣柜吗？特别是板材的封边、五金的细节，就拿咱们板材的封边来说，平滑没有毛刺，与柜身同色，就连偏心盖都是同色的，细节是不是比较好？（等客户回答）您刚才还说要深色的，要有梅花皮纹有点特色的移门，其实就是要这款门板是吗？（等客户回答）那我总结一下，您现在要的是有完善的售后服务，产品细节好且配有梅花批文的××衣柜是吗？（等客户回答）那您什么时候方便让咱们的设计师上门量尺设计呢？（等客户回答）

当客户说"别的品牌折扣比你们低，你们的太贵了"该如何回应

情景回顾：

客户说：别的品牌折扣比你们低，你们的太贵了。

错误应对：

①能打折已经很不错了；

②平常都是不打折的；

③那您要什么折扣；

④对不起，我们的折扣权限只能少这么多。

问题诊断：

① 担心买贵了；

② 想杀价，要更优惠；

③ 认为折扣高低代表价格高低。

参考应对：

① 价格的高低不是看折扣，而是要看最终价格，要是我们把价格标高，然后再给您打五折，相信您也不敢买呀。咱们公司是诚信企业，给您的是实实在在的价格，而不是虚高之后的打折快感，您觉得呢？

② 价格您放心，同样品质的产品，我们的价格不可能卖的比别人还高。再说，我们还有全年价保的政策，只要您买后在同类型商场发现同样品质的产品比我们价格低，您都可以无条件得到差价补偿的，所以说，您一点都不用担心买亏了。

③ 我们现在做的都是套餐，不打折，因为套餐比打折更划算。

当客户说价格太贵的时候怎么办

情景回顾：

客户说：你们的价格太贵了！

问题诊断：

客户买东西时都会想要便宜点，这是一个正常的消费心理，但并不是决定他买不买的关键因素。我们应该先判断客户有没有去其他品牌对比过，如果对比过，要分一线品牌还是二线品牌及以下，如果没有对比过，要看看是否超出预算，如果超出预算要问清客户的心理价位，然后有针对性地推荐其他产品。

错误应对：

① 价格好商量……（不战自溃的消极销售行为）

② 对不起，我们是品牌，不还价（一厢情愿，强迫消费者意愿的武断行为，消费者很难接受）；

③ 不贵啊，哪里贵了，一分钱一分货嘛；

④ 沉默。

参考应对：

姐／哥，您说咱们贵是跟哪个品牌对比？

① 如果是一线品牌：

其实大家都是一线品牌，价格差不多的，您是担心买贵了吧？完全不用担心，我们可以给您承诺：同样品质的产品保证全城最低价，发现买贵，十倍补差！

② 如果是二、三线品牌甚至木工：

姐／哥，如果您拿咱们品牌跟他们比较的话，我们价格肯定是比不过的，而价格往往是跟产品的品质和服务成正比的，咱们拼的不是价格，而是品质和服务，毕竟房子不换是要用一辈子的，所以一定要关注细节！

③ 如果没有跟其他品牌对比，而是超出预算：

您的预算是多少？咱们有高端、中端和低端各种价位的，但都是高端的品质！您把预算告诉我，我可以给您推荐相应的款式，这样还能节省您的时间。

④ 如果没有对比也没有说超出预算，就是嫌价格贵，那可以参考以下应对：

产品对比法：从价格转移到细节，从贵不贵到值不值

姐／哥，我承认价格很重要，但是您想想，衣柜跟买衣服买鞋子不一样，房子不换，衣柜是要用一辈子的！衣柜想要用上几十年，就一定要关注细节！您看看咱们的细节……我说这么多，不是让您一定要买我们的，但是一定要买到这样的。

成本分解法：告诉客户只有每天的使用成本低才是真正的价格低

姐／哥，就算买的贵，但是用的便宜啊，毕竟房子不换，衣柜是要用一辈子的。我不算70年时间，我就算50年，每天的使用成本也就几毛钱，还不如您一根烟、一张面膜的价格贵呢……

当价格已经最低，但客户还在继续砍价的时候怎么办

情景回顾：

价格已经到底线了，客户还是狠命杀价。

错误应对：

① 价钱已经是最低了，不可能再少；

② 再低我们就没钱赚了；

③ 我只有这个权限给您这个价。

问题诊断：

有时不是客户不相信价格，而是找不到"买单"的台阶。上述销售员的三种回答存在一个共同的问题：话语直白而且对立，这容易使销售人员和客户同时陷入不肯让步的死胡同。

一个优秀的销售人员除了应了解客户的外在需求，也要了解客户的内在需求。客户需要购买物美价廉的商品，这是每个销售员都明白的常识，但是客户除了有花最少钱买最好东西的需求外，还有渴望被尊重、被赞美和渴望安全感的需求，这却不是每个销售人员都能领悟的。

激发和满足客户的潜在需求是成功的关键。

举个例子：

我在2013年从事电器销售工作期间，有一对年轻夫妻买电脑，但是因50元钱讨价还价相持不下，从下午三点一直到晚上八点钟都没有成交。这时候我想客户肯定肚子饿了，就派一名员工到旁边的超市买了两个盒饭，我亲手递给这对夫妻说：钱不是最重要的，健康更重要，别把胃饿坏了，先吃饭再说吧。当这对夫妻吃完后，就再也没有坚持讨价还价了，三分钟之内顺利成交。

本案真实地说明了，如果你在恰当的时候给了客户关心和尊重，就满足了客户的这种需求，讨价还价就瞬间显得不重要了。

参考应对：

①姐/哥，我非常理解您的心情！我也是消费者，我知道大家挣钱都不容易，最怕就是比别人买贵了，买到一个根本不值那么多钱的东西。您放心，如果您买回家发现我们给您的价格比别人贵了，我们双倍把钱退给您！如果您还是不信的话，我可以在具有法律效力的合同上备注。

②看得出来您是个特别会过日子的人。买东西也好，生活也好，就应该像您一样，每分钱都该花在刀刃上。如果给您的价格还有一分钱可以商量的余地，我一定不会让您为难的。但也请您能理解我们，其实现在我们赚钱也不容易，竞争越来越激烈，利润越来越少。可能大哥没有想到我们做生意也是有经营成本的，去掉一大堆的成本和费用，我们是真正意义上的薄利多销了，最关键的是我们还要承担售后服务，对您来说，服务期内很多服务都是免费的，但对我们来说是需要付出成本的。所以您买的不仅仅是这个产品，更是一种放心、安心和省心。

当客户说"能不能便宜点"该如何回应

情景回顾：

客户说：能不能便宜点？

问题诊断：

消费者提出这个问题的背后，隐藏的内心想法是什么？我们需要去思考分析，有三种可能：

①习惯性询问，能便宜就便宜，不能便宜也没关系；

②真觉得贵了，感觉不值这个价；

③超过预算。

我们针对这三种情况，分别进行分析。

第一种情况：

应对策略：

强调价格已经是最低，可以跟原价对比将现价换算成折扣，再告诉消费者后期只涨不降，动之以情，晓之以理。

参考话术：

姐／哥，我们这个价格已经是最低了，平常原价××，活动价××，现在才××，省了××，相当于××折。对于大品牌来说，这是史无前例的，而且现在原材料物价都在上涨，后面会继续涨价，现在买到就是赚到，您就不要犹豫了。

第二种情况：

应对策略：

消费者不怕买贵的，就怕买贵了。价值感大于价格等于便宜，价值感小于价格等于贵，所以解决问题的关键在于价值感的塑造。

参考话术：

姐／哥，您是不是担心买贵了？现在的东西表面上看起来都差不多，但实际上千差万别，我跟您讲解一下……所以您看，一分钱一分货，我们的工艺和质量决定了我们的成本就比别人高，我们价格是肯定没有优势的，但是质量、售后、环保都有绝对的保障，选择我们，选择的就是放心、安心和省心。

第三种情况：

应对策略：

强调家装重要性，比如强调"金厨银卫"，从而增加消费者的预算。如果客户的预算无法增加，那就根据预算调整方案。

参考话术：

姐／哥，价格是超过您的预算了吗？厨房、卫生间很重要，这个钱不能省，这关系到使用寿命和使用效果，我跟您讲一下我们的产品比别人的好在哪儿……

姐／哥，价格是超过您的预算了吗？要不这样，我觉得这个方案可以调整一下，您看，这种简约大方的风格其实也很不错，空间感更强，也比较现

代时尚一些。您觉得呢？（方案的调整既要让消费者能接受又可以降低预算，所以建议调整方案的时候站在有利于客户的方向去引导）

当客户说"你们橱柜可以，衣柜不专业"该如何回应

情景回顾：

客户说：你们的橱柜可以，但是衣柜不专业。（橱柜衣柜反过来，道理一样）

错误应对：

① 不会啊（说不会，但是说不出理由）；

② 谁说我们不专业的（这样带着抵抗情绪的反问只会引起客户反感）；

③ 沉默不说话。

问题诊断：

① 橱柜知名度太高，光芒盖过衣柜；

② 故意以此来施压（符合一分钱一分货的道理，既然衣柜不专业就应该给我便宜）；

③ 从别的地方听说产品不专业（有可能是其他品牌攻击）；

④ 认为衣柜没有橱柜做的时间长（认为时间越长就越专业）；

⑤ 随口说说。

参考应对：

按照"4A 客户异议处理技巧"进行回应：

A1. 赞美认同：

非常感谢您对咱们橱柜的认可。

A2. 分析原因：

为什么咱们的橱柜要比衣柜知名度高呢？因为咱们当时是以橱柜产业为龙头带动其他产业的模式发展的，其实我们早在做橱柜的时候就做衣柜了，咱们做衣柜的设备材料跟橱柜是一样的，橱柜都能做得这么好，衣柜这么简

单就做不好?

A3. 解疑答惑:

再说,一个产品专不专业,不是看它上市的时间长短,而是要看细节。就像我们这里来了两个工龄不到半年的新员工,人家业绩比我这个做了五年的还好呢,人家就是厉害。

退一步说,即便咱们做衣柜的时间短,但是如果产品细节做到最好,你能说我们不专业吗?

A4. 演示证明:

就拿××来说吧……(举个客户比较容易忽略、表面不太能看出太大区别但是又非常重要的细节,比如柜体的背板、门板的五金)

当客户说"你们的门怎么这么晃"该如何回应

情景回顾:

一个客户进店推拉趟门的时候,摇晃一下后表示:你们的趟门怎么会晃呢?

问题诊断:

① 不明白晃的原因;

② 担心质量问题。

参考话术:

按照"4A 客户异议处理技巧"进行回应:

A1. 赞美认同:

看来您是非常注重细节的,您提出的这个疑问非常好,很多客户都提过。(这句话赞美客户,而且暗示客户,对于趟门会晃这个问题,不是只有你一人有过这个异议)

A2. 分析原因:

这个门之所以会晃,有两个原因:第一,趟门跟上导轨凹槽之间是有缝隙的，如果没有缝隙，趟门推拉就很不顺畅，影响正常使用；第二，趟门的门芯板是中纤板/PVC高分子复合材料，而这种板材本来就是有柔韧性的，加上你在中间这样施加压力，肯定会晃。（分析晃动原因）

A3. 解疑答惑：

您是担心趟门的质量有问题吧？完全不用担心，趟门质量的好坏更多的不是看门芯，而是取决于五金，其中最重要的就是竖框和滑轮。而我们是非常注重细节的，咱们采用的竖框是铝合金，行业最厚1.5mm，局部厚度达到3.9mm，保证长久使用不变形，而且咱们的滑轮有防跳装置，根本不用担心会有跳轨的情况发生。

A4. 演示证明：

您看我们的竖框小样品，是不是跟我说的一样？门板再用力晃也一点问题都没有，您过来试试，再说我们正常使用的时候都是左右推拉的，很少会去前后用力晃动，您说是吧？

当客户说"你们的皮纹为啥不用真皮"该如何回应

情景回顾：

客户问：你们的皮纹为啥不用真皮？

问题诊断：

① 以为皮纹都是真皮；

② 认为不是真皮就不是好皮，质量不行。

参考应对：

按照"4A客户异议处理技巧"进行回应：

A1. 赞美认同：

姐/哥，看得出您是非常注重品质的。

A2. 分析原因：

之所以不用真皮有三个原因：第一，真皮怕水，不易打理；第二，真皮价格太高；第三，真皮有色差，不美观。

A3. 解疑答惑：

姐，您是担心咱们的皮质不好吗？不用担心，咱们采用的是 PU 高仿皮，比真皮还好：第一，皮纹顺滑细腻，有真皮的手感；第二，不怕水，易打理；第三，性价比高，比较便宜。而且你看咱们这款皮纹的针线工艺，上面的针线整齐、紧密、美观，做工精湛，是我们这里最畅销的一款。

A4. 演示证明：

您可以摸一下，这手感是不是跟我说的一样？

当客户说"你们的抽屉太贵了，别的品牌比你便宜"该如何回应

情景回顾：

客户说：你们的抽屉太贵了，别的品牌比你便宜。

问题诊断：

① 看起来差不多，不知道贵在哪里；

② 担心买贵了；

③ 想要便宜一些的。

参考应对：

按照"4A 客户异议处理技巧"进行回应：

A1. 赞美认同：

姐 / 哥，您是实在人，我们的价格确实不便宜。

A2. 分析原因：

您知道为什么别的品牌价格便宜吗？因为他们所采用的抽屉路轨是自己贴牌的，这种路轨成本要低很多，关键是路轨推拉的顺滑度和承重力都不太好，容易出质量问题，有些是你现在推拉还可以，等到一年以后就不行了，到时候您还要自己买新的更换，特别麻烦。

A3. 解疑答惑：

您是担心买贵了，是吧？完全不用担心，我可以给您保证，同样品质的产品，我们的绝对不比别人贵。咱们的抽屉导轨都是可以抽拉 30 万次以上，而其他品牌所使用的普通路轨最多抽拉 5 万次左右，最多使用 3 年就不行了，而我们这种能使用 20 年左右。除了五金不一样外，咱们的抽屉底板是 9mm 厚的，别人的是 5mm，材料不同成本不同，质量也不一样。如果您想要便宜的，我们也有，可以给您更换。

A4. 演示证明：

您看，这是咱们导轨的证书 / 我坐上去都没有一点问题。

当客户说"实木颗粒板不就是刨花板"该如何回应

情景回顾：

客户问：实木颗粒板不就是刨花板吗？

问题诊断：

① 对刨花板的专业了解不深，不知道刨花板有好有差；

② 认为刨花板就是劣质板。

参考应对：

按照"4A 客户异议处理技巧"进行回应：

A1. 赞美认同：

姐 / 哥，您说的有道理，没错，实木颗粒板确实是刨花板的一种。

A2. 分析原因：

其实，刨花板有好有差，刨花板按照原材料分为亚麻屑刨花板、甘蔗渣刨花板等，按照结构分为三层结构、渐变结构等，而实木颗粒板是刨花板中最结实的、硬度最高的。

A3. 解疑答惑：

您其实是担心咱们的板材质量不好，是吗？完全不用担心，知道金刚石和煤炭的关系吗？它们都是由碳元素组成，但因为内部结构不一样，所以质地也不一样。咱们的实木颗粒板就好比是金刚石，是最坚硬的。您也知道厨房的环境本来就比较潮湿，而且石英石台面有上百斤重，我们的橱柜柜身90%以上都是实木颗粒板，您知道为什么吗？就是因为实木颗粒板的防潮性和承重性都特别好……

A4. 演示证明：

我现在给您演示一下咱们板材的承重性和防潮性吧……

当客户说"你们橱柜水槽怎么连背板都没有"该如何回应

情景回顾：

客户问：你们橱柜的水槽怎么连背板都没有？

问题诊断：

① 不理解没有背板的原因；

② 怀疑偷工减料；

③ 担心滋生蚊虫。

参考应对：

按照"4A 客户异议处理技巧"进行回应：

A1. 赞美认同：

姐 / 哥，您真细心，您的担心我理解。

A2. 分析原因：

我们的水槽没有背板是因为：第一，橱柜的承重主要依赖于铝合金垫条和侧板，而背板不需要承重，可以省去；第二，厨房的环境比较潮湿，而水槽柜脏水多，如果加上背板，会影响通风效果，反而容易导致受潮滋生细菌。

A3. 解疑答惑：

我们这么做，不是为了节省成本，如果要节省成本，我们完全可以不用这么好的五金材料。我们的水槽柜没有背板是为了确保里面通风良好，保持干燥，我们故意没有装背板，这样就不易受潮，也不易滋生细菌。如果您坚持要做背板，我们也可以做，但是不建议。

A4. 演示证明：

您看看，这是别人家做了背板的图片，背板都发霉变黑了。

当客户说"你们的电器是贴牌，不是自己生产的"该如何回应

情景回顾：

客户说：你们的电器是贴牌，不是自己生产的。

问题诊断：

客户认为贴牌的质量不行，不认可。

所谓贴牌，就是 OEM 生产，也称为定点生产，俗称代工（生产），基本含义为品牌生产者不直接生产产品，而是利用自己掌握的关键核心技术负责设计和开发新产品，然后委托其他生产企业生产，而品牌是自己的。

贴牌的好处有很多：

① 减少厂房和设备等固定资产投资；

② 不需要很多资金，就可以有自己的产品；

③ 集中精力从事设计、研发、销售，避免浪费时间；

④ 可以发挥自己的优势，把与生产相关的技术和工作交给专业企业，可以提高产品质量，缩短生产周期。

所以，很多品牌商，特别是手机、电器、鞋子、服装等都贴牌。但是，贴牌，不代表质量不行。

参考应对：

按照"4A 客户异议处理技巧"进行回应。

A1. 赞美认同：

姐／哥，您的担心我理解。

A2. 分析原因：

确实现在很多品牌的电器都是贴牌的，而贴牌是社会精细化分工和大规模生产协作的必然趋势和规律，专业化的分工反而可以确保产品的合格率更高，因为专业的人干专业的事。

A3. 解疑答惑：

您是担心贴牌的质量不好，是吗？其实很多消费者也会有这样的顾虑，其实不用担心，特别是像我们这样的大品牌，我们有些电器会选择贴牌，但是从开发到生产再到出货全部是由我们授予全程监控的，质量绝对有所保障。我们品牌做了十几年了，如果电器质量不行，那不是砸我们自己招牌吗？

A4. 演示证明：

再说，好不好关键还是看效果，您看一下……（引导客户关注细节，做好道具演示）

当客户说"你们卖东西的谁不说自己好"该如何回应

情景回顾：

客户说：你们卖东西的，谁不说自己的好啊。

错误应对：

① 如果你这么说，我也没办法；

② 算了吧，反正我说了你也不信；

③ 沉默不说话。

问题诊断：

① 不信任；

② 买方和卖方天然矛盾，买方习惯性认为卖方"王婆卖瓜，自卖自夸"；

③ 销售员说的不够客观真实；

④ 销售员说完没有提供证明。

参考应对:

① 姐 / 哥,您说的这些情况确实也存在,所以您的顾虑我是完全理解的,不过请您放心,咱们做了二十几年,全国两千多家店,要是咱们的质量不好能做得这么大吗? 咱们这个店也好几年了,再说生意是做长期的,我们做的是口碑,质量细节完全可以放心……

② 姐 / 哥,我理解您的想法,但是请您放心。第一,咱们的"瓜"是真的甜,这个看细节就知道;第二,咱们卖"瓜"卖了二十几年了,要是不"甜",哪里还有这么多客户,您说是吧?

③ 姐 / 哥,好不好确实也不能光听我说,您可以看细节,毕竟现在的东西看起来都差不多,但实际上差别很大,想要选到好东西,就一定要关注细节,就拿 ×× 来说吧 (引导客户关注细节)。

当客户说"我不要你的赠品,你直接给我少钱"该如何回应

情景回顾:

客户说:我不要你的赠品,直接给我算少点钱。

错误应对:

① 对不起,赠品是不能折价的;

② 本来衣柜就很实惠了,还送赠品,要是能再少钱,您要在哪里能买到,我也去买。

问题诊断:

① 受导购员强调"赠品值……钱"的影响,担心赠品的成本算进产品成交价里面去了,希望不要赠品,直接享受更低的价格;

② 故意用这一招诈销售员,套出更低的价格后,进一步要求享受更低的价格。

参考应对:

① 赠品是我们的一份心意,和产品的打折是两码事,即使没有赠品送,

这么好的产品这个价也是物超所值了。

②这个价买到这么高品质的产品已经是相当实惠了，您要是想再少钱，在其他地方也不是没可能，但细节肯定做得比较差，用不了几年就会出问题。而且您现在买的不仅仅是这个产品，更是放心、安心和省心，所以一定要有售后保证。您一看就是明眼人，不可能因为所谓的再少钱而让商品质量和售后没保证吧。

③再说，咱们是有价保政策的，保证全年最低，如果发现同材料同工艺的产品价格低于我们的，只要您能协助提供票据等证明，我们是免费退价差的。买的实惠又有赠品送，很超值了。

当客户说"你送的赠品我家都有，对我没什么用"该如何回应

情景回顾：

客户说：你送的赠品我家都有，对我没什么用。

错误应对：

① 那你可以不要啊；

② 没关系啦，不要白不要嘛；

③ 多一个不多嘛，您就将就一下呗；

④ 对你没有用的话，那就送给我吧；

⑤ 那就没办法了，这些赠品都是公司规定的，不能换。

问题诊断：

① 送的赠品客户家里确实有，认为用不到；

② 客户觉得赠品价值不高，跟他的消费档次不匹配；

③ 故意贬低赠品的价值，为后面争取价值更高的赠品做铺垫；

④ 故意贬低送的赠品，为争取要店内的商品埋下伏笔；

⑤ 其实比较满意赠品，但想通过"挑毛病"的方式为成交再次谈条件，比如说要了赠品之后继续要求降价。

参考应对：

① 赠品虽然是免费送的，但也是大品牌，都是我们公司精心挑选送给您的一份心意，质量是非常好的。

② 这次要不是……（促销原因如××活动），平时都没得送，您看我们的赠品……（转移到赠品的质量细节上）

③ 现在用不到不代表以后用不到，就像之前我一位客人，老说自家有挂烫机不需要我们送的，前段时间带朋友来店里买东西时还跟我说呢，家里那个不小心用坏了，之后试着用我们送的这个，挺好用的。（讲故事让顾客信服，可灵活更换案例）

④ 再说，您用不到也不代表您的朋友用不到呀，赠品品牌和质量都不错，您送出去也有面子。

当客户说"多送一个给我就买单"该如何回应

情景回顾：

客户说：多送一个给我就买单。

错误应对：

① 不可能／不行／开什么玩笑；

② 好啊，多送你一个；

③ 对不起，我没有权限；

④ 您就不要为难我了，我只是个打工的；

⑤ 一个都是我好不容易争取到的，怎么可能还送两个，您自己看着办吧；

⑥ 都是送一个，没有送两个的，你再买一套衣柜才能再送一个。

问题诊断：

① 对赠品感兴趣，想贪图便宜再要一个；

② 有朋友陪同一起买东西，想多要一个给"军师"，或者多要一些分给

亲朋好友。

参考应对：

到了这个阶段，就是销售员和客户之间意志的较量。客户此时的要求属于"有则锦上添花，没有也无伤大雅"的情况，这个时候销售员如果随意答应，反而会让利润损失更多。

① 说实话我也很想帮您再弄一个。可是您知道吗，昨天我们店里一个员工的亲戚买了衣柜后也说想多要一份，老板都没同意。老板说礼品没有多余的，一定要让更多客户有机会获得这个不错的赠品（灵活更换案例），每个客人限送一份。一看您就是开明人，您一定能理解的，对吧？

② （以开玩笑的口吻应对）再送您一个我们就是赔钱赚吆喝了！再说了，咱们的赠品都是按照衣柜金额配套送的，如果我多送一份给您，其他客人就没有了，将心比心，要是本该送给您的赠品我们挪用给其他客人了，您肯定也不高兴，对吧？

如果为了成交，多方协调之后最终给了客户两份礼品，一定不能让客户认为是理应所得。

您看为了帮您争取多一份礼品，我还被领导说了几句呢，就当交您这个朋友了，下次您亲朋好友要买衣柜可得介绍到我这儿……

如是客户买了单后再索要赠品，要面带微笑礼貌地拒绝，让客人有台阶下，严禁经不起客户磨，违反规定送客户赠品，这样会让客户以为本来可以送但我们压着没送，认为我们不诚实。

当客户说"我不着急，你们后面肯定还有活动"该如何回应

情景回顾：

客户说：我不着急，你们后面肯定还有活动。

错误应对：

① 对啊，我们后面还有活动，那你等下次活动吧；

② 我们后面没有活动了，就只有这一次。

问题诊断：

① 客户担心买贵；

② 认为活动优惠力度都是一样的，没必要选择在这次活动购买。

参考应对：

① 确实，我们后面还会有活动，我们做活动一方面是做品牌和产品宣传，另一方面是给客户实实在在的优惠，做口碑。

② 不过我们这次的活动力度是史无前例的，由集团总部主导，让利千万补贴给消费者，所以优惠力度是最大的。如果您担心买贵的话，完全不必要，我们可以承诺：同样的产品款式和材料同城最低价。

③ 不过现在原材料成本都在上涨，加上通货膨胀、货币贬值，价格只会涨不会降。再说，定制家居是定制生产的，所以生产周期一般都在一个月，装好后还要通风一段时间才能入住，这都需要时间。我们大品牌做的就是口碑，选择我们不会错，早买早省心。

09

贵，不是销售差的理由

让客户"忘记"价格

时下建材市场竞争激烈，从过去的卖方市场到现在的买方市场，商家为了争取到更多的市场份额，为了让客户有新鲜感并赢取客户的选择，开始推出各种活动。如今活动的内容、形式可谓千奇百怪，如联盟砍价会、批发采购会、闭店活动等，广告更是铺天盖地、无孔不入。客户也在这样的环境中变得更加"精明"，对价格的诉求也更大。

上文说过，产品价格的高低其实更多是一种感觉。客户砍价都是为了得到尽可能多的便宜，然后获取心理上感觉最低的价格。所以我们要做的就是让客户感觉价格低，或者不贵。

产品没有最低价。换位思考，如果有人想白送东西给你，你敢不敢要？

一款尊贵系列的家居产品，价格 80000 元。

客户："70000 元，我就考虑一下。"

销售员："好，卖给你。"

客户："50000 元，我马上刷卡。"

销售员："好，卖给你。"

客户："不好意思，没带卡。这样吧，10000 元，我马上给现金。"

销售员："好，卖给你。"

客户听后差点儿摔倒，这时候不由得扶了扶眼镜并带着怀疑的眼光开始高度关注这款产品的细节，不断地用手反复体验操作并开始不断询问产品的质量、是否有等级证书和相关检测报告等，最后试探性地问："送给我行不？"

销售员："好，送给你。"

你说客户敢不敢要？当然不要。因为客户会想，跟你非亲非故，天上不可能掉馅饼，你白送我，肯定有所企图，于是就会回一句："我开玩笑的，我现金也没带，我再考虑考虑，谢谢你。"

从这个案例我们可以知道，产品没有最低价。那么，如何淡化客户对价格的诉求、让客户感觉便宜呢？我总结了以下方法：

①学会报价。

前文我们提到了"三次循环报价"法，精通这个技巧能有效降低客户对价格的期望值，使其对最后的定价满意并感觉价格很低。

②做好服务。

掌握"三倍服务法"，三个销售员服务一个客户，尤其是 VIP 客户。很多有钱的客户对价格诉求不大，只要不买贵了就可以，他们更多的是关注服务，如果进店能得到尊贵的服务，客户往往会心情舒畅，即便贵了也会购买，因为他们买的是产品，更是服务和省心。

③化身专家。

销售员如果变成专家，能够挖掘到客户的需求，找到客户的问题并提供专业的解决方案，客户就会无条件地信任你，而不再一直跟你砍价。那如何成为专家呢？这就需要我们平时的销售经验积累和相关知识储备了。

④进行提问。

此法要义在于向客户提出问题，让客户二选一或三选一。提问可以控制沟通方向、淡化甚至避免谈价格。

⑤成本分解。

成本在经济学上指的是无可避免的最高代价。成本因选择而起，没有选择就没有成本。而大部分客户选择产品时更多的是关注当下的价格而忽略了长远的利益，作为销售员，我们有责任帮助客户分析如何选择，通过成本分解，可以有效帮助客户重视产品未来的使用成本，让客户更多地关注产品的细节、质量和使用寿命。

举个例子：同样一件产品，A款20000元，使用寿命20年；B款15000元，使用寿命8年。从短期的购入成本来说，B款便宜很多，但是如果从长期的使用成本来说，A款每天的成本需要2.7元，而B款则需要5.1元，多出2.4元，贵了近一倍的价格。

所以特别是针对大件产品，一定要学会为客户分解成本，让客户更多地关注产品的细节和使用寿命，再跟价格挂钩。不要让客户只盯着价格，否则看似得了便宜，实际吃了大亏。

学会报价，做好服务，化身专家，进行提问，成本分解——把这20字真言践行到底，让客户"忘记"价格，成交就会变简单。

塑造"不贵"的感觉

当客户说"贵"的时候怎么办？怎样才能让客户感觉不贵？

情景案例：

一客户进店看衣柜，询问价格后说道："怎么这么贵？"

销售员回答说："姐，您知道咱们贵在哪里吗？很多东西表面看起来都一样，实际上千差万别的，就拿咱们的竖框来说吧，您能用肉眼看得出竖框的厚薄吗？您只能看到宽和窄，但实际上竖框好不好不是看有多宽，而是看有多厚。姐，其实您是担心买贵了，是吧？价格方面完全不用担心，我一定会全力帮您争取，保证全城最低价！您知道好衣柜的标准是什么吗……"

最后，客户高度信任销售员并交了定金。

案例分析：

为什么客户会信任销售员并交了定金？因为销售员采用了分散注意法，

通过提问把客户对价格的注意力转移到产品细节上面，引起客户的重视，并通过专业顾问式提问给客户专业建议，获取客户信任。

案例总结：

在遇到客户询问价格/送赠等难缠问题时，可以适当通过提问的方式转移客户注意力并通过专业度来打动客户。

参考方法：

分散注意法，指的是通过讲解产品细节，分散客户对价格的关注。此法对于女性尤为管用，因为女人更感性，所以我们做销售的要学会"眼观六路、耳听八方"。当客户进店后在某一款产品的停留时，注意客户的眼光关注哪一个部件，这时要抓住时机切入，把细节讲好讲透，最好能融入一些文化、一些故事，这样能更好地感染客户，达成共鸣，时机一到就要"鼓动"客户成交、"帮助"客户选购。

话术参考：

"姐，您既然这么喜欢这款，刚好我们公司今天搞活动，价格非常实惠，名额有限，我们现在就把优惠名额定下来吧。"

这句话术关键就在于一定要说"我们"而不是"你"，因为这样能让客户感觉到我们是站在她的角度，而且是在帮助她争取利益和优惠的。

除了通过以上销售技巧来让客户感觉不贵，还可以通过布置促销氛围等方法塑造便宜的感觉。

塑造便宜的感觉，可以从以下三个方面入手。

① 通过促销氛围的布置塑造便宜的感觉。

便宜和贵是一种感觉，而感觉是相对的，一个人的感觉容易受到环境的影响。如果店铺氛围布置得不够浓厚，即便价格很低，客户还是会感觉贵，这就是为什么搞促销时要布置气球、彩带、吊旗、地贴、横幅、展架等。

② 通过"三次循环报价法"塑造便宜的感觉。

"三次循环报价法"就是通过特殊的报价技巧让客户感觉便宜，这个技巧在上文我们已有详细讲述，这里不再重复。

③ 通过方案和效果图塑造便宜的感觉。

橱柜、衣柜哪个品牌都有，但是一个能根据客户家里的实际空间并结合客户的需求、色彩搭配的方案就不一定了，如果你的方案和效果图都能做好，能真正展现出你的专业，且跟竞争对手形成差异化，那么客户就不会说贵了。

如何让客户买高单值的产品

客户买高单值的产品涉及消费理念。

如何让客户愿意掏腰包买高单值的产品？我总结了两点。

① 找准客户痛点。

能否找准客户的痛点是关键，但不是所有的客户需求都能成为痛点，必须是跟欲望有关的才行。

比方说买个上万块钱的单反相机就必须点燃客户的欲望，如果只跟客户说单反相机能拍照是没有用的，用单反相机拍照确实是客户的需求，但是跟欲望无关。如果说拥有单反是摄影师的象征，是品位的象征；拥有单反，你也能拍出跟摄影师一样水准的照片；拥有单反，出去旅游才能没有遗憾；拥有单反，留住最美的瞬间……这些就是客户的欲望，也是客户的痛点，因为普通的相机或是目前的手机是拍不出月亮、拍不到流星雨、拍不清赛车的。

再比如让客户买油烟机，带巡航、爆炒和换气功能的油烟机比一般的要贵，如果你只跟客户说风力很大，那么这种单值高的油烟机是卖不出去的。

如果你能告诉客户：

姐，冬天很冷，家家户户都关窗关门防止热量流失，但是有个弊端就是空气不好、屋里很闷。咱们这款烟机就能解决这个问题，它有一个换气功能，一个小时工作五分钟，可以把屋内的空气换一遍，既保证热量不严重流失，又能呼吸新鲜空气，您觉得怎么样？

这样就很有机会卖出去了。

② 营造浓厚氛围。

做活动做的不是价格，做活动做的是氛围。这一点很多商场都没搞明白，以为活动就一定低价，导致利润降低，效果还不好。做活动要把更多的精力放在营造氛围的布置上。

我们知道，很多房地产开发商卖房时为了给客户制造紧张感，每隔十分钟就会在对应的楼层户型上贴上"已售"的标签。我觉得这方面可以学习一下：在墙上贴上图文并茂及配有价格的几大套餐，然后写上限量10套，在2～3款套餐上再贴上"已售罄"字样，来制造客户的紧张感，让客户有购买的冲动。除了可以在价格方面做文章、做氛围，人气、报价、冷餐、金蛋、拱门、×展架、吊旗、地贴、饰品等方面的吸引力也很重要。

针对高单值的产品，我们要找准客户痛点，点燃客户购买欲望，营造浓厚氛围，激发客户购买冲动。做好了这些，顺利成交是大概率的事情。

实木怎样才能卖好

想要提升业绩，就要想办法做大单值，做大单值的一个突破点就是实木。很多商场的销售员在卖实木时，只是跟客户讲基材，讲解我们的基材是从哪里进口的、生长周期多少年、有多少收藏价值等，还有的会告诉客户，我们的油漆工艺是什么，用的喷漆设备是最好的进口喷漆机器，漆面均匀、细腻、光滑……似乎除了这些高端大气上档次、低调奢华有内涵的特质之外，关于实木就不知道该介绍什么了。结果等你介绍完，客户一问多少钱，直接就跑了！

显然，你的说辞和方法是没效果的，大部分商场实木卖不好的原因就是思路不对、方法不对，所以本文讲一下卖实木的思路和方法，希望对你有所启发。

① 关于实木和原木。

我们到底是实木还是原木？"原木指的是没有经过任何加工处理过的木

材；实木指的是经过加工处理的木材"，按照这个说法，目前整个行业的产品用的都是实木，不存在原木。你想，直径超过一米的门板，如果用原木做基材，那要几百年甚至几千年的木龄，这样的门板价格得多高啊，有几个人买得起？这样的树还现存多少？显然，说实木是恰当的。

但是随着社会的进步与发展，有些定义也会随之而发生变化。现在在定制家居行业，实木和原木的定义也发生了一些变化。原木指的是同一木种加工处理过，实木指不同木种加工处理过的。如果按照这个标准的话，我们应该要统一说原木。

为什么这么说？

第一，竞品和其他品牌都已经开始宣称原木，大部分消费者也认同这个概念；

第二，客户内心感觉原木比实木高端。

所以，如果这个时候你还坚持说自己的产品是实木的，可想而知客户听后的心理感受。

② 客户选择原木一般最关注什么？

你觉得选择原木家居的客户会关注什么？基材？环保？价格？工艺？质量？款式？售后？设计？工期？安装？

回答不上来？那再问一个问题：你觉得选择原木的客户家里会穷吗？当然不会，能够买得起房子还能选择原木家居的客户，可以说非富即贵，所以以上十个因素当中的"价格"可以先排除。

客户在品牌之中选择，还会担心品牌的原木不环保？要是在前两年，环保的问题可能是客户非常在意的，但是随着科技的进步和行业的发展，家居环保这个问题早就解决了，只要是品牌，都有国家权威的检验报告，环保是没有问题的。所以环保这个问题，在客户那里也基本被过滤掉了。

基材是客户最关心的吗？目前，一线品牌的原木几乎都是进口的，而且都有报关单，所以客户不会担心"同样是进口樱桃木，你的会不会是假的"这样的问题。

既然客户是在各大品牌中选择原木，所以关于质量、售后、工期和安装这些也不是客户最关心的。

排除了这么多因素，就剩下款式、工艺和外观设计了。我们前面说过，客户选择产品，喜不喜欢比好不好更重要，所以，有消费原木产品能力的客户，在众多品牌中选择的时候，更关心的是选了你家的品牌后效果怎么样，装上好不好看。

所以，你给客户讲原木，要侧重讲款式、讲设计。

③ 如何卖好原木。

首先，我们根据当地市场情况，确定说"实木"还是说"原木"。如果当地竞品都说原木，客户也认同，那我们就要统一从"实木"改口为"原木"，因为从最新定义来说，我们的也确实是原木，而原木给客户的感觉也是比较高端的。

其次，在展示上下足工夫，充分展示出原木产品低调奢华大气的一面。

最后，抛弃过去只是单一讲细节、讲基材的套路，将客户引导到对自己产品有利的卖点上，引到设计方案上。

④ 卖好原木五步骤。

第一步：赞美寒暄。

姐 / 哥，您一进来就看原木，看来您对生活品质的要求是比较高的。

第二步：背景提问。

您以前了解过原木吗？

第三步：缺点转化。

相信您也在其他品牌看过了，有没有发现外面的原木凸显的都是大气张扬，而我们的原木却很不起眼，您知道为什么吗？因为咱们注重的是工艺和细节，我们走的是低调奢华的路线，我们所有的基材采用的都是进口的名贵木种（可结合油漆工艺、喷漆设备等进行讲解，并提供报关单和证书）……

第四步：引导客户关注外观设计和雕花。

外观款式介绍：

（以衣帽间为例）姐／哥，这是咱们最高端的一款皇家定制原木衣帽间，采用美国进口赤杨木作为基材，整体花色给人高贵大气的感觉；立体感强的实木门板搭配来源于雅典宙斯神庙的科斯林罗马柱，瞬间觉得庄严宏伟……

介绍雕花时，重点介绍雕花的内涵和寓意：

太阳花寓意前途一片光明；贝壳寓意财源广进；葫芦寓意福禄双全……

第五步：引入方案（测未定）。

话术引入：

柜子谁家都能做，但是能不能根据您家的实际空间，并结合色彩搭配做出一个好的方案就不一定了，方案好效果才好。现在咱们品牌为了进一步做大口碑，每天有三个免费量房设计出方案的名额，虽然是免费的，但是效果跟外面收费的一样……

其实要卖好实木，最终还是要跟客户"交心"。大部分销售人员并不真正了解客户心理，导致应对的时候抓不住重点，说话不着边际，没有入客户的心。不入心，就无法交心；无法交心，当然也就无法交易。

跟木工比，你"贵"在哪里

销售定制家居，经常会碰到客户与木工比较的情况，因为都是"定制"，而木工的价格低很多。这个时候，该如何应对呢？

第一招：讲价格。

客户不是嫌贵嘛，那就直接讲价格，这样客户比较感兴趣，也比较愿意听。那这话术怎么开头呢？首先要想清楚，客户拿木工的价格跟品牌比，品牌比得过吗？当然比不过。所以，我们应该坦率承认没有价格优势。但是没有价格优势不代表没有价值优势，所以应该引导客户关注价值，也就是值不值的问题。

很多客户不是觉得品牌价格高接受不了，而是觉得不值。这样就解释了为什么很多客户穿着一身名牌衣服，提着名牌包包，开着名车，到了店里却把你的产品跟木工做对比。难道名牌衣服、包包、车不贵？当然不是，只是客户觉得值。

那话术怎么开头和引导呢？

以下可以作为参考：

如果您拿我们跟木工比价格的话，我们肯定是比不过的，但其实木工并不划算。您如果不赶时间的话可以坐下来听我分析，您觉得有道理就听，没道理可以不听嘛。（通过这样的话术可以有效实现客户落座，大家可以参考转化）为什么说木工不划算？以衣柜为例，我现在分析给您看看（橱柜和其他柜子同理）：

按照一个标准柜体的尺寸来计算投影面积：$2.4m \times 2.4m = 5.76 \ m^2$

如果把标准柜体的投影面积换算成展开面积：$5.76m \times 3m = 17.28 \ m^2$

按照市面上木材市场的标准板材尺寸：$2.44m \times 1.22m = 2.9768 \ m^2$／张

那么需要的板材数：$17.28 \div 2.9768 = 5.8$（张）

也就是说，如果要用木工做衣柜最起码需要7张板材，为什么多了1.2张？因为木工做衣柜，往往要切割什么的，所以要多备一张板材，这样比较保险。

现在来算算木工的价格明细：

① 市面上板材价格最便宜一张都要200元，所以木工做柜身的价格为：200（元）×7（张）=1400元。

② 做木工需要五金（拉手／门铰／导轨）、封边、螺丝、胶水甚至油漆等，至少要500元，您还不一定买得到。

③ 人工费少算点，至少300元／天，当然做木工时间不像品牌需要等上一两个月时间，一般1.5天就能做好，所以人工费：300（元）×1.5天=450元。

以上加起来的价格就是木工打衣柜柜身的总价：1400+500+450=2350元。

④ 木工打衣柜是肯定不包含门的，所以门还要另外买，市面上的门从200～600元不等，算200元也可以，但是一般客户都不会选择最低的，毕竟太难看也太劣质，就算个中间价450元吧，按照标准尺寸来算门的总价：

$2.4×2.4×450=2592$ 元。

这样，木工做一个衣柜的总价格就出来了：①+②+③+④=1400+500+450+2592=4942 元

再来算算品牌衣柜的价格：

现在很多品牌都有买门送柜的活动，也就是说门买了，柜身就送给您了，一般来说买门送柜的价格从 699～1799 元不等，我们以标准尺寸衣柜为例：$2.4×2.4×888=5115$ 元。

当然品牌衣柜的抽屉衣通是需要另外收费的，按照标配来算的话，两个抽屉 +3 米衣通：

抽屉：280（元）×2（个）=560 元

衣通：150（元）×3（米）=450 元

这样，品牌衣柜总价格也出来了：5115+560+450=6125 元

品牌衣柜与木工衣柜的差价：6125-4942=1183 元

这么算下来，品牌衣柜确实要比木工衣柜的价格高 1183 元。价格高了不是问题，问题在于如何让客户觉得值，要想达到这个效果，就要用好后面四招。

第二招：讲售后。

所有木工都是没有售后服务的，木工就像游击队，今天在明天可能就不在，万一出现质量问题也是投诉无门。再说，衣柜、橱柜这些都是要用几十年的，谁能保证不会出现质量问题或其他问题？

所以从这一点入手是很容易的，完全可以告诉客户还是选个品牌好，最起码有售后服务，买品牌，买的不仅仅是其产品，更是安心、放心和省心。

第三招：讲环保。

几乎所有木工都是没有环保证书和国家权威机关的检测报告的，最多就是个所谓的合格证，至于这个合格证合不合格或者有没有造假，就无从核实了。

第四招：讲细节。

木工可能用进口的柜身板材吗？

木工可能用德国进口的封边条吗？

木工可能用德国进口的胶水吗？

木工可能用进口的门铰和导轨吗？

其他工艺之类的先不说，光是上面四条都足以证明木工的细节和品质是完全没法跟品牌比的，既然材料不同，成本能一样吗？成本不同，价格能一样吗？

第五招：讲方案。

木工有所谓的设计和方案吗？

木工是大学毕业而且是室内设计专业的专业设计师吗？

木工有设计师为你加班熬夜想方案做设计吗？

所以方案好不好很重要，柜子谁家都能做，但能不能根据您家的实际空间，结合色彩搭配设计出一个好的方案就不一定了，方案好，用的才好！

消费者不怕买贵的，就怕买贵了。品牌定制家居的价格比木工贵，这本身是没有问题的，问题是我们能否讲明白为什么贵，贵在哪儿。品牌定制家居就贵在售后有保障，贵在环保有保证，贵在细节品质更高，贵在方案更专业。

品牌溢价，让你"贵"得理所应当

品牌溢价指的是同样的产品，一个品牌能比竞争品牌卖出更高的价格。关于品牌溢价的理解，知乎上有个很形象的比喻：一升水，装在碗里和装在农夫山泉、依云的瓶子里的售价差异。

品牌的溢价能力是由消费者的消费心理决定的，里面就有情感价值。也就说，在消费者的心目中，认为该品牌的形象和地位是要高于其他品牌或者是不可取代的。

品牌溢价主要是源于消费者和厂商信息的不对称。所谓"隔行如隔山"，外行看热闹，内行看门道，消费者作为外行人，不懂如何通过甄别产品的细节来判定好坏，如果要变成内行，就需要耗费大量的时间和精力，大部分消费者是不愿意的。最简单的方法就是多花一些钱选择大品牌，选择口碑好、信誉好的大品牌，这样可以提高效率并减少选择其他品牌或小厂商的不确定性所带来的风险。所以，消费者选择大品牌、认可大品牌，其实是对大品牌有信心，买的更放心和安心。

所以，如果你的品牌溢价能力高，你的产品比其他品牌产品卖得贵，消费者同样会买账。

那么，如何提高定制家居品牌的溢价能力？

广告是必不可少的。定制家居行业的欧派和索菲亚一直都在广告上保持高投入，这在各大机场、高铁站都能看到，品牌的知名度和品牌的溢价能力是成正比的，广告这个钱不能省。在大众创业、万众创新、品牌林立的时代，一年不打广告，消费者就能把你忘得精光。

品牌的三个维度：知名度、美誉度和忠诚度。知名度可以靠打广告来提高，但是美誉度和忠诚度必须靠产品和服务。我们经常说的口碑就是美誉度和忠诚度的结合，口碑的传播要以产品为本，体验为先。

一个品牌要做大做强，你的产品从外观款式到品质细节一定要有竞争力，这是对消费者愿意多支付的品牌溢价的一种补偿。对于定制家居品牌来说，要更注重产品的功能性和展厅的展示，这决定消费者的体验感。品牌要注重空间各元素的搭配，要将消费者真实的生活场景搬到展厅，让消费者进入展厅就像在家一样身临其境。

现在很多品牌都做免费量尺，但是量尺只是个动作，设计才是服务的核心，所以设计师不能只出个 CAD 图去考验消费者的想象力，而要根据消费者的个性需求和空间做出真正定制的、有品质的、有灵魂的效果图，把消费者想象的变为能看得见的，这就是体验。

设计是服务差异化的关键所在，设计是品牌的核心竞争力之一。设计最为关键的是设计软件做图模块的打通，这决定了设计服务的效率和质量。这一点有些品牌未雨绸缪，蓄势待发，在设计研发上投入很大，比如金牌的桔家衣柜，设计的组合模块多达 900 个，你才 100 个，人家是你的九倍战力，这种后发优势是很厉害的。

这两年的实践证明，打价格战是行不通的，我相信整个行业最终还是会回归到产品和服务本身上来，进入差异化发展的新时代，这是由消费者决定的。品牌的技术积累是需要持续对产品和设计研发进行高额投入来沉淀的，只有实现了产品和设计的差异化，才能夺取竞争优势，才能提高品牌的溢价能力。

诚信最值钱

这两年定制家居行业的竞争十分激烈，有些品牌打出来的价格竟然是前几年卖价的一半。要知道这几年不管是原材料，还是人工、运费、租金等都在不断上涨，在这种情况下，价格竟然能低到如此离谱的程度，着实令人惊讶，这让人不得不怀疑是否有猫腻的可能，毕竟天下没有人做亏本的生意，做生意不赚钱是不可能的。

从短期来看，消费者也容易被数字迷惑，以为买了价格低的东西就是占了便宜。所以像这种价格战的数字游戏，我相信今后仍然会长期存在。但是，如果东西不好，再便宜都是贵；如果东西好，即便贵也是便宜。也就是说价格高低是个相对的概念，核心是质量。质量才是第一，价格是第二。

当然，在质量很好的前提下，如果品牌的制造规模和制造能力足够强大，能够尽可能地降低成本，同时确保一定的利润，进而使产品的价格很低，这种低，就是天大的好事，尤其是对于消费者而言。

然而这种可能性很小。更大的可能是偷工减料、降低成本，从而来获取价格优势，这从长期来说对消费者是一种伤害。

价格战确实是个巨大的诱惑，容易让消费者产生幻觉，以为天上真的会掉馅饼。然而通过价格战取胜的品牌，即便在短期内收到了成效，即便有消费者买单，但是从长期来看，是买不到消费者的信任的，因为消费者买不到质量，买不到保障，消费者傻一次，就不可能傻第二次。

所以，诚信是商业的基石，是最值钱的。市场上每天都有欺骗，但这种伎俩不会长久，只有诚信，才能走得远。

贵，不是销售差的理由

销售做不好，总有人喜欢抱怨价格问题，把不成交的理由归因为"太贵"。

不得不承认，随着总体经济下行、房地产乱象的吸管效应，导致老百姓的消费力下降，消费变得更加理性和保守。所以，价格问题，当然是成交与否的因素之一。

但是，除了价格，外观款式、功能、品质、环保、服务等，也都是影响成交与否的重要因素。随着生活方式的改变和消费认知的迭代，消费者已经从过去只关注价格到现在关注体验感、参与感和尊崇感。

所以，贵不是销售差的理由。产品贵，但消费者可以为了其他原因买单。

比如，消费者会为了让人印象深刻的服务买单。

举个例子：

上个月，我去海底捞吃火锅，晚上六点半就到了，但是竟然前面还有15桌在等，我一看，天啊，这也太多人了吧，但我竟然没有发现任何人有焦虑、不安、烦躁的表情，每个人的神情都很轻松，还时不时有笑声，脸上都是笑容。

慢慢地，我明白了。每桌都有吃有喝的，还有玩的，桌面摆了千纸鹤折纸的步骤图，写着，折一个给你五毛钱。如果你不喜欢折纸，还提供扑克给你斗地主，还可以提供平板电脑给你玩游戏，真是吃喝玩乐应有尽有。

每隔五分钟，笑容满面的服务员就会亲切地跟你汇报情况：先生，现在您前面还有十桌，我会随时帮您留意位置，请放心。先生，有两桌可以拼起来的，虽然不是圆桌，但是也可以满足你们的人数，您考虑拼桌吗？服务员还会给你提供不同的解决方案。

过了大概 30 分钟吧，排到我们了，进去后一路有人指引，然后就开始点菜了。点菜吃饭的过程中，服务员也是照顾得非常细心周到。

为什么海底捞天天生意火爆，吃饭的人络绎不绝？说白了，吃海底捞，吃的就是服务。哪怕价格贵，但是消费者愿意为服务买单。

再比如，消费者会为产品强大的功能买单。

同样一款鼠标，有静音功能的要比没有静音功能的贵 50%，但是仍然有很多消费者愿意购买；同样都是耳机，有防水功能的要比没有防水功能的贵五倍以上，吓人吧，但是卖得超级火爆。

再比如，消费者会为出彩的设计买单。

设计家居产品，包含了外观款式的设计、功能五金的设计和空间规划的设计。

如果你设计的外观款式，惊艳动人，令人叹为观止，毫无疑问，这样的艺术品简直就是无价之宝啊，再贵也是合理的，只要消费者买得起。

如果你设计的功能五金，能够解决消费者所有的痛点，满足消费者的所有需求，让消费者将在厨房做饭变成一种乐趣、一种享受。相信，价格贵，消费者也愿意买单。

如果你设计的空间规划，能充分合理利用空间，又能结合消费者的个人需求，还能推陈出新，设计一些让人耳目一新的亮点。相信，价格贵，消费者也愿意买单。

所以，销售做不好，不要只是抱怨价格，因果关系要找对。

管理篇

带领团队达成更高的业绩目标，帮助员工得到更多的收入，这是店长的使命，也是老板的期望。

10

精英店长必备三种心态

店长，你是不是在天天瞎忙？

很多店长每天都忙得"飞"起来，总感觉有很多事情要干，但是又不知道先干哪一件，结果看到啥就忙啥，最后忙了一天，才发现做的很多事情都是无用功，忙了一天却没有结果。

这种情况到底是什么原因导致的？我总结了三点：第一，店长没有总结罗列自己一天要干哪些事；第二，店长没有把事情按照紧急性和重要性归类总结；第三，店长没有管理工具和计划。

想要做事井然有序而且忙得有效果，那就按照我的步骤来。

第一步：把要做的事情全部罗列出来，例如及时会议、早会、夕会、市场关系维护、天天培训、数据统计与分析、员工沟通、检查卫生与陈列、售后服务安排与回访、辅助销售、做工作计划、分配任务、活动政策制定、绩效考核、每日报单、售后报修、市场调研、人员招聘、公司 E 平台、收尾款、客户跟进、采购办公用品、考勤……

第二步：好好思考上面的工作，哪些是紧急的、哪些是重要的、哪些是紧急不重要的、哪些是不紧急重要的、哪些是既紧急又重要的。什么是紧急的？只要有时间限制的就是紧急的；什么是重要的？只要跟业绩相关的就是重要的。

按照这个思路，把罗列出来的事项进行归类。比如：

重要且紧急的事情有：

①及时会议，②早会，③夕会，④重大客户投诉处理，⑤重大客户的跟进，⑥公司紧急通知的处理，⑦协调解决团队矛盾，⑧方案预演，⑨促单，⑩下单，⑪收款。

重要不紧急的事情有：

①市场关系维护，②天天培训，③数据统计与分析，④员工沟通，⑤辅助销售，⑥做工作计划，⑦分配任务，⑧活动政策制定，⑨绩效考核，⑩市场调研，⑪人员招聘，⑫公司 E 平台，⑬收尾款，⑭客户跟进，⑮公司业务对接，⑯设计师量房下单安排。

紧急不重要的事情有（可以授权的，也就是说可以交给别人去做的）：

①检查卫生与陈列，②售后服务安排与回访，③每日报单，④售后报修，⑤考勤，⑥客户纠纷，⑦安装验收处理，⑧售后服务处理，⑨陪同量尺。

第三步：按照事情的紧急和重要程度，有先后、有重点地去处理。能交给别人的交给别人，你去处理最紧急最重要而且不能假手于人的事项。

除了以上店长"每日例行工作"，还有些事情是每周和每月才做的，比如周例会、月例会、月度表彰大会、员工聚餐、促销活动、小区推广、每周和每月的 PK 等。所以店长想要让自己的工作更加高效，除了统计自己的"日例行工作"，还要总结"周例行工作"和"月度例行工作"，然后把这些日、周、月例行工作拉表打印出来，每天看一看，这样相信你就不会像以前一样忙乱且忙得没效果了。

精英店长必须具备的三种心态

店长作为销售团队的领头羊，作为团队的领导者，作为一个店面的灵魂人物，必须拥有三种心态。

1. 自信。

店长没自信，团队没"狼性"。

"狼性"集中表现出来的一种特性就是攻击性，你连自信都没有，怎么进攻？

那么，怎样才算是一个自信的店长？即便知道自己不如对方，依然能够自信大胆地展示自己。可能有人会说这样太高调了，但是高调有什么不好？你不高调，低调给谁看？而且我说的高调并不是自满张狂，而是敢于展示自己，将自己的想法表达出来。

建议大家不要太低调，因为低调是需要资本的。比如你每个月都是销售第一名，领导问你做得怎么样，你说马马虎虎，这就叫低调；如果你每个月都是最后一名，领导问你做得怎么样，你也说马马虎虎，这叫低调吗？这叫工作态度不端正。有人说人怕出名猪怕壮，做人还是要低调。但还是等你出了名再说吧，等你壮了再说吧，你什么都没有你怕什么？你什么都没有，你拿什么来低调？

2. 激情。

店长没激情，团队没活力。

销售工作有时候会很枯燥，店长除了要有自信，还要有激情。激情就像一把火，可以燃烧起团队的斗志和欲望，可以激发团队通过自己的努力去追求和实现目标。没有激情，不管生活还是工作，都只能是一潭死水，整个团队都会死气沉沉。这样的团队凭什么能做出出色的业绩？只有店长以身作则，唤醒团队的激情，才能把平凡的销售工作创造出不平凡。

3. "空杯"。

店长最后需要一个"空杯"的心态。

只有"空杯"才能懂得不断地学习和积累；只有"空杯"才能谦虚，跟身边优秀的人学习交流、取长补短；只有"空杯"的人才能不断更新和创新。

拥有了这三种心态，相信你一定能带出出色的销售团队，创造漂亮的销售业绩。

如何树立标杆

标杆就是模范，是大家学习的榜样。标杆如果树立得好，可以在团队中起到表率作用，尤其是对新员工会有非常好的激励作用。

但是在终端，很多店长没有掌握树立标杆的正确方法，导致树立标杆的时候产生负面影响。因为树立标杆是把"双刃剑"，必须用好，否则起不到效果。但是如果不树立标杆，也会影响本来表现不错的员工，打击优秀员工的积极性。所以员工有好的行为时，要给予肯定和认可。

我把树立标杆的正确方法简化成三个关键点，供大家参考。

1. 确定标杆对象。

① 高标准：标杆之所以叫标杆，标准一定要高，表现一定要突出，能起到表率作用，所以如果团队没有表现特别突出的就没必要树立标杆了；

② 对象一定要具体到个人。如果店里有分组，某一组做得特别好，不要只表扬组别，也要表扬组里的具体成员。

2. 记录标杆的具体行为。

要成功树立标杆，一定要有具体的行为支撑，注意，是具体的行为。

如果在团队树立标杆的时候对其行为描述得不够具体，不但让人生疑不能服众（员工会怀疑你偏心），还会让被表扬的员工感觉你的表扬不深刻（觉得你在"走过程"）。这就要求店长要善于观察和发现。

比如团队有个员工，前一晚与客户沟通到晚上十点最后成交，那么你一定要把这个过程具体描述出来。如果你不在场，一定要问在场的销售员、设计师甚至本人，过程越具体越好。比如有员工没有吃晚饭没有喝水，一直跟客户聊方案；比如客户一开始是拒绝的，员工做了哪些努力让客户转变；等等这样的例子很多，就不一一列举了。

3. 与标杆提前沟通。

有两种情况需要提前沟通：

① 标杆是内向的、低调的员工。

这种情况很好理解，有些人喜欢高调，有些人喜欢低调，每个人的性格都不一样。有些员工真的不喜欢和不习惯被当众表扬，如果你不提前沟通，突然在团队面前表扬他，反而会让标杆难堪，这就会引起副作用。

② 需要标杆自己陈述的。比如成交过程或者沟通过程中用到的技巧、话术等经验，这些由本人亲自陈述效果更佳。

店长如何立威和建立影响力

立威，就是树立权威。权威是对权力的一种自愿的服从和支持。人们对权力安排的服从可能有被迫的成分，但是对权威的安排的服从则属于认同。反对者可能不得不服从权力做出的安排，但是服从不等于认同，员工服从但是不认同，这是很多店长做得不成功的重要原因。

影响力，指用一种为别人乐于接受的方式，改变他人的思想和行动的能力。影响力说白了就是不动用权力就让别人自愿追随你的能力。一个成功的店面往往有一个成功的领航人，而成功的领航人都具备共同的特性：强大的影响力和权威性。

所以门店店长能否有效树立权威和建立影响力就显得很关键。店长没有权威和影响力，是不可能带好团队的，因为下属不认同你，对你的安排是被动的，甚至是抗拒的，那么执行力肯定很差。所以员工执行力差更多不是员工的问题，而是店长的问题、管理者的问题，管理者要自省检讨。

说了这么多，那店长该如何树立权威和建立影响力呢？我总结了三点。

1. 认识和认可你的团队成员。

你的团队成员你都认识吗？我说的认识，不仅是知道他的姓名和性别，还包括他们的兴趣爱好、生日、特长等。你有没有经常甚至每天认可你的团队成员？马斯洛需求层次理论告诉我们，每个人都有被尊重、被认可的渴望和欲望，所以管理者要抓住每一个机会认可员工，可以是业绩上的，也可以是行为上的认可。认可员工的时候一定要及时、具体、走心。

店长要对团队成员"三多三少"：多认可、多鼓励、多表扬；少批评、少指责、少抱怨。镜子原理告诉我们：当你认可员工的时候，员工更愿意接受你的安排，并同样地认可你。团队认可你，是树立权威和建立影响力的第一步。

2. 提升你的专业能力和专业水平。

光认可员工和要求员工是不够的，所谓"打铁还需自身硬"，要快速树立权威和建立影响力，就要提升自己的专业能力。

对于业务型店长来说，首先要成为签单能手，你自己都不会卖货，怎么教你的团队卖货？业务型店长要重点提升销售技巧、谈单技巧、沟通技巧、专业知识等。管理型店长要重点提升时间管理能力、人员管理与协调能力、培训能力、招聘能力、活动策划能力等。

3. 对团队进行有效帮扶。

帮助别人就是帮助自己，帮助团队成长的同时可以有效建立影响力，比如帮团队压单、辅助签单谈单等，在员工最需要帮助的时候及时出现，并给予力所能及的帮助。只要持之以恒并诚心以待，团队肯定会被你感动和打动的，久而久之，影响力就深入人心了。

一个企业要想获得成功，光靠大老板的权威和影响力是不够的，就像中国女排，她们之所以能一再登上世界之巅，光靠厉害的郎平教练是不够的，还要全体队员的实力和团结。

优秀店长要经常思考的三件事

店长要经常思考三件事：如何让团队愿意干？如何让团队会干？如何让团队坚持干？

我给大家具体分析一下。

1. 如何让团队愿意干？

团队的改变是由内而外、自上而下的，遇到问题，不能光要求员工怎么改变，还要想着怎么让老板改变。

因此，首先要搞定老板。店长有任何好的想法和计划都要及时和老板沟通，达成一致，得到老板的支持，当团队知道你做的一切都是老板支持甚至主导的，一般都会服从。

其次，要开中层干部会议，有什么意见开会的时候全部说出来，可以拍桌子可以吵架，但是会后必须保持口径一致，只有一个声音、一个标准、一个指令。

最后，就是开全体员工的动员大会，要告诉员工这么做的好处有哪些，为什么要做这种改变和计划，大家能够从中得到什么……总之，要能够触动员工的内心，并说明这些改变能为员工带来哪些利益。

2. 如何让团队会干？

解决了团队成员的意愿问题后，接下来就要告诉员工怎么干了，要告诉员工方法，要教会你的团队。所以作为店长，要善于学习，但凡学到了好的东西，就要及时给员工做好二级培训。培训过程要结合流程的重塑，在流程的每个步骤配备什么道具和话术都要清晰地告诉你的员工。最后，店长或组长要带头示范，并在长期演练和实战中不断修正。

3. 如何让团队坚持干？

改变，一定是困难的，尤其是改变员工的习惯，改变员工过去维持了几年甚至十几年的固有习惯，一定是个痛苦的过程。因此，如何让团队坚持长期按照标准执行是考验管理者的一个难题。

关于如何坚持，可以通过树立标杆模范作用带动其他员工坚持；可以通过奖励来激励员工坚持；可以通过每日的表格追踪和惩罚来给员工压力从而使其去坚持……总之，办法总比问题多，就看你用不用心了。

培训，到底有没有用

培训，到底有没有用？

相信这个问题困扰着不少商场老板和店长。首先，我们要知道，一个人的综合素质＝知识 × 技能 × 态度，也就是说培训不是万能的，只能改变一个人的知识技能和态度，如果是薪资问题、产品问题或者其他客观原因导致的困难，是无法通过培训解决的。

1. 什么是培训？

从终端这个角度来说，个人认为培训就是诊断商场和学员存在的问题并提供解决方案的一个过程。

2. 谁需要培训？

所有与业绩相关的人员都需要培训，包括老板和店长，而一线销售团队是重点培训对象。

3. 为什么需要培训？

因为成功的背后是无数辛酸的历练，所谓"台上一分钟，台下十年功"，要想业绩好，首先团队要好，团队要好就必须团队的每个人都能独当一面，那要想每个人都变得优秀就必须经过培训，尤其是新人。

4. 什么时候培训？

新人入职前一周。因为新人如果没有经过培训直接上岗，会很容易迷茫，而且流失率很高，这时候首先需要管理人员和店员做好暖心工作，多给予关心，让新员工有归属感；其次尽快完成新员工入职培训工作，否则拖得时间越长，新员工成长得越慢，人员成本反而越高。

促销活动开始前。这个时间点培训完，可以马上把老师培训的知识、话术和技巧用上，也能检验培训效果。

促销活动中。很多商场管理人员以为这个时候培训是大忌，非也，因为这时候培训师可以一同参与到销售当中，也可以非常直接地给销售团队指导意见，亲身示范，效果来得更加直接。

促销活动后。活动结束往后往会发现一系列的问题，包括人员能力问题。这时候管理人员应该汇总问题，再进行针对性的提升培训，这样整个团队才会更快成长。

5. 在哪里培训?

如果培训的是理论性的知识，最好不要在商场里；如果是培训实战性的内容，如产品推介，就可以选择在商场培训，因为有实物，来得更加直接。

6. 培训什么?

培训更多的是一种事实性知识和经验性知识的分享，而非单纯地做一个"留声机"或"复读机"。所以培训什么就要看商场具体的需求，如果最缺的是产品知识，那毫无疑问第一阶段就要着重培训事实性的知识，比如《板材基础》；如果最缺的是技巧，那毫无疑问需要着重培训经验性的知识，如《销售技巧》；照本宣科地做一个培训，更多的是培训一种思维模式，也就是框架、方向、逻辑。

7. 培训的效果是由什么决定的?

我认为是由老师培训内容的实用性和学员的吸收程度和实践情况决定的。就像打仗一样，需要战术的实用性和士兵的执行力高度一致，否则首长战术再高，但是士兵没有执行好，效果也会大打折扣。所以于培训效果而言，老师和学员的因素各占 50%，因为老师讲得再差，拼凑起来也有可取之处，更多的就是学员回到终端结合实践多总结、多练习。

8. 怎么培训? 如何提升培训效果?

我认为最重要的是内诊与外调相结合、授课与带教相结合、演练与考评相结合，再经过后期的培训落地追踪，基本可以确保行为层面的培训效果。如果行为持续发生改变，那么结果也会得到保证。当然，所有的培训都需要学员带着空杯归零的心态去倾听，否则老师讲得再好都是徒劳。

9. 培训到底有没有用?

对于很多人来说是有用的，对于更多人来说是没用的，甚至还有副作用! 为什么培训的东西都是一样的，对不同人的效果却不尽相同? 除了接受能力、学习能力之外，更多的是本质不同，有些人越是参加培训反而业绩做得越差，因为他不愿意学习，心态有问题。你说上学读书有没有用? 上学时同一个班级、同样的老师，有的学生成绩很差，而有的学生成绩特别好，所以肯定是有用的。

同样的道理，培训也是有用的。关键你要结合自己的需求，在培训的过程中要带着空杯归零的心态全情参与，不断吸收有用的知识，不断发现自己的问题和不足，然后做好总结和持续提升计划，最后在实践的过程中把学到的知识转化成适合自己的，再逻辑清晰地表达出来，这才是最重要的。

店长如何做好目标分解

为什么要做目标分解？

因为把大目标分解成一个个易于达到的小目标更容易获得成功，把这个道理放到销售团队中也一样。因为当团队每达到一个小目标时，都能体验到成功的甜蜜和喜悦，而这种"感觉"可以强化团队的信心，最终获得成功。

接下来进入主题：如何进行目标分解。

假设 2020 年 A 商场目标为 1000 万元，那店长接到全年目标后该如何做好科学的目标分解？

首先，你得知道去年的均单值是多少。

假设 2019 年的均单值为 2 万元，那么，2020 年 A 商场的全年下单数为：1000/2=500（单）。

理论上来说是 500 单，但往往不可能 100% 都能下单及时并成功，所以这里涉及一个下单率的问题。

假设 2019 年的下单率为 80%，那么 2020 年 A 商场的全年有效单数为：500（单）/80%=625（单）。

现在竞争这么激烈，"到嘴的鸭子飞了"是常有的事，所以还需要统计去年的平均退单率是多少。

假设 2019 年的退单率为 10%，那么，2020 年 A 商场的全年接单数为：625（单）/（1-10%）=695（单）。

很多店长做到这个步骤就觉得足够了，开始将这个目标分解到全年的每个月，然后分解到个人。事实上，这是远远不够的，我们还需要提供给团队达成单数目标的方向，那就是客户数。

其次，你还得统计去年的平均成交率是多少。

假设 2019 年的平均成交率为 30%，那么，2020 年 A 商场的到店客户数目标为：695（单）/30%=2317（个）。

到店客户数目标的达成除了客户自然进店，大部分还需通过邀约，所以还需要统计去年的平均邀约成功率是多少。

假设 2019 年的平均邀约成功率为 30%，那么，2020 年 A 商场的邀约客户数目标为：2317（个）/30%=7723（个）。

有了这些数据，你就能用数据跟老板要资源、跟下属要结果了。

以上我算的是整个商场的全年目标，你可以继续根据商场实际情况分解到小组和个人的年度、半年度、季度、月、周和日，分解得越细致越好。最好能告诉你的员工这个数据是怎么来的，这样你的下属就能更信服你，工作起来也更有动力。

经营者趋向市场，要像植物趋向于光

一位同事的一盆花快要养死了，就送给了我。后来的一天早上，他来我的办公室，看到窗台上的花说，这花还是放你这里长得好。我说，肯定啦，靠近光嘛。植物的天性就是趋向于光的，而经营者的天性是趋向于市场的。

没人不喜欢挣钱，能挣到钱的经营者就像长得好的植物一样，懂得与"光"合作，这样才能发生"光合作用"。只有善于与市场合作、顺应市场规律，才能创造优势。

这里，我们简要分析一下定制家居行业的市场。

1. 整装及工程渠道是定制家居的重要入口和风口。

2018 年 1 月 1 日，《中华人民共和国环境保护税法》正式实施，随着国家对环保的重视，毛坯房将退出市场，因为毛坯房耗时耗力耗财且不环保，还污染严重。加上消费者购房压力加大，装修房子能力变差，所以更倾向于选择精装房。尤其在国家大力提倡与各地方政府的不断主导下，精装房已经成房地产行业发展的大势所趋。所以，整装及工程渠道是定制家居的重要入口和风口。

2. 定制家居是房地产的重要转型之路。

定制家居市场被很多人视为最好的一块蛋糕，最先跨界试水的是电器行业，比如方太的柏厨、海尔橱柜衣柜、华帝橱柜衣柜、康宝的耐惠、万家乐的全屋定制等，地板行业、软装行业很快也按捺不住了，很快就出现了诸如圣象地板的圣象大家居、德尔地板的百得胜、大自然的柯拉尼、富安娜的美家、慕思的艾娅等。接下来，随着国家住房用地供应总量不断减少，房地产市场陷入瓶颈期，很多房地产品牌都在摸索转型之路，众多品牌开始试水定制家居市场，比如碧桂园的现代筑美家居、雅居乐的雅居乐家居等。所以定制家居是房地产的重要转型之路。

2018 年第一季度，市场竞争态势严峻，增长的业绩中整装的比重越来越大，对于商场而言，如何快速切入家装整装成为制胜关键。有实力的商场都在开家装公司，或者在收购当地比较有影响力的家装公司了。

如果是在小县城，也不要小看自己，更要懂得合作共赢。所以，小县城的商场，可以退而求其次，如跟当地的二线家装品牌入股合作，这样可以整合及共享双方的资源，促进深入合作，实现效益最大化。前提是你要甄别出对方是值得信任的，而且要共同管理财务。

作为一个优秀的经营者，你一定要积极面向市场，主动顺应规律，快速把握趋势，只有做到这些，才能创造新的优势。

11

客从哪里来

客从哪里来

很多人抱怨没客户，客户少。那你有没有想过，要去哪里找客户呢？

我总结了八点，供大家参考。

1. 停车场。

很多在路边甚至停车场停车的车主都会在车窗前留下自己的手机号码，所以你兜一圈，肯定会有些收获。这时候一定要把手机号码、车型和车牌号码都记下来，有利于电话营销的开展和后期的跟进服务。如果你跟停车场的管理人员熟悉，你还可以有更多的收获……

2. 免费上门量尺。

这是最简单有效的方法，这里要提醒的是，在你上门量尺设计的时候，不只是去测量你客户的家，还要去挖掘其他潜在客户。只要没装修或者正在装修的有需求的客户都可以"主动出击"。

3. 小区扫楼。

这招很多人都知道，但是都没能用好。小区扫楼成功的关键不在于业主（因为业主往往都不在装修现场，我们也不知道他们什么时候会在），关键在于装修师傅（瓦工、漆工、木工等），通过装修师傅，可以得到很多有用的信息，他们甚至可以帮你推荐客户。所以要好好对待他们，可以适当地送一些小礼品、说一些好话，然后互相加个微信或留个手机号码（这是关键动作），方便后期交流。有些商场 80% 的单都来源于此。

4. 异业联盟。

异业联盟很多地方、很多商场都有，但都收效甚微，问题在于没有建立有效的联盟机制，特别是带单机制，比如没有得到全员认同、没有签字、没有宣誓、没有按手印、没有协议约束效力等，导致目标不清、执行不力。解决好这些问题，也是带来客户的有效途径。

5. 装修公司。

家装公司是客源三大渠道之一，即便利润很薄，也要积极深入地合作，因为你不做，本来属于你的市场份额就相当于拱手相让，江湖地位也难以保障了。

6. 商场拦截。

拦截也是增加客源的重要手段之一，因为商场这么多品牌，每天都有品牌做活动引流，这些资源不用白不用。比如瓷砖品牌做活动，那么过来看瓷砖的客户肯定不只是需要瓷砖吧？当然如果是橱柜衣柜的品牌做活动就更好了。拦截成功的关键在于三点：组长或店长带队，做好人员调配；有吸引力的奖惩机制；拦截前做好技巧和话术培训，确保人人过关。

7. 售后服务前置。

注意，是前置！不管客户有没有买你的产品，提前给客户做售后服务，如清洁厨房和油烟机，调试五金门板，等等。有人说客户家都还没装修，怎么前置？客户没装修，不是还有客户的爸妈、哥哥姐姐弟弟妹妹……有人问这样前置值得吗？要知道，服务前置的目的不在于服务，而在于建立口碑和对客户的二次开发。

8. 老客户转介绍。

这招想要用好，首先要做好"舍得"的心理准备。因为这是"放长线，钓大鱼"，需要老板有足够的高度和格局，否则如果做了一段时间，觉得不舍得，然后就不做了，那干脆现在就别做了。如果做，就要坚持，而且要做好，要真正从细节上打动客户。

比如有些商场就做得很棒，特意买了个软件来做客户数据分析和管理，把客户的生日、爱好、职业、性别、姓名、住址等登记得很详细，在客户生日的时候送花、送蛋糕，在教师节的时候给做教师的客户送贺卡、送花、送礼物，在活动促销的时候也送礼品给客户，邀约客户参加夜宴、活动典礼、年会、晚会甚至旅游。有些商场甚至给客户当家庭顾问，客户需要找幼儿园的时候，商场动用关系帮客户解决；客户生病的时候，帮客户找医院找专家……真正急客户所急。试想，老客户如果能得到这些服务，你还担心他们不给你介绍新客户？还担心会没客源？有些商场每年 60% 以上的业绩都来源于老客户的介绍。

要特别关注的三类客户

19 世纪末 20 世纪初意大利经济学家帕累托发现，在任何一组事物中，最重要的只占其中一小部分，约 20%，其余 80% 尽管是多数，却是次要的，这就是著名的二八定律。二八定律告诉我们，做事情要成功就要抓住主要矛盾，对于销售团队来说也是如此，要学会抓住决定业绩和单值 20% 的重点客户。那这 20% 的重点客户到底是谁呢？

1. 土豪。

土豪泛指有钱人这类群体，这类群体购买力很强，单值至少在 10 万元以上。

这类客户可以从五点特征进行判断：客户所在小区是否为高端小区或别墅；客户开的车档次是否在 100 万元以上；客户穿的衣服、鞋子以及戴的手表是否为高端品牌；客户家里的厨房面积有多大；客户的预算有多少。

对此类客户，建议店面成立大单组，由店长、职业经理人和老板组成，专门服务 5 万元以上单值的客户。大单组需具备熟练的三级促单技巧，平常要多排练，越默契越好。另外，一定要经常开客户需求和问题点的沟通会和碰头会。

2.公务员、事业单位工作人员、媒体人。

这些人的关系网比较大且深，金杯银杯不如这些客户的口碑，只要服务得好，必能带来良好的口碑并迅速扩大影响力。

这类客户不仅有强大的消费实力，而且有深远的影响力，建议由职业经理人和老板直接跟进。

以上两类客户一般来说只有20%，但是需要我们花80%的时间去维护和攻破。

除了以上两类客户，还有第三类客户要重点关注。

3.近期要购买的刚需客户。

客户是否着急，是否会近期成交，从他的交楼时间和装修时间基本就能确定。

这类客户单值不高，一般在2万元，但由于是刚需，所以近期不是在你这里成交，就一定在别家成交，所以此类客户不可大意，务必多次追踪。

要让每场促销活动都成功

当今建材行业的竞争已经进入"每周必促，无促不销"的疯狂状态，活动不可避免，甚至已成常态化，想让促销活动获得成功，难度越来越大。

促销活动的投入越来越大，利润越来越薄，如何确保每场促销活动都能成功？

如何定义成功？单值大小抛开不说，我认为至少有两点吧：第一，签单率高；第二，退单率低。

通过这几年的经验总结，我认为一场成功的促销活动至少需要把控三个关键点：

1.到场率高。

签单率高的前提是到场率高，这是互成正比的。促销活动方案再好、价格再实惠，如果人都没有，还有什么用？所以，永远要记住，做活动首先要解决的是到场率问题。如何提高客户到场率，这个可以用机制解决，多给奖励，老板得要舍得，不舍哪有得？成功的经销商有个共同点，就是老板格局高，格局高的一个体现就是舍得大投入，尤其是对员工的投入。

2. 氛围浓厚。

决定房产价值的因素是地段，决定客户成交率的因素是氛围。做活动时，氛围能搞多浓厚就搞多浓厚，拱门、气球、鲜花、水果、蛋挞、鸡翅、鸡腿、咖啡、奶茶、地贴、吊旗、彩带、×展架、红包墙、签单墙、活动单一个都不能少。永远记住：做活动不是做价格，是做氛围。你要通过氛围吸引客户，而不是通过价格。

3. 服务优质。

什么？做活动还要注重服务？没错！做活动同样必须确保服务质量，因为如果服务没做好，即便低价，退单率一样会很高，只要其他竞品价格比你稍低，客户马上就退了！所以服务不可轻视。如果团队人员不够，建议招一批临促，提前做好培训通关，确保达到服务标准。

如何高效处理客诉

所谓客诉，就是指消费者在购买产品或接受服务的时候因不满而产生的抱怨。客诉如果得不到解决，会导致买卖双方产生更大的矛盾和损失，最终导致双输的局面。

在终端实际情况中，很多客诉发生的地点就是在卖场，所以如果过于依赖客服中心的客服人员，可能得不到及时有效的解决，因为处理客诉就好比是去起火现场灭火，时间一拖，消费者的情绪更加激烈。如果此时商场人员不懂得如何处理客诉，就会导致火上浇油的情形，消费者的怒火会变成熊熊烈火，这时候即便客服赶到现场也只能是引火烧身。

因此，学习处理客诉的技巧也是终端店长、销售员、设计师的必修课。

终端面对客诉，最大的问题就是缺乏流程，一遇到客户抱怨，就会神色慌张、手足无措，进而弄巧成拙。结合之前处理客诉的经验，我建议终端销售员按照以下流程去处理。

第一步：转移阵地。

将消费者引导到安静的休息区，让其坐下来并赶紧倒茶，以免影响其他消费者的购物体验。（切忌双方针锋相对地站着，这只会让消费者更加激动和吵闹）

第二步：接受抱怨。

消费者此时情绪正大，多说无益，应该摆出诚恳且充满歉意的态度，去接受消费者的一切"谩骂"，让消费者消气。

第三步：倾听需求。

消费者的抱怨最终还是为了解决问题，所以他一定会告诉你他想要的结果是什么，因此我们要听清楚、搞明白消费者想要什么，然后才能针对性地去解决，让消费者满意。（处理客诉的关键不是口才，而是你的态度和你的倾听）

第四步：提供方案。

尽一切可能满足消费者的需求，如果消费者的要求太高无法满足，可以适当表示惊讶或为难，或者请老总出马，以表示你已经全力以赴，让消费者"无话可说"。（如果消费者提出需求，可以提供两个方案让消费者选择，让消费者感觉到我们的贴心和用心）

第五步：告别感谢。

消费者接受我们提供的解决方案后，要继续表示我们的歉意，感谢消费者提出的不足和不满，表达今后改正改善的决心，送别客户的过程要一边表示歉意一边表示感谢。（让消费者得到最够的尊重和尊崇）

客诉是否能高效处理妥当，直接关系到口碑的传播，千万不要轻视消费者的人脉力量。以上就是处理客诉的流程，希望大家今后应对起来更加得心应手。

如何塑造非凡体验感

我说的非凡不是不同寻常，而是让消费者进店体验时有"家的味道"。回味一下，家的味道是什么？是放松，是亲切，是温暖，是心灵的港湾。如果能够让消费者进店时有回家的感觉，没有压力，没有戒备心；如果能让消费者进店变成一种享受、一种快乐；如果你能像对待亲人、好友一样对待消费者，亲和自然，诚心微笑……那恭喜你，你赢了，你的商场一定门庭若市，何愁客流？

然而，塑造非凡的体验感是一个系统工程，需要硬件和软件一起变革。

首先，要有专业的方案讲解和效果图体验区。

定制的核心是设计，设计的核心是方案和效果图，所以商场得先有个专业的方案讲解和效果图体验区。比如定制的三角桌面配上足够大的液晶电视，两排沙发和一个单人设计师专座，形成相对闭环空间，可以让设计师和消费者更专注在方案和效果图上，减少外界的干扰。

其次，儿童游乐区要有巧妙的位置设计与布局。

很多消费者来看方案时可能会带上小孩，如果小孩吵闹必定会影响父母看方案的精力和心情，所以如何能让小孩愿意在商场开心地逗留玩耍，又能让他们在父母的视线之内？这时儿童区的设计和位置就很重要了。比如可以在方案讲解区的旁边设计一个儿童房，儿童房区域可以和儿童游乐区做个完美的结合。这样，孩子在父母的身边开心玩耍，父母就可以安心地专注于倾听方案设计了。

还有，要能保证24小时即看方案和效果图。

对于大部分终端团队来说，全屋设计方案和效果图至少需要三天甚至一周的时间才能完成，而这会极大降低消费者的体验感：一是消费者的耐心是有限的，可选的品牌很多，极有可能"移情别恋"；二是设计师的记忆是递减的，激情是消退的，三天后设计师可能会把当时和客户沟通的重要细节忘记，导致后期不断改图进而引起消费者不满。因此，今日事宜今日毕，团队人手不足就招人，设计师都不够，如何能保证为消费者服务的效率和质量？三天时间设计出来的方案不一定就比当天完成的效果好。在当天量尺后的 24小时内，设计师的记忆是最强的，感觉是最新鲜的，创意也是最浓的，要求24 小时出方案出图，既是追求效率，其实也是为了保证效果。

做好以上三点就能塑造非凡的体验感，给品牌带来更好的口碑，也会带来更多的客流。

12

业绩从哪里来

销量增加，利润却减少了？

在终端销售中，很多经营者都会发现一个"奇怪"的现象：销量提高了，按照水涨船高的道理，利润应该是增加的，哪怕增加得不多，但遗憾的是，利润反而减少了。

销量增加，利润减少。这是为什么？很多经营者第一时间想到的是：特价单（套餐）卖多了。

这确实是利润减少的一个原因，但不是根本原因，而且很难改变。之所以说难改变，是基于目前的市场竞争和市场环境而言，让我们不得不卖特价单（套餐）。

市场方面的宏观因素是我们必须接受的，微观才是我们有所作为的地方，因此我们要向内看，找出内因，针对性补强。

在我看来，销量增加、利润减少的内因有三点：人员成本上涨、展厅费用上涨、管理水平下降。

因此，要提升利润水平，建议从三点着手。

1. 优化组织架构。（解决人员成本上涨的问题）

市场决定架构，架构决定人员配置，不同市场级别的情况各有不同，所以优化组织架构要做全局考虑。

不管什么市场级别，人员架构都需要保证有三大体系：销售体系、售服体系和行政体系。对于四级以上市场的人员架构，一般来说，要精细化，专人专事，不要一人多职；四级以下的市场，可以考虑售服体系和行政体系一人多职。但不管怎样，销售体系一定是独立且完善的。

优化组织架构不一定就是要裁员，团队不是人越少越好，更不是人越少成本越低，相反，合理地增加人员配置反而可以降低成本，提升绩效。比如说增加测量组，虽然比原来架构增加 3～10 人，但是可以保证免费测量的效率和质量，进而提升成交率和单值，带来的效益是不可小觑的；比如说增加下单组，专门负责下单，这能有效降低遗留单，带来的效益也是相当可观的；比如说增加培训组，专门负责团队的造血与活血，负责课程开发与实施、新员工的培养，等等，这带来的效益也是不可低估的。

2. 要装就装精品店。（解决展厅费用上涨的问题）

店面展示是一切销售工作的基础，所以装店时，一定要以三到五年后的眼光来定位今天的店面，否则基本会失败。装店对商场来说是生与死的抉择，所以经营者必须保证每个店都是精品店。

很多经营者装修店面时不用心，结果一流的品牌装修出二、三流的水平，导致弄巧成拙。店面是用于吸引客户进行交易的场所，唯有精品店才可以提升单位面积的产出以及降低装修成本。所谓精品店，在风格设计、布局设计、门头门面设计、橱窗设计、形象墙设计、陈列展柜设计、外部照明设计、壁面照明设计等方面，都要花心思。

谈到装店，就不得不谈一下上样产品的策略。产品可以分为打仗型、畅销型、利润型、形象型，一定要细分上样产品。打仗型利润一般可以达到35%，畅销型有 50% 的利润，形象型和利润型可以高达 70%，这样就能总体维持在 50% 的利润水平。

3. 引进高端人才以及改变和调整机制。（解决管理水平下降的问题）

管理者一定要招高水平的人才，这样一来可以给团队其他成员压力，二来可以提升团队水平。所以，老板一定要舍得投入，要用高薪资从各种渠道引进高端人才。

除了人，机制的重要性也不言而喻，好的机制可以解决团队的动能问题。机制在每个阶段都要有所调整，大活动要大激励，常规活动用常规激励，一成不变的机制难以激发团队的高水平发挥。

在以上三点上下足工夫，你的利润一定能随着销量水涨船高。

经销商如何提升店面销售额

销售额对于经销商来说至关重要，因为没有销售额就没有利润，企业就难以生存，更不用说发展壮大了；没有销售额就没有收入，员工没有激情，进而导致人员流失严重。尤其现在市场竞争激烈，越来越多的商家加入市场当中争抢份额，销售额的提升显得越来越难。

对于终端来说，要想有效提升销售额，经营者必须先理清提升销售额的方向、方法和步骤。

首先要记住一条公式：销售额＝来客数 × 成交率 × 客单价。接下来我就从这三方面进行剖析。

1. 如何提升来客数。

来客数指当天从营业开始到结束进入店面的人数。来客数越多意味着人气越旺、氛围越浓厚，这样就越有利于成交，或者说成交机会越多。人都没有，谈何业绩？有人才有业绩！

那么，如何提升来客数呢？我总结了六种方法：

① 做好店外氛围布置，特别是促销活动期间。如在店外立拱门、摆出活动 × 展架、贴地贴、摆帐篷、挂气球等。

② 在活动前期和中期派发宣传单页，还要规划好派单路线、组织好人员，并做好动员工作。

③ 通过微信、短信、电话、多媒体平台通知客户活动内容。

④ 通过微信渠道，建立门店公众微信号并做好微信营销方案，如关注有礼、转发有礼、点赞有礼、分享有礼等，让更多的客户了解门店活动内容并

助力宣传。

⑤通过小区推广。在活动前期和小区物业公司达成协议，在小区主干道挂横幅、在门口摆帐篷搞小活动吸引客户交订，在电梯里面和电梯口贴活动内容广告等。

⑥通过"扫楼"方式在新小区派传单并拿取客户信息，进行电话营销等。

2. 如何提升成交率。

提升成交率需要做好以下 10 点：

①保证人员充足。尤其是在促销活动的时候，实在不行就请临促，因为就算活动中来客数很多，如果你人手不够，接待不过来，最终还是会导致客户流失，成效大打折扣。

②保证产品库存。提前跟工厂确定每款产品的库存量，以及是否淘汰、升级等，否则如果没有产品，客户再喜欢都无法成交。

③提升销售团队的产品知识储备。特别是新员工，产品知识不懂不扎实，客户一问三不知，当客户说贵的时候，很多销售员连自己都不知道贵在哪里，甚至很多销售员自己都觉得确实贵，当自己都无法说服自己的时候，哪里来的底气去说服客户？客户无法被说服，哪里来的成交？

④提升人员销售技能、推介技能和谈单技能。如 NCSS 讲解法、卖点推介技巧和三次循环报价法等，都要掌握好，以应对客户的价格诉求等。这些都会直接影响成交。

⑤提升终端销售团队的专业形象。包括仪容仪表和统一的行为举止等。

⑥提升销售跟踪能力。所谓销售不跟踪，万事一场空。尤其是对于初次来店没有成交的客户，要求终端要建立客户流失信息登记表，登记流失客户的姓名、电话、住址、意向产品，以及因何原因导致流失等，接着就要进行电话二次邀请到店，提升成交率。对于促销活动中交订的客户，也需要在后期服务到位，保证最后交完全款。

⑦做好商场装修和样品陈列。客户的体验很重要，样柜产品需要有畅销

产品、主打产品、形象产品、高端产品、组合产品和特价产品，根据当地市场将主打产品陈列在最好、最显眼的位置。

⑧ 在店内的电视上播放企业宣传片、产品加工过程片段和其他广告片，以此提升本品牌的公信力和影响力。

⑨ 在店内播放轻音乐，让客户在优雅舒适的环境中体验产品，提升客户的满意度和成交率。

⑩ 做好价格牌和 POP 陈列。如店长推荐、活动特价、清样特价等，这些价格牌充当着"无声的销售员"的角色，让客户一目了然。

3. 如何提升客单价。

客单价指单值，提升客单价需要做好以下五点。

① 产品关联和配套。销售带单，如果一个客户看橱柜并交订，接下来要做的就是想办法让客户看衣柜和其他品类，并促成交易。

② 为客户推介新品。新品往往市场价格较稳定而且价格较高。

③ 推介产品时候尽量按"高端—中端—低端"的顺序进行。

④ 说明产品部件的附加值，增加功能配件的成交。

⑤ 推高端产品。比如实木橱柜衣柜，要学会卖文化、卖内涵、卖设计理念、卖价值、卖寓意，让客户喜欢上你的产品，只有这样才能让客户感觉值。

以上分享给大家的是方向和方法，销售额 = 来客数 × 成交率 × 客单价，如果切实从这三方面持续努力，店面销售额没有理由上不去。

经销商靠什么突围

随着社会的发展、科技的进步和工艺的普及，现在的产品越来越同质化，产品品质、技术含量和使用价值也没有太多的不同，表面看上去，消费者难以识别同一产品不同品牌存在的细节差异。

除了产品的差异不断缩小外，市场的主体也发生了很大的变化，从过去的卖方市场到现在的买方市场，客户牢牢掌握了主动权，有了更多的选择。所以很多经营者说现在的生意不好做、现在的客户比较挑剔。没办法，市场经济本身就有竞争性和开放性的特征，客户可以在众多的选择当中进行"挑剔"。这时候，一般品牌往往免不了进行残酷的价格战。

对于高端品牌来说，如何在不进行价格战的情况下赢得高端客户的青睐呢？

首先，我们要知道，客户在做出选择的时候往往需要一个理由。比如在家居商场里有好几个衣柜品牌，客户为什么一定要在你这里购买？这时候客户需要找到一个理由，比如说 A 品牌的专业打动征服了客户，或者服务感动到了客户，或者这个品牌的产品独一无二，再或者产品的细节赢得了客户的青睐……这些都是理由。

在产品、展示、陈列区域同质化的今天，经销商如何突破同质化，帮助客户找到理由在自己的商场下订购买呢？我认为必须努力实现三个差异化，分别是话术差异化、服务差异化和活动差异化。

1. 话术差异化。

话术的重要性前文已有详细分析，它直接关系到客户是否成交。导购如何通过差异化的话术吸引、引导，并最终留住客户，前文有详细介绍，这里不再赘述。

2. 服务差异化。

在如今产品越来越趋于同质化的形势下，要想取得竞争的胜利就必须建立差异化服务。要让顾客有宾至如归的感觉，让客户感受到与其他地方不一样的服务，从而降低对价格的诉求，进而提升成交率。

那如何才能做到这一点呢？我建议做好以下两个方面。

首先，做好迎宾服务。

其次，做好三倍服务。

当然，除此之外有条件的还可以设立 VIP 贵宾室、儿童游乐园并提供其他个性化服务，等等。

3. 活动差异化。

活动差异化是指活动的内容和形式都比较新颖，并要区别于对手。如今建材市场中的各大品牌除了产品、装修和陈列同质化外，连活动的内容和形式都趋于同质化，毫无新意。特别是在大城市，不少消费者早就对砍价会、夜宴、以旧换新等活动麻木了，一场场类似活动搞下来，只剩下商场在演独角戏，活动一次比一次失败，签单一次比一次少。

对此，经销商应该在总公司的活动主导政策不变的情况下，根据当地市场和消费实际情况进行积极调整，大胆破除旧有思维，颠覆传统、大胆借鉴、推陈出新，想出不同于对手的"新噱头"。多一点"跳出行业看行业，跳出产品看产品"的思维，只有这样，才能获得广大消费者的青睐，吸引更多的消费者。

未来终端一定是赢在差异化，输在同质化的，所以一定要努力实现话术差异化、服务差异化和活动差异化。

关于双品牌战略的一些思考

采用双品牌战略的企业并不鲜见，定制家居行业有欧派和欧铂丽等。

在品牌创立之初，只有聚焦、专注才能生存发展，所以企业对品牌的定位很重要。消费群体本来就有层次之分，品牌的定位往往是跟目标消费群体相匹配的，如果你定位中高端，那你的产品研发、设计、营销模式，都要以中高端消费群体为研究对象并为其提供服务。

一个经过多年沉淀的品牌，在消费者心目中的形象和定位在短时间内很难改变，所以如果企业在规模扩张后想进一步获得更多其他品类或不同阶层消费者的市场份额，往往会创造第二品牌，这是成本最低的方法。

双品牌战略想要成功，产品定位要清晰，如果两个品牌的产品没有区别，就无法凸显产品优势，也无法获得消费者的认可。

定制家居行业最终还是会回归产品本身，进入差异化发展的新时代。所以双品牌战略的定位更要清晰，根据不同的定位，还要确保每年高额的研发投入，这种投入短期内效果不明显，但是后发优势会逐渐凸显。

所以，双品牌战略想要成功离不开两点：一是定位清晰；二是研发的高额持续投入。

团队业绩突破的三个关键点

业绩受市场环境的影响很大，但是抱怨市场对业绩提升的影响于事无补，作为管理者要思考的是，在哪些方面我们是可以有所作为的。

你说市场不好，为什么换一个团队就能起死回生？所以，业绩是靠人做出来的，如何激发一个人的潜能需要每一个管理者认真思考。

团队是由个体组成，而一个人的变化是由内而外的，如果一个人从内心就不认同一件事，一定也没有外在的行为和动作，做起来结果就一定不理想。也就是说，如果不认可，团队只能尽力而为，不可能全力以赴。

相反的，如果每一个人都认可，都能够充分调动自己的主动性和积极性，能够全力以赴地做好每一件事情，那么这个团队一定是战无不胜的。

所以经营者带领团队突破业绩必须解决三个问题。

1.Why—意愿问题。

意愿问题解决了，团队才有足够的积极性和主动性。

解决意愿问题，你得懂人性，也就是人需要什么，人为什么会工作，工作是为了什么。想清楚这些问题，对解决和调动团队意愿大有帮助。

人需要什么？其实马斯洛需求层次理论就是答案。今天的年轻团队，更需要的是尊重，是自我价值实现的需求。

工作是为了什么？大部分是为了养家糊口，还有一部分是为了从中找到自己的价值，为了实现自己的价值，为了得到成就感，为了得到认同……

所以，人去工作，都是想赚钱，这是大前提，要在赚到钱的基础上得到尊重。

以上问题搞明白了，你就知道为什么重赏之下必有勇夫，你也知道什么是分利共赢了。

另外，要调动团队的主动性和积极性，机制非常重要。什么是好的机制？你可以简单地理解：奖的心花怒放，罚的胆战心惊。比如五金百货配套率、家具配套率、电器配套率，这些核心指标决定了单值大小。有些老板抓住了这个关键点，于是给予超高激励，结果团队都卖疯了，商场的配套率超高，狼性十足。

2.What—专业问题。

团队的意愿问题解决了，可以说已经成功了一半。你想，我给你十个点的提成，你会不努力去卖？大家为了赚钱，肯定会自动自发地去搞明白：我们现在有哪些产品卖、什么型号、什么卖点……你不给培训，团队也会自己到处翻书、上网求教。

当然，想要更好地推动卖好的机制，最好还是给予团队专业的培训，让团队所有员工都清楚产品知识、样柜讲解话术、卖点工艺等。

3.How—能力问题。

我有意愿去卖，我也知道有什么能卖，但是我不知道怎么卖，这就涉及能力问题了。这也是为什么说培训很重要的原因，培训是"磨刀不误砍柴工"。

提升团队能力，我们需要给团队培训销售流程、销售技巧、竞品应对、异议处理等，掌握了这些，团队的技能水平才能上一个新台阶。

综上所述，团队水平 = 意愿 × 专业 × 能力，这也是要实现团队业绩突破的三个关键点。

2020 年，经销商如何做好营销

2020 年，经销商面临四大挑战：

第一，经济面临下行压力，消费者有钱不敢花，信心不足，消费趋于理性保守，消费端呈萎缩趋势；

第二，各大品牌东南西北中建厂投产，产能进一步释放，形成供过于求的局面，价格战更加激烈；

第三，流量入口碎片化，特别是单一的传统渠道流量下降更加明显；

第四，消费者的生活方式和需求不断升级。

看上去有些可怕吧？不用怕，凡事都有两面性，机会与危机并存，挑战也意味着是机会。只要2019—2020年能够"活下来"，你会发现原来的对手都"消失"了，行业也在升级换代，这时会迎来新一波的红利期，强者恒强，马太效应愈加明显：有的，给他更多；没有的，连他有的也要剥夺。

过去20年的电器行业跟今天的定制家居竞争格局非常相似，当年电器行业的品牌也是成千上万，如今剩下的寥寥无几，呈现出多足鼎立的寡头垄断形态。所以，今天定制家居行业的竞争充其量只能说是初始阶段而已，未来的竞争才是长线竞争，拼的是耐心和智慧。

当然，现在最大的问题是如何"活下去"，我觉得企业要用"用户思维"来改革和武装自己，要深入贯彻"用户思维"的精神。说的具体一点就是：真正做到满足消费者全新的生活方式和需求，一切战略从消费者出发，包括产品的研发、设计、生产、交付、售后服务等。

消费者需要的是什么？是产品，是服务。消费者认同品牌的背后是基于对你的产品和服务的认同。

首先是产品。因为产品的组合是给消费者解决方案，所以产品至关重要。产品的品质和细节是否过硬，这是基础。好的产品一定离不开好的展示，产品与展示是相辅相成、不可分割的。即便你代理的是大品牌，如果产品和展示老气横秋，消费者的体验感、价值感就会很低，这时候即便是低价处理也很难卖出去。

其次是服务。对于定制行业来说，服务的核心是设计，能否把消费者想象的样子变成真正个性定制且所见即所得的效果图，这就需要厉害的设计团队。当然，店面的接待服务和后期的服务也很重要，但是我在这里想突出设计服务的重要性，因为产品的差异是有限的，而服务的差异是无限的。

对于终端来说，可多研究年轻消费群体。据大数据统计，"80后""90后"成为当今消费主体，零售占比超过60%。年轻消费群体对个性化、风格化、一体化的需求很强烈，但是很多经销商根本没有反应过来，没想到个性化、风格化来势如此凶猛，展厅和产品没能及时更新换代，结果导致大单做小、小单做没。

有些经销商老板仍在用自己的眼光和喜好来装修展厅和上样，以为自己喜欢的，别人也喜欢，毫无用户思维。今天的消费者早就不是我们父母那个年代的消费者了，年轻消费群体不喜欢父母插手，完全可以自己决定装修风格，自己决定产品。不像父辈那个年代，结婚、买房子和装修都是父母说了算，父母喜欢欧式就装欧式，喜欢中式就装中式，这种情况早已成为过去式。

所以，经销商要针对消费者风格需求的变化，迅速优化展厅的展示形象并丰富产品风格，如工业风、轻奢风、简美风、意式风等，同时加快设计师团队的组建和打造。

我们是干营销的，"营"在前，"销"在后，要想"销"得好，就要先做好"营"。

2020年，电商渠道怎么干

所谓渠道，就是获取消费者的通路。所谓全渠道，就是打开一切通路，有精准客户群体的地方就要有我们的渠道。

随着渠道碎片化和多元化的发展，多渠道经营成为企业活下去的一种必然。在多渠道中，电商是非常核心且重要的渠道。

当今消费者获取信息的核心渠道就是网络。所以在未来，谁的电商做得最好，谁的流量就会最多。

为什么电商产值比较低还要做？为什么电商要给团队高提点？为什么电商不但要做还要有专门的电商运营团队去做？

关于这些疑问,我总结了以下几点原因。

1.因为当今消费主力军是"80后""90后",这一代人更愿意从线上了解信息,然后到线下体验。所以如果电商没有专职团队,这些消费者很容易被竞品掠走,因为可选性太多了。电商渠道你不做,别人做,这个渠道的份额就被抢走了。

2.电商最大的成本其实就是服务。电商的运营成本比传统店面接待客户的运营成本要低得多,加上电商渠道团队大部分还不够强大,所以高激励才能吸引人才,才能激发人的最大潜能。相对其他渠道来说,电商渠道成本是比较低的,运营起来还是比较划算的。

电商的本质是线上引流到线下体验,线上线下融合,所以电商体验卡的转化率至关重要,只有提升有效体验卡数,最终的成交率才能高,因为体验卡代表的是意向客户,有效体验卡指的是有效意向客户,即可以派尺并接受量尺的客户。

为什么有些经销商做电商就是做不好?很大可能是因为没有关注进店率,没有集中做落地活动。

总之,电商的客户要非常珍惜,一定要高度重视并给予最高规格对待。

我觉得电商客户的处理上有两点是需要注意的:一是电商客户不能平均分配给店面,因为这样无法集中落地,无法烘托氛围;二是电商客户的集中落地一定要选择展示形象最好、产品最齐全的店面。

2020年要干好电商渠道,必须做好五点:专职团队、梳理流程、提高激励、关注数据、集中落地。

经销商如何做大单值

作为经销商,如何有效做大单值呢?

我们先要找到影响单值大小的内因和外因。

内因主要是消费者层面:

1. 消费者的预算和购买力。

这是大前提。举个例子，销售员给你推销别墅，别墅很漂亮，你也很喜欢，但是没钱，别墅能卖出去吗？所以，消费者的购买力是单值大小的前提。

2. 消费者现在及未来的需求。

外因主要是产品和团队层面：

1. 产品的品质、款式、差异化等，能否打动消费者。

2. 团队的专业性，比如导购的接待讲解专不专业，设计的方案规划专不专业。

3. 团队的服务，售前、售中和售后的服务有没有做好。

找到了内外因，还要清晰做大单值的方向和方法：

1. 材料升级。

门板材料：比如消费者喜欢现代风格产品，那我们可以尝试从双饰面板往亚克力板、烤漆板、岩板、实木等更高端的门板转变，把相应产品推荐给消费者。

台面材料：国产和进口台面都介绍。

五金材料：从基础开始升级介绍产品。

2. 功能升级。

洗涤系统：从单一的水槽、水龙头，到净水单元、洗涤电器单元等。

收纳系统：从单一的抽屉隔板，到墙面收纳单元、吊柜收纳单元、台面收纳单元、地柜收纳单元等。

烹饪系统：从单一的烟、灶、消，到蒸烤单元、小电器单元等。

3. 尺寸升级。

地柜延伸：在空间允许的前提下，从 3 米到 3.5 米或更大的米数延伸。

高度延伸：尽可能地做中高柜和高柜，除了可以提升收纳功能，也能做大单值。

吊柜延伸：吊柜做长，空间延伸，但是要做好搭配和设计，保证既实用又美观。

4. 空间升级。

从卧室空间到玄关、客厅、儿童、书房、榻榻米等空间延伸。

从厨房空间到厨阳、厨餐、卫浴等空间延伸。

找准了内因和外因，清晰了方向和方法，做大单值就会水到渠成。

店长如何有效提升店面业绩

店面事务繁杂，作为店长要学会找准关键点，抓住牛鼻子，如此才能做到四两拨千斤，事半而功倍。

店面业绩的提升是店长最重要的长期性、基础性工作，要想有效提升店面业绩，得清楚两点：一是清楚业绩是怎么来的；二是清楚影响业绩的关键指标是什么。

业绩是怎么来的？从客户的角度来分析，业绩是这么来的：邀约客户—进店客户—意向客户—量尺客户—预约单客户—合同单客户—业绩。

业绩的源头在于有没有进店客户，如果连进店客户都没有，业绩提升就是痴人说梦。知道了这点，你就明白为什么说"流量为王"，明白为什么要做全渠道营销，明白为什么要做电商、家装，明白为什么要开购物中心窗口店、社区店。

进店客户数是业绩达成的基础条件，这一点应该跟销售团队达成一致。销售员的作用和考核也应该发生变化，销售员不能坐销，不能在店面干等客户，客户会被各种渠道截留，客户是等不来的，不能守株待兔，应该主动出击，去派单、去小区做推广、去打电话、去上门维护老客户……

销售员的绩效考核除了预约单之外，还应该强化过程指标，比如获客率。

在进店客户数得到保障的前提下要努力达成下个目标，即将进店客户变成意向客户。

所谓意向客户的标准是可以变化的，如果想要高标准，可以规定同时满足三个条件：① 留下信息（电话 / 微信）；② 留店 45 分钟左右；③ 出报价单。标准越高，意向客户质量越高。

提升意向客户的关键指标是留店率。

客户有意向了，接下来就要趁热打铁地给客户提供专业的服务，继续"消耗"客户的时间和精力（让客户没有时间精力或者懒得去与竞品对比），提升客户的黏性，比如免费量尺、免费设计（免费是为了让客户后期有更好的消费）。

努力将意向客户转为量尺客户，我们只有得到为客户服务的机会，才有成交的机会，这点一定要想明白。想明白了，你就知道设计师是资源，不是成本；想明白了，你就知道业绩驱动是设计，不是销售，这样你的单值不会小，利润也不会低。

提升量尺客户的关键指标是量尺率。

从进店客户到意向客户再到量尺客户，核心岗位是销售员，关键核心指标是获客率、留店率和量尺率，店长抓好这三个指标就把握住了关键点。

销售员决定的是下限，设计师决定的是上限。也就是说，销售员是基础，销售员的工作做好了，是可以得到服务的机会，但是后期能不能成交，成交的单值有多大，基本取决于设计师团队的能力水平。

从量尺客户到预约单客户，这个不难，有很多方法可以让消费者交预约金，但是从预约单客户到合同单客户，这个跨度是很难的。因为这意味着要让客户真正地掏钱，而且不是给个一两千定金，是付全款。如果你提供的量尺服务不好、做的方案和效果图客户不满意，客户是不可能给你钱的。客户愿不愿意签合同，代表着客户认不认可你、信不信任你，这点是做不了假的。

决定客户是否愿意签合同，核心在于设计。你的设计方案有没有定制的灵魂，有没有真正按需定制、量身定制，能不能让客户惊艳，能不能真正打动客户——对于这些问题，其实很多品牌都是心虚的，因为根本做不到，跟消费者的期望有落差。不是说实力不允许，实力是有的，但是时间和精力不允许，或者说资本不允许。资本追逐的是利益最大化、效率最大化，而这就给了私人设计工作室和高端家装独立工作室机会。对于这些工作室来说，一年也就几个客户，他们能够真正地全力以赴，可以足够地用心，可以花费好几个月就为了寻找消费者想要的材料，这些都是大品牌耗不起的。所以对于定制来说，机会很多，只要你足够专业、足够用心，就可以活得很不错。

产品的差异是有限的，服务的差异是无限的，尤其是定制设计。大品牌应该要多花心思在设计上，在设计效率的提升、设计效果的提升、设计师能力的提升上，而不是把心思放在营销的噱头和包装上。再好的营销，也比不上用心的设计。

从量尺客户到预约单客户再到合同单客户，核心岗位是设计师，应该让设计师通过专业的设计主导成交和转单，核心关键指标是成交率和转单率。

如何有效降低退单率

单值、业绩，都是越高越好。但有两个指标是越低越好的，一个是遗留单率，另外一个就是退单率。

对于销售及店长来说，售前除了要关注签单率，还要控制好退单率，不要签单签得热火朝天，结果退单的比例也是高居不下，那就苦不堪言了，白忙活。

退单，意味着"煮熟的鸭子飞走了"，是最伤个人及团队士气的噩梦。

所谓居安思危，思则有备，有备无患。最理想的当然是未雨绸缪，防患于未然。不过要是真的亡羊补牢，也是犹未迟矣。总之，做得好的我们要继续保持，做得不好的要深刻检讨。

失败不是成功之母，只有检讨才是成功之母。我们要深刻检讨、反思退单的原因是什么，找到根本原因后对症下药，从而药到病除。

做销售就像做医生，只有找到病根才能根治病症，不找到病根，就会出现头痛医头、脚痛医脚，做很多无用功的情况。

那么，客户到底为什么会退单？

经我总结，退单的原因可以归纳为四个方面：因为价格的原因导致退单；因为产品的原因导致退单；因为服务的原因导致退单；因为方案的原因导致退单。

因为价格问题导致的退单，可以总结为三点。

1. 超出预算。

应对策略（以厨房为例）：

① 强调厨房空间的价值和重要性，让消费者愿意提高厨房空间的预算；

② 用价格更便宜的相近花色及匹配风格的材料进行替换；

③ 做减法，减去非刚需的百货电器功能件。

2. 感觉不值。

应对策略：

① 塑造品牌价值；

② 塑造环保价值；

③ 塑造产品价值。

3. 继续要价。

应对策略：

① 先扛价，再让价；

② 三次循环报价法。

因为产品问题导致的退单，可以总结为三点。

1. 不喜欢（款式不满意）。

应对策略：

① 运用产品画册；

② 效果图库提前按照风格分类导入 iPad 或电视机。

2. 不好用（功能不满意）。

应对策略：

按照不同配置、不同价格做高中低三个套餐包，根据不同的客户阶层及需求进行针对性地推介和升级。

3. 不耐用（品质不满意）。

应对策略：

① 熟悉核心卖点优势讲解；

② 了解核心竞品；

③ 准备好相应的证明材料。

因为服务问题导致的退单，可以总结为三点。

1. 跟进不及时。

应对策略：

① 订单客户跟进表；

② 一客一群严执行；

③ 每天发一条微信；

④ 三天打一个电话。

2. 团队不专业。

应对策略：

① 样柜卖点讲解演练；

② 熟悉常见异议应对；

③ 通关量尺沟通话术；

④ 规范上门量尺流程。

3. 服务不热情。

应对策略：

① 短信电话常汇报；

② 上门要带随手礼；

③ 多笑多夸多赞美。

因为方案问题导致的退单，可以总结为三点。

1. 量尺沟通不满意。

应对策略：

① 量尺前做好话术、道具包装以及导购和设计师的一信一电；

② 量尺中做好形象、道具和话术的准备；

③ 量尺后做好包装和告别。

2. 方案设计不满意。

应对策略：

① 设计过程让客户参与进来；

② 方案需要互审检查；

③ 提前做好两套方案给客户选择。

3. 方案讲解不满意。

应对策略：

① 提前做好方案讲解的演练；

② 突出专属定制的设计亮点；

③ 呈现生活痛点并说明方案。

找到导致退单的原因（病症），准备并熟悉应对策略（药方），对症下药，自然会药到病除。只要团队坚持演练、强化技能，退单率一定会降低。

如何让店员多收定金

为什么要多收定金？多收定金意味着消费者会付出更多的金钱，消费者付出的金钱、时间、精力越多，意味着跟我们的黏性越强，有利于提升成交的稳定性和卖方后期的主动权。

多收定金要掌握三部曲：

第一，告诉团队成员——能收。

多收定金首先要树立信心，让导购知道能收，过去收一千元、两千元，现在收一万元、两万元，实现这个跨度是需要勇气和自信的。建议由店长甚至老板带头示范、树立榜样，让团队成员眼见为实，提升士气，强化信心。

对于销售员来说，能不能多收定金，在于你敢不敢要求客户，这也是优秀销售员和一般销售员的区别所在。就像为什么尚品的设计师上门量尺，客户都在现场？很简单，因为尚品的销售员要求客户必须在现场，就这么简单。至于如何要求，这是另外一个话题了。

第二，教会团队成员——会收。

如果你的团队成员相信确实能多收定金了，那接下来的就是为团队成员提供技法——如何多收。只有每个成员都掌握了技法，才能"会收"。

交一千元是交，交一万元是交，为什么我要交一万元？这是很多客户的顾虑，只有打消客户的顾虑，才能多收定金。而打消客户的顾虑，需要提供足够有说服力的理由。

举个例子：交定金满五千元砸一个金蛋，以此类推，100%中奖。这个方法是很有效的，但是奖品一定要有吸引力。

有了这些政策支持并形成套路和话术，多交定金不是问题。

参考话术：

早交晚交都是交，现在交满五千元还有一个大礼包赠送。礼包也是大品牌，关键还很实用。这个大礼包是限量的，只有前十名的客户才能享受，您看已经有八个客户交了，现在只剩下两个名额……

第三，激励团队成员——想收。

我知道能收，我也知道怎么收，接下来要解决的就是团队成员的动力问题了，也就是如何激发团队成员想多收且积极多收定金的动力。

要发挥团队成员的主观能动性，当然离不开有刺激性、有吸引力的奖励机制，这方面作为商场老板必须得舍得投入才行。

如果你舍得投入，可以考虑把团队成员分组PK，每阶段设定小组冠军奖（根据所收定金的高低来衡量），冠军奖励金额一定要有吸引力，不要每个人分下来一百块钱都不够，这就没意义了。活动结束后评出小组总冠军，金额要更大一些，当然奖金发放的前提是小组目标的完成或店面总目标的完成。至于个人方面，可以设置个人最高定金冠军奖、个人总定金冠军奖，建议奖励金额500元起。

多收定金，消费者不会轻易盲目对比，省心；多收定金，销售员不用担心"煮熟的鸭子飞走了"，放心；多收定金，老板不用担心现金流不够，开心。

做活动需"内外兼修"

没有淡季的市场，只有淡季的思想。即便市场在萎缩，量还是有的，刚需依然是不变的，而这时我们要做的就是——抢，抢份额、抢量。怎么抢？最有效方式就是做活动。

在消费者的潜意识里，商家搞活动就是搞促销，这时候购买感觉是最划算的。所以商家天天搞活动，你不搞，别人会搞，大部分消费者自然会选择去搞活动的商家购买，毕竟产品从外观乃至细节上都趋于同质化，消费者基本无法判断。

因此，月月促销、周周落地、天天打折已经成为很多商家的常态。那如何在高频率的促销活动中取得较好的收效呢？这里是有讲究的。

1.活动主题新颖，有吸引力。

大部分人喜欢新鲜的东西，因而活动的主题必须新颖，哪怕是老酒也要换个新瓶装。如果消费者一看你的活动主题就知道你的葫芦里卖的是什么药，那活动白搞，钱也白投。

有吸引力指的是能够实现客户进店，也就是引流，如果消费者看了你的活动介绍都没欲望进店看看，那很遗憾，活动已经失败了一半。所以经营者必须有所取舍：哪些是引流款，拿来亏钱的；哪些是主推款，拿来赚量的；哪些是利润款，拿来赚钱的。每次活动必须将一些必需品做个低价，甚至用亏本价去吸引消费者进店了解，否则成单的机会为零。

2.熟透方案内容，人人通关。

团队所有人员必须通关方案内容，包括套餐政策、产品型号款式尺寸、花色是否有限制，买送规则、折扣幅度和规则、抽奖的规则和名额等也都要烂熟于心。

一般活动主题和方案确定后就会搞个启动会，宣讲活动主题和内容，明确目标和活动形式，公布激励惩罚政策和注意事项。接着就是培训和通关了，通关完成后还要每天抽查，如在每天的晨会，除了安排当天工作，明确当天目标任务之外，还可以再次通关，确保人人熟悉方案内容。

3. 做好执行总结，各司其职。

活动成功与否跟客源和客流有很大关系，所以活动的成功需要上下同欲、分工合作。经营者负责搞客源，因此在活动执行过程中，首先要求经营者掌握客源六大系统：

① 店面系统：前期意向客户和自然进店客户；② 小区系统：小区扫楼客户和地面推广客户；③ 家装系统：家装公司客户；④ 网络系统：网络渠道客户；⑤ 客服系统：老客户介绍；⑥ 异业系统：异业联盟信息。

店长要做好三点：

1. 监督送好邀请函。

为了显得活动正式并引起消费者的重视和珍惜，一般稍大一点的活动都会送邀请函，由此营造一种仪式感。所以团队执行的第一件重要事情就是电话"送"邀请函。打了电话，还要给消费者发信息，这显得我们重视他。

2. 提供话术和工具。

通过邀请函把消费者邀约进店。此时要做的重要工作之一就是促单，所以促单话术需要提前写好并要求销售团队通关，包括怎么说、时机的把握、语气眼神等都要高标准。消费者不定单基本要么是不着急，要么是要求更低的价格。针对不着急的消费者，要再次塑造突出活动的核心价值，以限量限时的方式告诉消费者机不可失时不再来、过了这个村就没这个店，让消费者不再犹豫下定。针对要求更低价格的消费者类型，提前做好培训和提供工具，如三级报价法、如将样板房协议书等提供给销售团队运用，以此让消费者下订。

3. 及时奖惩和总结。

每天的奖惩都要及时兑现和总结，可以选择在晨会或者夕会进行。当然，前提是确保订单数据真实可靠，建议将每天的订单都发到活动微信群，要求订单拍照，且显示拍照时间和订单刷卡时间，这样可以最大限度地避免弄虚作假，减少非正常退单率。

所谓"打铁还需自身硬"，促销活动想要成功，绝对不能打"无准备"的仗，除了外在的主题要新颖、有吸引力之外，还要求团队自身的基本功扎实，做到"内外兼修"，如此方得始终。

搞清目的才能取得胜利

在这里，我罗列了几项终端常做但比较容易跑偏方向的事情，希望能起到一些提示作用。

1. 免费测量。

免费测量的目的不在于测量，而在于沟通。

测量再专业，如果沟通缺失或沟通不畅，都会直接影响测量转化率。衡量一个设计师是否优秀的关键，就在于量尺现场和客户的沟通。

2. 活动送卡。

活动送卡的目的不在于卖卡，而在于创造和客户面对面沟通交流的机会。

活动送卡已经成为常态化的一种模式，很多销售员以为送卡就是卖卡，其实不是。只要你以送卡的名义得到与客户见面沟通的机会，本身就是一种成功，哪怕你卡没卖出去，照样有可以成交的可能。相反，如果你没做好沟通，哪怕你的卡卖出去了，也不一定会有成交。

3. 售后服务前置。

售后服务前置的目的不在于服务，而在于提升口碑和获得二次开发客户的机会。

售后服务前置很多商场都在做，但是成效很低，问题的关键就在于没有搞清目的。售后服务为什么要前置？目的就是除了上门搞清洁得到客户的认可之外，还应该二次开发客户。比如售后服务人员跟客户推销净水器、垃圾处理器等，这么好的机会怎能放过？只要对客户有切实的帮助，客户是愿意选择你的。

4. 设计师包装。

设计师包装的目的不在于包装，而在于树立权威。

现在很多商场都开始重视设计团队的建设，尤其是设计师的包装，包括称谓的包装、形象的包装、工具的包装等。设计师为何要包装？除了塑造专业的形象之外，更重要的是树立其在客户心目中的权威。建立了权威才能更好地影响客户、感染客户、主导客户、成交客户。

5. 夜宴冷餐。

夜宴备好冷餐给客户，目的不是吃，而是不让客户尴尬。

很多商场都会搞夜宴活动，都知道要准备冷餐甚至热餐，比如烤鸡翅、饼干、蛋糕，还提供饮料、水果等。这些食物其实主要是用来看的，不是用来吃的，目的是让客户坐下来不会显得很尴尬。试想，如果桌面上水果、饮料什么都有，是不是也能吸引一些客户坐下来？

6. 辅导员工。

辅导员工的目的不是批评，而是帮助员工。

不要把辅导当成批斗会，辅导就是为了帮助你的下属变得更好，所以辅导应该帮助下属发现自身问题所在并探讨原因，然后针对问题提出解决方案，重在鼓励和支持。

7. 学习案例。

学习案例的目的不在于重复，而在于减少走弯路和重新开发思路的成本。

目前最受欢迎的培训内容之一就是案例分享，尤其是失败的案例。别人已经走过弯路了、别人已经证明过有些方法是正确的，既然已经有前人的经验教训了，为何不借鉴一下？

8. 提问。

提问的目的不在于提问本身，而在于互动。

破冰最好的方式就是提问，只要你有问，客户有听，基本上客户都会回应你。当然，客户跟你互动的成功率在于你提问的频率和方式。一般来说，只要你提封闭式的问题而且问得越简单，客户就越容易回应你。比如您之前了解过吗？您吃过饭了没？

9. 讲解产品。

讲解产品的目的不在于讲解，而在于引导。

作为销售员和客户之间建立信任的桥梁和中介，产品是个很好的突破点。客户来店面就是为了产品而来的，所以这时候产品为王，我们应该充分利用产品引导客户，而引导最好的方式就是讲解，要将客户的注意力引导在产品上。

10. 销售成交。

销售成交不是为了提成，而是为了实现自我价值。

很多人甚至老板都以为销售员成交的目的就是为了赚钱！确实，赚钱是目的之一，不然怎么生活呢？销售员有时候为了一个单可以连续奋战四五个小时，有时候为了一个单可以连续跟踪半年甚至一年，难道仅仅是为了提成？当然不是！销售员更多为的是帮助客户后的那种成就感，更多为的是看到客户满意笑容后的欣慰和幸福感，更多为的是经历成长和实现自我价值！

13
你的团队为什么没有战斗力

店长，你会带新人吗

我们现在很多企业、商场，聘新人过来，都是先培训产品知识、流程制度、技能方法，培训几天后就直接到工作岗位开始上班。但是往往时间不长，就有人辞职跳槽，人才流失非常严重，以致很多老板说："招一个、走一个，培训一个、跳槽一个，招不到人甚至不敢招人！"

那么，问题出在哪里？该如何解决？作为店长、作为管理者，你又该如何带好新人呢？

1. 员工更认同"为什么"。

新员工流失严重、忠诚度不高，问题的关键在于新员工一进入公司就开始学习，学习产品知识、流程制度等，至于为什么要学，却没有人告诉他们。为什么要学？员工的回答往往是："老板、上司要求的。"

如何改变现状？首先要改变思维角度，就像看画中画一样，表面看起来是普通景物，实际上却隐藏了另外一种景物，要想看到隐藏的景物就必须换个角度。

所以，我们在培训员工产品知识、流程制度之前，需要先告诉新员工为什么。基于此，培训的内容应该是先告诉新员工：我们客户的需求是什么？我们团队的期望和目标是什么？我们存在的价值是什么？因为只有说了这些，新员工才知道为什么要学产品知识、流程制度，才会更加有动力、更有目的性地去工作，并能得到更好的结果。

举个例子：两个领导委派任务给员工，A 领导说："小林，你今天下午去跟某某供应商谈判关于产品合作的问题，到时候把结果告诉我。"B 领导说："小林，因为你在我们团队里面比较细心，而且大家都说你的思维逻辑能力和表达谈判能力很强，所以呢，我委托你代表公司今天下午去跟某某供应商谈判关于产品合作的问题，到时候把结果告诉我。"大家说，小林更容易接受 A 领导还是 B 领导？小林接受 A 领导去谈判的结果好还是接受 B 领导去谈判得到的结果好？答案不言而喻。

2. 认同要从新开始。

认同要从新员工开始，老员工都是从新员工过来的，但是很多企业往往只认同老员工、只肯定老员工的价值，不经意间忽略了新员工。其实认同新员工比认同老员工更为重要，新员工代表着企业的新生力量，是企业持续发展生产的重要补充，甚至是未来的中流砥柱。一个团队有战斗力、有凝聚力、有向心力，就必须得到认同，而认同必须从每一个招进来的新员工开始。对新员工要多鼓励、少批评，认同员工、肯定员工是很好的催化剂，可以激励员工、激发员工更好更努力地工作，提升员工对企业的归属感、依赖感和忠诚感。

认同要从新行为开始，过去，一个员工犯了非原则性错误，很多管理者就会直接对该员工判"死刑"，尽管这个员工很努力地改变、很努力地弥补，但是管理者都不屑一顾，甚至直接将其清理出门。殊不知，此举会让别的员工看在眼里，痛在心里，因为他也担心有一天一不小心会得到同样的结果，于是整天担惊受怕，影响心态和工作成效。其实，人非圣贤，孰能无过？犯了错误后只要行为发生了改变，有所改善，我们就应该给予及时的认同和肯定，鼓励前行、助其成长。只有如此，员工才会心存感恩、全力以赴甚至舍命相随。

3. 认同要从心开始。

从被认同的一方来说，肯定是希望上司的认同是发自内心的；从认同的一方来说，必须关注对方的内心想法，清楚对方内心渴望得到的认同是什么，是物质上的还是精神上的。如果是物质上的话，究竟是生活用品、体育用品还是饮料茶水？如果是精神上的，那对方是希望在公众场合被认同，还是私下认同、书面表扬、口头表扬或其他？这些认同的方式在发自内心的基础上也需要花心思去琢磨，因为只有这样才能满足不同员工的认同需求。

21世纪的竞争是人才的竞争，我们要留住人才、用好人才，就要多认同、多鼓励，少批评、少指责。永远记住：员工更认同"为什么"，认同要从新开始，认同更要从心开始！

经销商败在团队，更败在招不对人

很多老板、店长都面临一个问题：招人很难。不是招不到人，而是招不到或者不知道怎么招到合适的人来匹配岗位。招不到合适的人，也是导致人员大量流失的一个重要原因。

为什么招不到人？为什么招不对人？先问问自己用对方法了没有。方法很重要，成功一定有方法，失败一定有原因！很多经销商败就败在团队，团队就败在没招对人上。

那么，怎么用正确的方法招人呢？

企业人力资源管理中经常提到"人尽其才，才尽其用，人事相宜"，企业的建立、生存和发展壮大都要人去努力，而最大化地调动员工的积极性和吸引更多的人才来服务企业就必须有个良好的企业文化。而经销商要想成为当地的霸主离不开人才，竞争的实质就是人才，而人才的竞争归根结底就是要学会招人、育人、用人、留人。其中招人乃重中之重，招聘者需要把好第一道关。

而在招聘面试中，仅仅通过应聘者的简历，是无法全面了解应聘者的知识、经验、技能的掌握程度及其工作风格、性格特点等情况的，这时就需要使用STAR提问技巧，以最大限度地对应聘者做出全面而客观的评价。

那什么是 STAR？

S——背景问题，T——目的 / 动机，A——行动 / 行为，R——结果。

为什么要用 STAR？

因为我们无法得知应聘者的未来，我们只能通过应聘者过去的行为来判断未来，而行为是最精准的语言。换句话说，就是："过去的行为是未来行为的最好预言。"应聘者的简历内容往往都是泛泛而谈，缺乏真凭实据，作为面试官需要去伪留真，多问过去，少问将来，从应聘者过去的行为中判断其简历是否是真实的、有效的，而不是被应聘者的夸夸其谈所迷惑。

首先，通过提问应聘者的背景问题、跟工作业绩相关的问题，来了解应聘者；

其次，通过了解应聘者做事情的动机和目的，来观察其是否匹配岗位要求；

再次，了解应聘者在之前的工作中有没有付出足够的行动，或者对过去行为的细节不断进行追问，来确定应聘者的工作方式、思维方式和行为方式；

最后，才关注结果，好还是不好，好在哪里，不好在哪里，这些好与不好应聘者都怎么看待，了解其心理动态。

如何用好 STAR？

首先，确定岗位用人的素质要求和标准；

其次，设计面试题库，做好面试准备；

最后，一定要有效提问和追问，从而去伪存真。

比如对岗位的一个要求是忠诚度，那就可以问："你来应聘前做的是什么工作？""做多长时间了？""为什么离职？"比如岗位要求沟通协作能力，可以问："由于每个人的思维不同，所以跟同事一起共事多多少少会有点矛盾，你过去印象最深的是哪一次矛盾？""为什么会产生这个矛盾？""你是怎么看待的？""最后结果怎么样？"

以下是我过去作为面试官最常问的一些问题汇总，希望对大家有参考作用和帮助。

S（背景问题）：

① 你以前是做什么工作的？

② 你以前做过几份工作？对你之前的老板印象怎么样？

③ 你出来工作多少年了？

④ 你以前在学校有没有当班干部或者在学生会和团委里面当过干部？

⑤ 你以前在学校有没有参加过什么比赛？

⑥ 你以前在学校最大的成就感是什么？

⑦ 你以前在学校有没有做过什么特别自豪的事情？

⑧ 你印象中过去最失败的地方是什么？

⑨ 你印象中过去最成功的地方是什么？

⑩ 你过去的工作有没有做出过什么比较大的成就，让你比较自豪的？

T（目的 / 动机问题）：

① 你为什么想到参加那个比赛？

② 为什么要辞职？

③ 你找工作最在乎的是什么？

④ 为什么会想来咱们公司应聘？

⑤ 你是怎么了解到咱们公司的？

⑥ 你看中咱们公司的什么？

⑦ 你了解过咱们公司吗？

⑧ 你对工作有什么要求或者期望？

⑨ 你对薪资福利有什么期望？

⑩ 你对跳槽怎么看？

A（行动 / 行为问题）：

① 你有没有想过拿到什么名次 / 或者得奖？

② 你为了这个比赛 / 项目做了什么行动？

③ 曾经有没有试过为了团队的利益而牺牲自己的利益？

④ 如果你成功应聘，你会怎么开展你的工作？

⑤ 如果你没有应聘成功，你接下来会怎样？

⑥ 你为了这次应聘，做了哪些准备？

⑦ 如果有一天你发现工资发少了，你会跟你同事说吗？为什么？

⑧ 如果上司给到你的是额外工作，你会执行吗？为什么？

⑨ 当你听到其他同事背后议论，说他人坏话，你会怎么办？为什么？

⑩ 如果你在搞卫生时发现不是你负责的区域内有垃圾，你会怎么做？为什么？

R（结果问题）：

① 最后结果怎么样？

② 最后拿到第几名？

③ 这个结果你满意吗？

④ 你怎么看待这个结果？

⑤ 当你得到这个结果后，你的反应是什么？

⑥ 这个结果你想过吗？

⑦ 你觉得为什么会出现这个结果？

⑧ 你觉得得到这个结果最关键的是什么？

⑨ 你觉得得到这个结果最大的功劳是谁？

⑩ 你觉得下次怎样才能做得更好？有总结过吗？

如何管理好"95后"员工

管理的本质是协调，目的是效益，核心是人。现在越来越多的"95后"涌入职场，因此如何管理好"95后"员工成为关键。

管理好"95后"，要掌握三部曲：

首先，要了解"95后"。

"95后"的特点是比较有个性、比较有主见，比较注重契约精神，现在的"95后"更加注重马斯洛需求中的社交需求、尊重需求和自我实现需求，所以作为管理者需要更多地尊重和包容他们。

其次，要改变"95后"。

改变不能一蹴而就，否则会弄巧反拙。想改变对方，先得让对方接纳你；想让对方接纳你，就要先关心对方。所以要将多一点关怀分给"95后"，尤其是新员工，"95后"员工加入新团队，最需要的就是公司领导的关心和照顾，希望得到归属感。

归属感就是一种被需要的感觉，一种"我也是团队一分子，团队需要我，我有价值"的感觉。归属感在"95后"刚加入公司的时候就要开始准备，比如举办新员工欢迎仪式、聚会聚餐、员工座谈会、职业沟通等。

最后，才是管理"95后"。

管理"95后"要多激励。通过树立标杆鼓励他们，并组织大家学习；通过设定目标给他们压力，让他们更懂得担当和责任；通过合理的授权，让他们放开手脚，大放异彩。

管理"95后"要多聆听。"95后"有自己的思想和观点，也许不一定是对的，但要多聆听。因为对"95后"来说，聆听就是尊重，多聆听说不定可以有更多的突破和创新。

管理"95后"要有能力。所谓"打铁还需自身硬"，"95后"崇拜的是你的能力，有能力才有魅力，他们愿意听你差遣，不是因为你的权力，而是因为你的魅力，是你能够帮助他们成长的能力。

管理"95后"要少说教。千万不要对"95后"啰唆，不要兜圈子，要干脆直接，越接地气越好。

店长如何激励下属

每到年底，商场都会面临员工的"离职潮"。很多商场的员工每年都换一批，流失率很高，还有些刚招聘进来没几天就走了，有些即便留下来上班也没有激情、没有活力、不思进取、得过且过……这乍一看似乎全是员工的问题，可在我看来，管理者至少需要承担一半的责任。

店长作为一店之长，有责任盘活团队并激发下属的斗志。那如何盘活和激励呢？前文说过，要多赞美、多认可、多鼓励，人在得到赞美、得到认可、得到鼓励的时候会更加努力地工作和奋斗。其实从管理学上来说，多赞美、多认可、多鼓励就是要多用"胡萝卜"，少用"大棒"。

"胡萝卜"是什么？

在管理学的范畴中，"胡萝卜"寓意为有效的赏识和奖励机制。作为管理者，"胡萝卜文化"，代表着对员工的赞赏和激励机制是比薪水来得更加有效的激励方法。

为什么要用"胡萝卜"？

从员工的角度来说，通过有效的赞赏可以提升员工的忠诚度、激情、工作效率和成交率；从客户的角度来说，员工得到认可，自然心情舒畅，更有冲劲，进而能以更好的服务态度做好服务，可以有效提升客户满意度。试想，如果员工经常不能得到肯定，做的好与不好都一个样，员工整天板着脸，服务能做好吗？从团队来说，管理者把员工"服务"好了，员工把客户服务好了，团队的整体绩效自然会得到大幅提升。

如何用好"胡萝卜"？

我认为要做好以下四点：

1. 管理者要经常性地赞赏下属。

如果可以，最好是每天对下属好的工作表现（比如业绩，当天提前达成或超标完成任务；比如服务，得到客户的现场表扬 / 书面表扬 / 电话表扬；比如其他有利于团队的行为，协助其他同事接单或主动加班，等等）进行赞赏，可以是口头表扬、书面表扬（还可以是短信、微信、电子邮箱或感谢卡等）和物质奖励（比如记事本、盆栽、电影票、日常用品等）。

2. 管理者对下属的赞赏一定要具体。

在赞赏的时候要具体说明对员工的哪个行为或哪方面的工作表现表示认

可，只有这样，员工才能感受到你的真诚并继续努力，如果你说得不具体，有可能会让员工觉得你很假，弄巧成拙。

3. 管理者对下属的赞赏要及时。

特别是有一些下属的表现很出色，刚好这种表现也是团队最缺乏的，这个时候，你如果想让其他员工也知道并学习，那就更要及时赞赏。

4. 管理者要根据不同员工进行不同的赞赏。

这就要求管理者多多了解下属，可以根据以下需求进行奖励：① 员工的兴趣需要：奖励电影票、篮球、书本等；② 生活需求：防晒霜、洗面奶、洗发水等；③ 工作需求：记事本、钢笔、计算器等；④ 纪念需求：奖状、荣誉证书、感谢卡等；⑤ 庆祝需求：唱 K、聚餐等。只有将员工的需求了解透彻，才能达到良好的激励效果，甚至感动员工、激励员工有更好的工作表现。

作为管理者不要忘了，员工的服务对象是客户，管理者的服务对象就是员工，业绩是由员工产生的，业绩 = 客流量 × 成交率 × 客单值，而成交率和客单值，除了员工的产品专业知识和销售技巧影响外，还有一个非常重要的因素就是员工的状态，而员工的状态很大程度上和上司的认可与激励有关。

用好"胡萝卜"，员工更拼搏；员工一拼搏，业绩自然多！从现在开始，赶紧用好"胡萝卜"激励你的员工吧！

为什么你的团队没有凝聚力和战斗力

经常有店长觉得自己的团队混乱，没有凝聚力和战斗力，知道问题很大，却不知道问题出在哪儿，更不知如何解决。在我看来，这是因为没有解决好以下三个问题。

1. 拉力。

如何让团队自发地、主动地、积极地干？答案是解决团队的动力问题，团队的动力 = 心态 × 动能，所以一方面要解决团队的心态问题，另一方面要解决团队的动能问题。

作为管理人员，首先要跟老板充分沟通并高度达成一致，只有获得老板的大力支持和重视，底下的员工才能更加重视。在这个基础上就可以准备开全体员工的动员大会了，动员大会的氛围要布置好、流程要清晰，关键是一定要邀请老板现场助阵，如此一来，员工想不重视都难，心态问题也就解决了。

关于团队的动能问题，不能靠强压，一定要通过有足够吸引力的奖励机制去牵引团队。所谓"重赏之下，必有勇夫"，如果"光让马儿跑，不让马吃草"，那么再好的"良民"都会有造反的一天。

2. 推力。

一个团队想要成为"召之即来，来之能战，战之必胜"的胜利之师，就必须提升团队的战斗力。战斗力 = 动力 × 能力，团队光有意愿和动力是不够的，你还得教会团队怎么干，快速提升团队的能力。

管理人员要通过推力助推团队的成长，比如根据店面和当地市场情况重塑并梳理流程、开发表格和工具、提供话术、组织二级培训和天天培训，让员工会干、知道怎么干。

3. 压力。

权力没有监督必然产生腐败，团队没有监督其执行力必然打折扣。所以要给团队压力，否则容易导致"三天打鱼，两天晒网"，甚至最终"前功尽弃"。

比如当推行一个新流程的时候，我们都知道新流程很好，但是只有长期坚持去执行才能收到更好的成效。员工也知道新流程很好，但是最痛苦的也是员工，一个人最痛苦的莫过于改变过去固有的思维和行为习惯，对于新生事物的接受，员工多半会有抵触心理，所以如果要推行好新流程，除了要给团队拉力、推力之外，还要用监督惩罚机制、PK 机制等给予员工足够的压力。

作为管理人员，如果你能经常思考并着手解决团队的拉力、推力和压力问题，那么一切问题都能迎刃而解。

如何从源头上降低员工流失率

终端有个很大的问题是员工流失率高，特别是新员工的流失率。你会发现凡是商场销售做不好的店铺，都存在同一个问题，那就是试用期内的新员工流失率非常高，于是商场不断地招人，然后培训，接着继续流失。如此下去，人员能稳定吗？团队能强大吗？大家都知道21世纪的竞争是人才的竞争，如果连人都留不住，何谈销售和发展？

销售好不好，人是关键。因此要从人抓起，尤其是新员工。要想从源头上解决新员工高流失率这个问题，必须做到人尽其才、才尽其职、人事相宜。

那如何才能招聘到合适的人才呢？

要记住：面试非儿戏！不能毫无准备、草草决策和给予承诺，否则招到不合适的人只会害己害人。

商场在招聘的时候，面试官很容易被应聘者丰富的工作背景、知名企业的工作经历等这些外层特征蒙蔽，而不做更深层次的考察就决定录用。其实选适合的人，最重要的是要看其内层特征（如文化素养）、价值观和求职动机。但这并不是说外层特征不重要，我们可以用"外层特征是底线，内层特征是根本"来概括二者之间重要性的区别。

方法影响结果，最好的人才测评方法就是面试，最好的面试方法就是行为面试法。

何谓行为面试法？就是通过要求面试对象描述其过去某个工作或者生活经历的具体情况来了解面试对象各方面素质特征的方法。

正常的招聘步骤为：

① 确定招聘岗位的素质要求（如学历／销售经验／产品知识／心态）；② 根据这些素质要求设计面试问题；③ 向同一职位的所有应聘者提出同样问题；④ 面试官采用相同的标准评估应聘者；⑤ 做出录用决策。

在这五个步骤中最难的是：到底问什么问题？怎么问才能去伪存真？

上文我们讲解了 STAR 提问技巧，即 S——背景问题，T——目的 / 动机，A——行动 / 行为，R——结果。从这四个方面进行提问，能比较全面地了解应聘者。

提问的时候对应聘者的情况了解得越具体越能辨别真伪，基本上采用 5W1H 提问方式，步步紧逼，应聘者说假话的话是很难持续编出来的。

什么是 5W1H？

即：Why——为什么；When——什么时候；Where——什么地方；Who——谁（应聘者当时的角色，还有没有其他相关人员参与）；What——什么（目标，动机是什么，得到什么结果）；How——如何（如何达成目标）。

举例：

1. 应聘者说他过去用的某某方法很管用，这时候我们作为面试官就要紧追着问：你为什么说这方法很管用，能举个实例来证明吗？

2. 应聘者说"我的销售能力强"，那我们就要紧追着问：能举个成功销售案例说明一下吗？

3. 应聘者说"我曾经参与过活动策划"，那我们就要紧追着问：什么活动？策划前做了哪些准备？为什么要搞这个活动？参与的人员除了你还有谁？遇到哪些困难？当时有什么想法？你付出了哪些行为？结果怎么样？

总而言之，面试前需要认真做好准备工作，切忌匆忙上阵，否则会如同无头苍蝇，瞎干白忙。而在面试过程中要尽可能让应聘者多描述过去的经历和事件，在应聘者描述事件的过程中，面试官要问出完整的 STAR，只有如此才能练就火眼金睛，去伪存真、识别良才！

如何让员工"知道"并"做到"

"我知道要做好服务，但我就是没耐心"；

"我知道不能急功近利，但我就是忍不住逼单"；

"我知道控价很重要，但这里的市场已经习惯了低折扣"。

相信很多店长都碰到过员工出现这些问题，员工销售做不好，也直接影响了店面的业绩。

道理都知道，但就是做不到。为什么会这样？就此，我分析有以下四点原因。

1. 不认同。

比如，我不认同你的方法，当然不会去用；

比如，我不认同你的观念，当然不会支持；

比如，我不认同你的计划，当然不会执行。

执行的前提是认同，因此管理人员要告诉员工执行的意义和价值，要多解答员工内心的"为什么"，跟员工达成一致。

2. 道理其实不懂，只是自以为懂。

比如，实木颗粒板有什么优点？很多人会说防潮性好，那为什么实木颗粒板防潮性好呢？很多人会说有封边、有饰面。可所有板材都有封边、有饰面啊？防潮性好的根本是因为实木颗粒板的木质纤维比较多，吸水率较低。因此，很多人说自己懂，实际上是不懂。不懂装懂，遇上有点专业知识的客户就傻眼了。

比如，销售的最高境界是什么？很多人会说是聊天，那为什么是聊天呢？聊什么、怎么聊？很多人就哑口无言了。聊天的价值是让消费者降低戒备心，更容易找到消费者的痛点并有针对性地提供解决方案，是可以更好地跟消费者交心、更好地打动消费者。因此，很多人说自己懂，实际上是不懂。知其然不知其所以然，是做不好销售的。

3. 结果不是自己想要的。

比如，我知道做管理层对以后的发展更有帮助，但这不是我想要的结果，我更喜欢做自己擅长的、感兴趣的事情。

比如，我知道父母希望我考公务员，工作生活更稳定，但这不是我想要的结果，我更喜欢有挑战性的工作。

比如，我知道住更便宜的酒店可以省钱，但这不是我想要的结果，我觉得自己配得上住更好的酒店，过更好的生活。

结果不是自己想要的，当然不会去做，即便去做也是敷衍了事。所以，管理人员要搞清楚员工想要的是什么，让结果成为大家都想要的。

4. 对痛苦预见不够。

比如，前期没有注重"蓄水"，开业发现没客户才后悔不已。

比如，销售没有注重服务，口碑很差时才后悔不已。

比如，下单没有审核检查，下错单要赔钱才后悔不已。

比如，以前觉得房子不会涨，肯定会降价，结果年年涨，直到后来买不起了才后悔不已。

人不愿意改变往往是因为痛得不够深刻，容易好了伤疤忘了疼，所以管理人员要告诉员工做不到或者做不好会有什么后果和惩罚。

所以，要让员工行动起来且得到好结果，要有针对性地做好四点：

① 得到员工内心的认同；② 让员工真正搞懂，成为专家；③ 制定可行且符合员工意愿的目标；④ 制定相应的惩罚机制，让员工能预见达不成目标的后果和痛苦。

如何留住人才

经济下行，房产调控，渠道裂变，消费者更趋理性和保守等因素，导致近两年的建材家居行业整体不景气，业绩增长碰到了"天花板"，钱更难赚了。一些本来就摇摇晃晃的经销商，因为失去了大量人才，就像一座房屋失去了承重墙一样轰然倒塌。

人才的流失除了因为赚不到钱，大概率还跟得不到尊重、没有归属感、无法实现自我价值等原因有关。

当然，人员流失很正常，其实也很有必要。大部分优秀的经销商都有科学的绩效考核和末位淘汰制，从而过滤掉一些不适合的人员，留下精英，让团队愈加优秀。所以，我们这里说的不是"人员"的流失，而是"人才"的流失。

我觉得人才就是在其岗位上能胜任、能干活、有担当的人。如果是遇到人才流失，而且是不断地流失，那经营者就要警惕了，这是出现重大危机的信号。

结合马斯洛需求层次理论，我认为留住人才需要做到以下四点：

1. 统一及强化团队的目标感。

人的思想是不可能统一的，不要吃力不讨好，但是目标可以统一，不仅要统一还应强化。

人是寻找意义的动物，活着没有意义，工作没有意义，就失去了奋斗的动力，明确了目标就容易找到动力和工作的意义。

如果员工连自己每天的目标是什么、是多少都不知道，那上班纯粹就是当一天和尚撞一天钟，久而久之，丧失斗志，怎么可能做好业绩？

如果员工有目标，但是不知道这目标是怎么定的、怎么来的，大概也会不认同，甚至会怀疑你在算计。目标无法统一，会极大影响团队的向心力和凝聚力，结果也一定不理想。

因此，作为经营者，制定及分解目标时应尽可能科学合理，建议按照SMART 原则，即：

① 绩效指标必须是具体的（Specific）；② 绩效指标必须是可以衡量的（Measurable）；③ 绩效指标必须是可以达到的（Attainable）；④ 绩效指标是要与其他目标具有一定的相关性的（Relevant）；⑤ 绩效指标必须具有明确的截止期限（Time-bound）。

2. 改革薪酬机制给予团队安全感。

外部市场的变化导致流量减少，是这两年业绩下滑的重要原因，所以如果经营者的战略不调整、不改变，团队目标的达成几乎是痴人说梦，目标达成与否直接关系到员工收入的高低，进而影响团队的稳定性。

此时，经营者要么降低目标要么调整薪酬机制，都是为了保障团队的收入。只有员工的收入有保障，他们才会有安全感，才会心无旁骛地工作，否则天天都会想着跳槽，哪有心思去干活啊。

所以，建议经销商建立高保障性的薪酬机制，开出的年薪一定要有竞争力。所谓高保障性不是说一味地加薪，而是把年薪的固定部分和浮动部分做一下调整。过去，固定部分年薪很低，可能只有20%～50%，浮动部分很高，现在可以根据不同岗位把固定部分提高至30%～70%，浮动部分降低。纵观大部分优秀企业，人资成本只要控制在总成本的20%以内就是合理的。

提高固定部分的年薪有利于稳定军心，让员工有安全感。可能有些经销商担心如此一来，员工会不会失去进取心和激情，我认为是不会的，毕竟没有人会拒绝更高的收入，所以浮动年薪的设置在此时就变得很关键了，要根据团队的实际情况分阶段调整。比如销售员的浮动部分设置，你得考虑团队的老员工多还是新员工多，这决定到底是要采用阶梯式提层制、合提制还是合提排名制。

3. 营造深入人心的归属感。

归属感即员工对组织的认同感。经营者可以参考以下方法：新人欢迎仪式、员工座谈会、战略研讨会、生日晚会、亲属关怀、聚餐聚会、团建活动……

以上方法都可以提高员工的归属感，目的是让团队产生"我是团队的一员，团队需要我"的归属感。

4. 提升团队的成就感。

成就感即员工为自己所做的事情产生愉快或成功的感觉。员工之所以心累，主要是缺乏归属感和成就感。而提升员工的成就感，就需要经营者做好以下四点：

①给员工做事机会（大胆授权/项目丰富，因人而异，因材施教，眼里有活）；②给员工发展机会（打通及拓宽晋升通道，让员工有盼头）；③给予帮扶与支持（辅导提升员工的心态/技能）；④物质精神两手抓（奖品因需而定，奖金及时兑现，公众表扬，隆重表彰）。

综上所述，想要留住人才，降低流失率，经销商需要打造"四感"，即目标感、安全感、归属感、成就感。

如何更好地"辅导"下属

辅导是帮助和指导的意思，员工的成长离不开上司的辅导。那作为管理者，如何才能更好地辅导员工呢？建议按以下四个步骤来进行。

第一步：认同问题。

一个人的接纳是由内而外的，如果从内心不认同，那接下来的沟通都是徒劳。所以在辅导员工的时候，要有证据、有数据，要有一个确认的过程。

比如员工的业绩目标没有达成，你要把员工的业绩完成情况了解清楚，同时让员工自己核对是否有误，接着一起确认业绩结果。这样做的目的是让员工认识、接纳及承认自己的业绩目标确实没有达成。只有这样，接下来的沟通辅导才有意义。

再比如员工的迟到，同样要有个确认的流程：上班要求几点钟打卡，你过来的时候是几点。这样做的目的是让员工接纳、承认自己确实迟到了。

总之，这个步骤的目的是让员工认同自己确实是业绩没达标、上班迟到、违反了公司制度等，认同自己这样做或者现在的结果是有问题的。

第二步：分析问题。

让员工自己分析问题到底出在哪儿、到底是什么原因导致这个结果的。让员工自己去思考和分析，有四个好处：

① 让员工意识到问题的严重性，今后会更加重视，避免继续犯错或不达标；② 可以看出员工的态度是否诚恳；③ 可以看出员工分析问题的能力，是否真正找到了问题的根本所在；④ 可以锻炼员工的思维能力。

当然，也有可能员工分析的不对或者找不到问题所在。所以，此时管理者应该和员工一起去探讨分析，形成互动，激发员工找出问题的真因。

比如员工业绩没完成，为什么没完成？员工可能会说因为没客户。这时管理者一定要搞清楚，是真的没客户还是假的没客户。这个可以通过横向或者纵向来对比，比如其他竞品有没有客户？店面的其他员工有没有客户？如果店面信息化做的好，有做好客流信息登记或者数据统计，就会一目了然。所以不能只是听员工片面之词，要有数据的统计和分析，这样更有说服力，也更容易找到问题的根本。

再比如员工迟到，为什么迟到？员工可能会告诉你，因为堵车。可是，堵车真的是迟到的真因吗？会不会是因为时间安排不合理、踩点上班导致的？这些都要引导员工去认真思考。

第三步：承诺改进。

员工经过第一步的认同问题，第二步的分析问题后，就要去思考接下来怎么去改变，怎么去扭转，应该采取哪些措施。

关于改进的行动计划，必须是由员工本人提出的、由员工本人认同的、由员工本人承诺的。因此，建议管理者不要直接把你的改进意见或行动措施告诉员工，因为有可能员工并不认同。

管理者要做的是合理引导。关于业绩方面，你可以问员工：那你下一周的业绩目标打算怎么达成？你会采取哪些行动？你有什么计划措施吗？你需要什么资源？如果下次业绩还是达不成怎么办？关于行为方面，比如迟到，你可以问员工：那你如何才能保证下次不迟到？你接下来会有哪些调整？如果下次还迟到怎么办？

这里提醒一下，行动措施不要太多，但是必须符合 SMART 原则，即行动措施一定要具体、可行、可评估、有明确的截止期限、跟达成的目标具有相关性。

第四步：观察勉励。

管理者从员工承诺改进措施后的第二天就要留意观察，看看其有没有行为上的改变，要去关注并及时给予反馈意见，让员工感受到你是真心想帮助他变得更好，如果员工有所进步要及时鼓励，让员工接下来更加坚定、更加积极，最终实现成功。

如何带领团队走出低谷

在终端，很多店长会遇到一个问题：自己努力做好店里的一切事务，包括招聘以及培养新员工，但就是订单少，业绩上不去。没有订单、没有业绩的时候，员工连打扫卫生的干劲都没有了。员工没有业绩就不想干、不想学习，你安排的事情不愿意干，久而久之，就越是不愿意学习产品知识，对产品不了解，没客户啥也不干，有客户了又抓不住，从而形成了一种恶性循环。

这个时候怎么办？你要看到这种恶行循环最关键的问题：没有业绩，这是导火线。没有业绩意味着员工没有收入，那换谁去干都没有激情，连饭都吃不饱，谁还跟你谈理想？

想要重振团队士气和激情，急需一个大单或者一场成功的活动，让员工尝到甜头，如此才能摆脱失败者的气质，就好比让狼尝到血的滋味，才能激发狼的血性。

所以，当务之急是要做出业绩。

前文说过，想做好业绩，就要掌握一条公式：业绩 = 流量 × 转化率 × 客单值。要想做好业绩，就要实现流量最大化、转化率最大化和客单值最大化。

传统店面的自然流量越来越少，哪怕是红星美凯龙和居然之家这样的全国建材卖场，同样面临着流量分化的问题。随着渠道细分和线上线下的便利发展，客户被商超、家装、整装、百货、天猫、京东、微信、微博等细分。

所以，作为店长要达成业绩，首要任务就是强化引流，不能只做卖场拦截和电话营销，还可以参考以下方向：

① 充分利用总部的电商渠道资源，珍惜派发的每一张体验卡，做到百分百的量尺和跟进；② 建立异业联盟相互带单奖励机制；③ 老客户维护和带单机制；④ 和当地有名的高端设计独立工作室合作；⑤ 和当地前三的家装整装公司合作；⑥ 在当地最火的微博和微信公众号发广告软文引流。

以上渠道供参考，但不仅限于此。开拓渠道就是为了引流，流量多、流量大的地方就是你要去开拓的渠道。

把客户引流到卖场只是第一步，如何做好转化才是成功的关键。转化率的高低能够衡量一个商场的服务质量。

有句话让人印象很深刻："我们的客户一直很忠诚，直到遇上更好的体验。"用户思维的核心就是服务，做销售就是做服务，服务的关键是让客户有舒服的体验，这样才能带来好口碑，形成良性循环。有些商场不重视服务，做的是一锤子买卖，从此和客户形同陌路甚至变成冤家仇人，口碑极差。这样压根谈不上什么老客户带单，不砸店就算好的了。

所以要想提高转化率，一定要做好服务，做好全流程的服务，从客户进店开始就要能提供打动客户、让客户舒服、让客户开心的服务。

心态篇

成功的路上并不拥挤，因为坚持的人并不多。你准备好了吗?

14
你连学习都不会，还想谈成功？

你还在混日子吗

"最近混得怎样？"相信大家对这句话都不会感到陌生，这几乎成了许久不见的朋友聊天必问的一句话。但是你有没有想过，为什么日子要"混"呢？难道好日子都是"混"出来的？

"混"这个字感觉有点浮，我很不喜欢这个字！因为混日子就是混时间，我觉得混什么都好，就是不能混时间。时间是最混不起的，挥霍时间 = 浪费生命 = 犯罪，这么说似乎有点夸张，但是也说明了时间的宝贵性和特殊性。那么，怎么才能不混日子呢？

很简单，摆脱惰性，积极主动。惰性会让你不思进取、安于现状，过着得过且过甚至行尸走肉的生活，惰性简直就是毒药！所谓一勤天下无难事，你要想办法让自己变得勤奋起来，去积极主动地做事情。

这里说的积极主动不是以利益为驱动的。举个例子：如果老板跟大家说，今晚加班的有奖励，这个时候你再加班，就不是积极主动。真正的积极主动，是自我内在的驱动，是没有任何利益驱导之下的自动自发的积极主动。

有句古语说得好："天下事有难易乎？为之，则难者亦易矣；不为，则易者亦难矣。"翻译过来就是：天底下没有什么很难或者很容易的事情，积极主动地干，再难的事情也会变得容易；不情不愿地干，再容易的事情也会变得困难。只要你积极主动地去做，就没有做不成的事情。

当然，还有些人混日子是建立在已经取得了一定成就的基础上的，认为自己已经干得不错了，于是躺在过去的成绩和荣誉上得过且过、不思进取。这种人也许曾经是成功的，但想要再次取得成功是很难的，而且特别容易坠入深渊。

所以不管你过去有多么辉煌的战绩，请你记住：它不属于现在，过去已经成为过去，不要迷恋过去，否则会迷失现在，失去将来。我们要放下"阶段胜利"的"包袱"，让自己回归到坐标原点，重新出发！

建议大家还是不要混日子，万一日子把你们给"混"了就更麻烦了。

怎样才能赚到钱

为什么越是想赚钱，就越是赚不了钱？

因为当你把全部心思放在赚钱上，就会忽视提升自己的能力，而一旦由于长期没有自我更新、自我淘汰，就会无法适应市场的剧烈变化和客户的变化，这也是为什么近几年很多销售员说钱没有以前好赚了。很多销售员说这几年赚不到钱，其中的原因除了市场竞争更加激烈之外，还有个原因就是客户"变聪明了"。客户都在不断地自我提升，这时候如果你还是用过去的老方法、老技巧、老套路去对待客户，是不可能做好销售的。而想要做好销售，就要采用新思路、新方法，想办法把客户服务好、获取客户的信任，而这些都需要你去学习。

如果你一年到头从没参加过培训或者自我更新学习，那你迟早都会被淘汰。所以，不能一年到头光想着赚钱，一味地想着冲刺再冲刺，偶尔也要停下来看看，多总结、多思考、多学习、多创新。毕竟，赚钱是个长期的事儿。

为什么越是没想着赚钱，反而就赚到了钱？

因为当你没想去赚钱的时候，你的心态会更好，注意力都会放在工作上。这个时候，你会全身心地去想办法把事情做好，想办法去弥补自己的不足，不知不觉间你的能力就提高了。当你的能力提升上来了，平台自然就变得更大了，平台变大了，钱自然就变多了，也就是赚到钱了。

当你能力上来了，你所在的公司不给你更大的平台，别的公司也会给你。你会突然发现很多猎头公司都在找你，很多公司给你开出了以前没有想象过的待遇薪酬。因为现在的社会是团队制胜的时代，要打造卓越的团队就需要人才，而人才往往是稀缺的，人才的竞争是最核心的，人力资源是第一资源。

所以赚钱的逻辑应该是：钱来源于平台，想要得到更大的平台就要提升自己的能力，这样才能匹配相应的平台。所以要赚钱，先要让自己"值钱"。

想要让自己值钱，除了不断地积累和总结外，还要学会"不要脸"。我指的"不要脸"不是要无赖，而是内心要足够强大。一个人真正的强大不是外在的强大，而是内在的强大。

举个我自己的例子。

在我工作的第三年，也就是2013年年初的时候，当时我在做手机销售工作，有一个客户买了三星S4的第三天就到服务台闹着要退货，下属去解决不成，然后我过去。我坐下来跟客户说："老板，不是不给你退……"我刚说了这几个字，那客户一杯热水就泼了过来。我当时感觉受到了莫大的侮辱，拳头都攥得紧紧的，特别想揍他一顿，后来因为服务台的右上角有摄像头，在卖场跟客户打架，你再有理也是没理……所以我强忍着，声音都颤抖着说："老板，对不起，我没服务好您，我让其他人给您解决，我先去换一下衣服……"

自从经历了这件事情，我明白了什么叫没面子，如果连被骂两句都承受不起，连这点委屈都受不了，那还能干什么？胸怀都是被委屈撑大的，哪怕是上司错怪你，也要学会理解！那到底什么才是没面子？是当你家人有难的时候，需要钱的时候，你帮不了忙，你有心无力的那种无奈和懊恼；是当别人都回家过年的时候，你找各种各样的借口不回家，实际上是你没钱回家，不敢回家、不敢面对你的父母、你的亲人。

现在的我能放得下面子，能很虚心、很平和地听批评意见并接受进而改变自己，而这也给我带来了更大的进步。

有一句话说得很好：当你能放下面子去赚钱的时候，说明你成熟了；当你能用钱去赚面子的时候，说明你成功了；当你能用面子去赚钱的时候，说明你是个人物了。要知道，相比没面子，赚不到钱更加丢人。

成就别人就是成就自己

成就别人就是成就自己，相信大家对这句话并不陌生，但是能否深刻理解并领悟就不好说了。其实很多道理我们都知道，但就是做不到，所以也就得不到。我一直在想为什么明明知道这个道理却做不到呢。因为怕吃亏？感觉不值得？不，我认为一切都是因为没有深刻理解并真正领悟这个道理。如果你真正领悟了，是绝对能做到的，因为成就了别人，确确实实也会成就自己。

前几年在我第一次看到"成就别人就是成就自己"这句话的时候，觉得那是忽悠人的，那是成功学用来洗脑的。你都把别人成就了，好处都给了别人，无条件地帮了对方这么多忙，还怎么成就自己？直到我看了一个故事：

二战时，一位团长在战斗中发现一架日军敌机向阵地俯冲而来，按照常理，发现敌机俯冲都是毫不犹豫地趴在地上，可是团长为了救前面正在战斗的军长，没有立刻卧倒，反而一个鱼跃飞身把军长压在了自己身下……突然，一声巨响，飞溅起来的泥土纷纷落在他们的身上。等团长爬起来，回头一看，顿时惊呆了——刚才自己所处的那个位置被炸成了一个大坑。

这个故事说明当你救了别人，其实也是救了自己。同样的道理，帮助别人，也就是帮助自己。

在这个问题上，常见的错误思维有四种：

① 利人先利己（除非你先帮我，否则我不会帮你）；② 教会徒弟，饿死师傅（你问我这么多，是不是想抢我饭碗或者想超越我）；③ 施恩图报（我

帮你可以，但是你要给我好处或者你要帮回我）；④ 小肚鸡肠（反正以前没人帮过我，我也不会帮别人）。

举个例子：

有一个商场销售员 A 君，业绩一直做得很不错，店长希望招进来的新员工 B 君能够多向 A 君学习，就让 A 君带 B 君，A 君无奈地答应了。

有一天 B 君遇到问题问 A 君。

B 君：A 君，我觉得刨花板的定义有问题，为什么抛面像蜂窝状就要叫刨花板而不叫蜂窝板？

A 君：管它叫什么板干吗，书上说叫什么板就叫什么板，客户问到也这么说就行了。

过了一天，B 君又问 A 君。

B 君：A 君，为什么我们的抽屉要比别人的贵？

A 君：不知道（其实知道）。

B 君：哦，那为什么我们要用进口的五金导轨，进口的就一定好吗？

A 君：这个我也不知道，你问别人吧（其实知道）。

……

慢慢地，B 君就不再问了。

店长发现这个情况后找到了 A 君。

店长：A 君，你为什么不帮 B 君？

A 君：凭什么要我帮他？我刚来的时候不也没人帮我吗？

店长：……

这样的情景是不是很熟悉？出现这种情况的原因跟店长的管理方式有关系，如果店长能够提前找到 A 君，进行充分的沟通或者通过奖励机制给予鼓励和认可，说不定效果要好一些。当然，问题的根本还是在于 A 君的思维局限性，说白了就是格局不够大！

试想，如果你能主动帮助新员工，新员工能不感激你吗？新员工来到一个新团队最需要的就是店长、上司和老员工的关心和照顾，新员工渴望得到帮助，渴望有人指点迷津，渴望尽快地融入团队和把工作做好。这时候如果你能够帮一把，新员工肯定会很感动，也会记住你的恩情，毕竟人心都是肉长的，都是有感情的。说不好听的，万一哪天你落难了怎么办？谁敢保证自己以后会一帆风顺？将心比心，当你落难时，不也是希望有人能帮你一把吗？所谓"穷则独善其身，达则兼济天下"，有时候能帮的还是尽量帮一下，如果你帮了别人，相信你有需要的时候，别人也会帮助你。

更重要的，当你帮别人解决问题的时候，其实自己无形中也得到了成长，哪怕是新员工问到一些很平常、很简单的问题，所谓"温故而知新，可以为师矣"，当你不断重复过去的知识、发现新的疑问并想办法解决，长期下去就可以变得很专业从而成为老师。

就像我经常写文章，我把能够落地的销售技巧和话术写出来告诉大家，在帮助大家更好地做销售之外，我自己的思路也变得更加清晰，理解也更加深刻和全面，无形中也就成长和进步了。

当然，如果你帮助别人是为了得到回报，那可能会比较痛苦，因为确实有人不懂得感恩。所以，帮助别人的时候别想着别人会报答你或者回报你什么，因为你成就别人的同时，你的精神和思维已经得到了提升，而这也有利于你以后更好地成功，这样就足够了。

你是跳槽还是"跳崖"

跳槽，很多人对此都已经麻木甚至习以为常了。但我见了很多人一"跳"不如一"跳"，这时你不是在跳槽，而是在"跳崖"。我认为，肤浅一点说，要跳槽，最起码是年薪翻倍或者职位升两级，才算值得。

跳槽需要你前期有足够的积累和修炼，就好比一张100元的人民币，就算再旧甚至被踩了很多脚，价值始终是100元；相反如果积累不够，就好比一张10元的人民币，就算再新再漂亮，价值就是10元。可惜，很多人往往意识不到这一点，导致眼高手低，频繁跳槽。我有个同学就是这样，一年换了四份工作，不但毫无长进，反而一次不如一次，后来直接否定了自己，现在待在家里坐吃山空。如果继续下去，一辈子基本上就废了。

要知道，你的价值是 10 元，再怎么跳也就值 10 元。想要跳得好，就要在价值 10 元的时候好好沉淀和学习，不断自我增值，不断做价值 100 元的事情。不要以为这是吃亏，因为这是在自我增值，经过时间的沉淀，你自然可以值 100 元。而这期间，10 元跟 100 元相差的 90 元就是你所交的学费。

我建议，在跳槽之前，想一想以下这些问题：

你在现在这个岗位都做不好，换了地方就能做好？

你这几年的停滞不前，有多少是被频繁且无谓的抱怨所阻碍的？

你是不是频繁跳槽毫无长进，反而忠诚度和信誉被打了折扣，让老板不敢录用？

你的今天，是不是因为昨天不思进取、做一天和尚撞一天钟造成的？

……

想清楚了这些，再评估一下你是在跳槽还是"跳崖"。

想要在任何一个平台成功，都不能三心两意，频繁出进。高度和速度的积累需要沉淀，没有个三五年以上的积累，你觉得能专业吗？所谓"不积跬步，无以至千里；不积小流，无以成江海"，任何一个人成功都是在懂得坚持、踏踏实实、一步一个脚印做好每件事情的基础上积累而来的。

一千个想法不如一次马上行动。再远的路，走着走着也就近了；再高的山，爬着爬着也就平了；再难的事，做着做着也就顺了；每次重复的能力，不是相加，而是相乘；水滴石穿不是水的力量，而是重复和坚持的力量。

成功的路上并不拥挤，因为坚持的人并不多！所以，成功之道，贵在坚持；失败之因，频繁跳槽！不管是你已经跳槽还是准备跳槽，都要记着，人生下来注定是要吃苦的，想要舒服，就不用工作，直接回家睡觉就好了。如果想要将来舒服，那现在就好好努力吧，这个世界很公平，你想要比别人强，就必须去做别人不想做的事情，就要比别人付出更多！你想要过上更好的生活，现在就必须去承受更多的苦！

为什么别人成功了，你还没有

为什么别人成功了，你还没有？为什么大家做着相同的工作，却存在不同的等级？为什么跟你同时进来的同事都升迁了，你还是个普通的店员？为什么上班的时间和接待的客户都一样，别人的成交率和收入却比你高？

为什么？先给大家讲个故事吧。

有两个新员工一起应聘进入同一个销售部门，A员工虽然嘴巴有点笨，但是很勤奋，当其他老员工把琐碎的工作交给他做时，他都欣然接受，不但没有抱怨，还都认认真真地完成了。B员工很聪明，也很会说话，但是每当老员工需要协助的时候都消失得无影无踪，总觉得去帮别人忙就是去吃亏。

有一天，老板见A员工很勤快，于是叫他帮忙整理数据、统计资料，A员工都认认真真、一丝不苟地完成了，认为帮助上司是自己的义务。B员工看到这一切不以为然，心里窃喜，认为A员工好傻。

一年后，老板准备开新店，需要在内部挑选一个店长，于是把A员工和B员工安排去外地考察学习，A员工想：又有学习成长的机会了，太好了！B员工想：又要去吃苦了，真倒霉！

一个星期学习回来后，老板公布新店由A员工担任店长。这时，B员工开始抱怨："我俩同时进来的，凭什么他就可以担任店长？我哪里比他差啦？"老板说："因为他不怕吃亏，而且懂得不断向我反馈，让我很放心！在你们去外地考察学习的过程中，他认真做了学习计划，去之前把计划发给了我，去之后的每一天都会做总结发给我，学习回来后写了几十页的学习报告发给我。而你做了什么？什么都没做。"B员工听后面红耳赤……

这个故事告诉我们：

1.吃亏就是福！吃亏甚至就是占便宜！记得我的第一份工作，每天早出晚归，休息时间经常有客户找我，但我没觉得很吃亏，反而经常主动承担额外工作，比如说撰写产品知识手册、做商场年会主持人、带新人、帮领导做事等。正是那时候不计成本的沉淀和积累，才有了稍微好一点的今天。

吃亏是福，这个道理很多人都懂，却有很多人不肯吃亏、不愿吃亏。要改变这种观念，就需要提升你的格局，特别是新员工，不要斤斤计较，眼光要放长远一点。对于你来说，更重要的是学习和成长，而不是一时的得与失。

2. 在接到上司安排的任务后，要学会不断地反馈和总结，做一个让上司安心、放心、舒心的好帮手、好下属。

3. 要坚信未来的你，一定会感谢现在拼命的你。我们要坚信，现在你所做的一切都是为将来铺路，把握住现在，就能看到未来。

4. 心态决定一切。心态一好，一好百好；心态一了，一了百了。任何时候，都要有健康、积极、阳光的心态。

总之，成功的"功"字告诉我们：你只有在工作上卖力，不怕吃亏，才能成功！

你连"学习"都不会，还谈什么成功

就拿"学习"二字来说，这两个字人人耳熟能详，看起来似乎平淡无奇，实则内有乾坤。前几年我参加培训沙龙时听到一个精彩分享，加上我的理解，可以对"学习"二字进行深度分析，让大家明白为什么要学习。

把学习拆分成"学"和"习"来讲。"学"就是认识，认识什么呢？认识该知道的东西。什么东西呢？就是事实性知识和经验型知识。"习"就是练习，练习什么呢？练习该如何做，比如销售技能。"学习"就是要把学到的知识吸收后运用在实际的工作当中，如果不实践、不通过实操去检验，那知识永远只能停留在空洞的理论层面，得不到升华，也无法为己所用。

这也能解释这样一种现象。如很多商场老板说："老师在培训讲课的时候，学员很激动，回到家就一动不动！"很多学员听了老师讲课觉得很有用，所以很激动，但是因为只停留在理论层面，没有在平常的工作中去实践、去总结、去完善，久而久之，把理论知识忘记了，慢慢地甚至觉得老师讲的都不实用。只知道"学"，却丢了"习"，如此何谈学习？明朝著名的思想家王阳明提倡知行合一，所以很多时候，不是老师讲的没有用，而是你根本就没有去用。

知道了什么叫"学习"，还要知道学习的境界。我在前文说过客户的需求是有层次之分的，那我们的学习也是有层次之分的，由浅到深分别为：苦学—践行—顿悟。

用王国维先生的"人生三境界"来形容学习的这三个境界也非常合适："昨夜西风凋碧树，独上高楼，望尽天涯路"形容苦学；"衣带渐宽终不悔，为伊消得人憔悴"形容践行；"众里寻他千百度，蓦然回首，那人却在灯火阑珊处"形容顿悟。

了解完"学习"二字的含义和层次境界之后，估计就会有人问：那我如何才能达到"顿悟"的境界呢？要想达到顿悟的最高境界就要懂得学习的逻辑和步骤，一步步做好，否则欲速则不达。达到顿悟最高境界的逻辑步骤就是：学—习—思考—再学习—总结遇到的困惑和困难—再学习，如此不断循环。

希望大家从今天起既"学"又"习"，知行合一，学有所得，学有所成。

你必须改变

比利时一家杂志曾对 60 岁以上的老人做过一次问卷调查，题目是："你这辈子最后悔的是什么？"问卷中列出了十几项生活中最容易后悔的事情，让被调查者选择，结果 75% 的人选择了后悔年轻时不够努力，以致事业无成！

那为什么年轻的时候不够努力呢？因为没有积极主动和全力以赴的行动，安于现状；因为受到过去行为习惯和思维习惯的影响，得过且过。总之就是不愿意改变。

的确，改变非常难，难就难在改变自己非常难。人的惰性是非常强大的，我们在过去的成长环境中已经积累了很多行为方式和思维习惯，现在要改变过去不好的习惯，改变那些阻碍我们成长的习惯，需要有巨大的勇气。但我们必须彻底地改变自己，重塑自己、唯有如此，才能得到蜕变，获得成功。

首先，改变你的态度。

你今天是以全力以赴的态度去工作的吗？全力以赴和尽力而为有什么区别呢？我用《猎狗与兔子》的故事告诉你答案。

一个冬天，猎人带着猎狗去打猎，猎人一枪打中一只兔子的脚，受伤的兔子拼命跑，猎狗在后面穷追不舍。但是追了一会儿，兔子跑得越来越远，猎狗感觉追不上就不追了，猎人很生气地说："你真没用，连一只受伤的兔子都追不上！"猎狗很不服气地辩解道："我已经尽力了！"受伤的兔子成功逃回家里，兔爸爸很惊讶地问："你受伤了还能摆脱猎狗的追杀，是怎么做到的呢？"兔子说："他是尽力而为，我可是全力以赴啊！它没追上我，最多挨一顿骂，我要是不全力以赴就没命啊！"

如果我们对每一个客户都全力以赴地去接待，如果我们对每一个任务都全力以赴地去执行，如果我们对待人生像兔子逃生一样全力以赴地去努力，我们得到的结果会差吗？

其次，改变你的习惯。

你有勇气改变阻碍成长的习惯吗？为什么要改变呢？我们来看看《雄鹰的故事》。

雄鹰可以活到70岁，但到40岁的时候，都要经历一场生与死的考验。因为40岁是雄鹰生与死的分水岭，这个时候，雄鹰的喙很长，咬不住食物，而爪子也由于太长而抓不动猎物，羽毛变得又浓又密，飞得很吃力。如果不能及时改变，那么等待它的只有死亡！很多没有勇气做出改变的雄鹰，最后凄惨死去，而有的则飞到悬崖峭壁上，在那里住上150多天进行改变。这期间，鹰为了改变那些阻碍它重生的累赘，首先会忍受剧痛，不断地用喙敲打坚硬的岩石，直到老喙脱落，这期间不能进食，只能静心等待新喙长成。接着再把阻碍它抓取猎物的长爪一一拔去，最后再用长出来的新爪子把阻碍飞翔的厚重羽毛一根根拔去，经过 150 天的痛苦改变后，雄鹰获得 30 年的重生，再次展翅翱翔。

如果我们能改变过去的陋习，能改变阻碍我们成长的行为习惯和思维习惯，就能像雄鹰一样重塑自己，获得新生。

那么，如何在年轻的时候改变态度、改变习惯？没有捷径，就是要逼迫自己、强迫自己。多想想社会的现实、想想生命的短暂、想想父母的含辛茹苦……老话说置之死地而后生，事先断绝退路，就能下决心，取得成功。

我们每个人活着，有的时候像站在泥沙里，慢慢地往下沉，一旦你沉下去了，会觉得很舒服，这时你不用再为了前进而努力，但是你也永远见不到阳光了。所以我们一定要去改变，要有像水一样的精神，不断地冲破障碍，不断地改变突破。当你发现时机不到的时候，通过改变，把自己的厚度积累起来，当时机来临，你就能够奔腾入海，成就自己的人生。相反，如果别人工作你也工作，别人休息你也休息，别人去玩你也去玩，那么别人得到什么，你也只能得到什么。要想得到别人得不到的东西，就要付出别人不愿意付出的代价；要想达到别人达不到的高度，就要改变别人不愿意改掉的惰性。

凤凰涅槃，浴火重生！改变态度，改变习惯！如果你渴望成功，就一定要改变。

你的激情去哪儿了

要想成为一名优秀的管理人员，一定不能失去一样东西——激情！著名的九点领导力理论是：① 激情；② 承诺；③ 负责人；④ 共赢；⑤ 感召；⑥ 欣赏；⑦ 信任；⑧ 付出；⑨ 可能性。其中第一点就是激情。

为什么激情这么重要？

1. 激情的"因"是自我价值，也就是你的愿景。

有人说我要很有钱，这不是愿景，买车、买房也不是愿景，这些都只是表象，本质的愿景其实就是受人尊重。如果你能明确知道自我价值是什么，你就会有激情。而很多人浑浑噩噩地过了一辈子，就是因为搞不清楚自己的愿景，不了解自我价值是什么。

2. 激情的"术"是活出自我。

找到你的愿景，找到你真正要什么，然后选择符合达到目标的态度，用真诚坦率的方式对待别人，活出最真实的自己。所以活出自我并非想做什么就做什么，想说什么就说什么，而是在道德底线的基础上展现最真实的自己。

3. 激情的"道"是自由选择。

什么叫自由选择呢？很多事情本身并没有给我们带来痛苦，而是我们对事情的态度给我们带来了痛苦。遇到同一件事情，有人欢喜有人悲，态度不同，结果也会不同。比如领导突然宣布说本周有很多任务需要加班，有人抱怨，表示很痛苦；有人很开心，觉得机会来了。你现在的自由选择，往往是你以后后悔的根源，为了不后悔，请自由选择你的人生。

领袖人物通常都是激情四射的，不管外在还是内在，都能让人感受到他的能量。一个人没有能量，很大的原因是没有看到自我价值，只是看到了替代价值。有些人说公司挣到5000万元就幸福，难道挣不到5000万元就不幸福了？如果你也是这么认为的话，那只能说明你只看到了替代价值——5000万元，而忽略了自我价值——幸福的人生。其实你完全可以在过上幸福生活的同时挣到5000万元。幸福的生活不外乎家人团圆、开开心心，但很多人忙着挣钱，美其名曰是为了家人的幸福，结果天天不回家，这不是本末倒置了吗？

通过自由选择活出自我，最后实现自我价值。激情，你也可以拥有！

圆规为啥能画圆有新说

圆规为什么能够画圆？而我们为什么不能圆梦？

相信这句话很多人都看到过，网上的解释也很简单：圆规之所以能够画圆，是因为心定，脚也在动；而我们为什么不能够圆梦，是因为我们心不定，脚也不动。真的那么简单吗？我觉得不太全面，我就此做了一些思考和分析，供大家参考。

1. 心定。

有一个不变的中心点，是圆规画圆的首要因素。

很多年轻人心态浮躁，总想着一步登天、一劳永逸：第一年干销售，觉得太累；第二年觉得设计师不错，又去干了一段时间设计师；结果发现做设计师也没那么容易；听说公务员待遇好，于是第三年去考公务员，结果花了半年时间没考上；于是想着考教师吧，听说教师暑假寒假各类假期多，花了半年时间也没考上；想来想去算了，去厂里打工吧，最起码包吃住，每个月还可以存一些钱，结果进了工厂干了不到半年，发现自己像个螺丝钉而且没自由；还是去做销售吧……

就这样兜兜转转花了好几年时间，结果还是回到了原点，而这一切就是因为心不定。什么才算心定？说白了就是做什么事情都要专注，而专注就意味着不断地重复。重复分两种，一种是精益求精式的重复，一种是"当一天和尚撞一天钟"式的重复。如果你是第二种，就会觉得每天的工作很枯燥。所以，我们只有通过不断精益求精式的重复才能够变得专业，专业才能变成专家。而专家代表着权威，权威更容易获得信任，而信任是成交的前提。试想，如果接待客户时，你一问三不知，客户怎么信任你？所以我们要努力成为本岗位的专家。

是不是成为专家就够了？不够，还要成为"杂家"。说白了就是要"一专多能"，本岗位的知识和技能要很专业，还要懂其他岗位的知识。比如你是衣柜的销售，那你除了懂衣柜的知识，还要懂橱柜、卫浴、木门、壁纸、寝具、地砖、装修等领域的知识，一专多能，给客户的是一种附加值。试想，当客户过来选衣柜时，你还能在地砖、卫浴和壁纸这些与衣柜不相关的品类上给出建议，客户难道还会不信任你？

那怎么样才能够成为"杂家"呢？最简单的方法就是去调研，去其他品类的商场上问甚至合作，这样的操作很简单，我就不细说了。总之，只要你足够用心，没有做不成的事。

成为"杂家"后，就要往"大家"方向去冲刺。所谓"大家"就是不但什么都要懂，还要精通，而这就需要不断地沉淀和积累了。只有成为"大家"，才有机会变成"赢家"。

说了这么多，一切的源头都需要你先做到足够地心定，心定→专注→重复→专业→专家→杂家→大家→赢家。

2. 方向。

圆规想要画圆，除了心定（有个中心点不动）之外，还要有方向：是向左还是向右？

方向说白了就是计划、规划。国家都有五年规划、十年规划，个人当然也需要。所以要好好想想：我有计划吗？

特别是对于管理人员来说，计划能力非常重要，周计划、月计划、半年度计划和年度计划都要做。比如你本月销售业绩目标为 100 万元，那你就要做好月度过程目标计划，根据你过去的均单值、转单率、成交率、量尺率、留店率和邀约率的核心指标算出你本月需要达成的合同单数、预约单数、量尺数、进店客户数和邀约客户数，具体方法已有详细讲解，这里不再赘述。

3. 行动。

圆规之所以能画圆是因为心定，是因为有方向并且有行动。

行动说白了就是执行力，没有执行力作为保证，你的计划再好也不可能有结果。我认识重庆的一位老板，在他的办公室挂着一幅大大的毛笔字："执行力就是生死存亡！"可见其对执行力的重视程度之高。

没有任何一个人能够看完一千场球赛就变成一名优秀的球员，只有足够的汗水和训练才能成就一个球星，哪怕你的天赋再高。比如 NBA 篮球巨星科比，相信大家都非常熟悉，科比的天赋一般，但是凭借后天的刻苦和非同寻常的韧性和耐力，获得了巨大的成功。科比有一句著名的话："我知道洛杉矶每天凌晨四点钟的样子。"什么意思？就是说当凌晨四点其他人还在睡觉的时候，科比就开始练球了。光有总冠军的梦想没有用，只有笨鸟先飞，马上行动，刻苦再刻苦地训练才有机会！

天赋，决定了你能达到的上限；努力程度，决定了你能达到的下限。所以赶紧行动，不要说自己天赋不行，不要说自己笨，那都是你给自己找的借口。

4. 借力。

圆规要想画圆，除了心定、方向、行动，还要借力。难道不是吗？圆规不也是借助了笔芯的力量，借助了手臂的力量，借助了台面的力量才画成圆的吗？

借力，就是资源整合。资源分为自然资源和社会资源，这里指的是后一种。

比如在销售中谈到价格的时候，你需要同事的配合甚至店长的支持，你需要借助同事或店长的力量，此时你的同事和店长就是你的资源；店长要想完成门店总业绩，需要店员的力量和老板的支持，所以店员和老板也是店长的资源；同样，老板要想完成年度目标，也需要借助团队的力量和公司总部的支持，团队和公司总部就是老板的资源。

《荀子·劝学》中有这样一段话："登高而招，臂非加长也，而见者远；顺风而呼，声非加疾也，而闻者彰。假舆马者，非利足也，而致千里；假舟楫者，非能水也，而绝江河。君子生非异也，善假于物也。"

说到底，厉害的人之所以厉害，就是因为善于借力和整合资源。

5. 总结。

圆规画圆也需要总结？没错，你怎么就能保证画圆的过程中笔芯不会突然断了？怎么就能保证每次画圆手臂不会抽筋？怎么就能保证在桌子上画圆的时候桌子不抖？圆规画圆的过程中难免会出现偏差，所以需要总结。

总结，是为了纠偏，是为了更好地开始。人生不能没有总结，没有总结的人生注定是失败的，所以我们不能光顾着拼命往前冲，还需要停下脚步，回头看看之前走过的路，有没有走错路，有没有走弯路，然后想想接下来的路怎么走才会更顺畅一些。

总结是积累的过程，每总结一次就是积累一次，每积累一次都可以提升自己的思维格局。人与人的差别就在于思维模式的差别，所以我们更要多总结。

6. 坚持。

圆规画圆如果只画了一半，能画成圆吗？

坚持的重要性相信不用我多说了，不管是生活、工作还是学习，都需要坚持才能做好。

登山，一靠力量，二靠意志，三靠坚持，没有坚持，连登山都难！我还记得有一幅漫画很有意思：有个人足足挖了五口井，却没有一口挖到水。但每一口距离水都只有一步之遥，只要再坚持一下、再挖一锹便挖到了，可他就是总差这一锹。

成功的路上并不拥挤，因为坚持的人不多！

做销售＝谈恋爱

做销售＝谈恋爱

我一直认为客户的购买逻辑跟谈恋爱的逻辑从本质上来说是一样的，客户进店购物的逻辑一般是这样的：首先看看有没有喜欢的款式，接着看细节好不好，再对比一下划不划算，最后是买不买单。而恋爱到结婚的逻辑是这样的：先要看有没有感觉，也就是所谓的合不合眼缘，接着尝试交往，而在交往的过程中，需要进一步了解对方，也就是看对方"好不好"，如果最后大家都觉得还不错，一般来说就开始谈婚论嫁了。

是不是与销售很相近？接下来，我就将追女孩的过程与销售相结合，从这个角度来阐述终端销售人员如何更好地做销售。

1. 善于发现那些对你有"眼缘"的人。

如果一个女孩对你连眼缘都没有，那是不大可能追到手的，就像女孩子去买包包看包包，如果看完连停都不愿意停下来，怎么可能有兴趣去了解这个包包的款式和价格？所以要善于去发现你周边的女孩对你的眼缘怎么样。

销售也是一样的道理，首先要学会察言观色。当客户进店看产品的时候，如果停下来或者触摸产品，证明客户对该款产品有眼缘、感兴趣，我们应该抓住机会并果断上前介绍。

2. 学会包装自己，树立好形象。

就算你长相普通，也要注重形象，最起码不要引起女生的厌恶和反感。女生最忌讳邋遢之人，男生衣着不一定要多光鲜，但一定要整齐干净。

对应到销售，就要说到店面的形象。店面形象好能够给客户视觉上的震撼和冲击，极大提高成交率。因为展示上的冲击能够让客户驻足停留并对产品产生兴趣。作为销售人员，此时应该果断上前介绍，尤其是产品的外观款式要着重讲解，把产品的设计理念和寓意内涵都阐释出来，从而让客户从朦胧的喜欢到真的喜欢，进一步增强客户对产品的喜爱。

3. 赢在细节，获得真心。

如果女孩子对你有好感并且愿意跟你交往的话，请你珍惜！因为获得女孩子一时的欢心是不够的，要得到女孩子的真心，唯有用真心去换。追女生容易，得其心难，所以必须持续地对女孩子好。怎么好？做好细节。细节往往更能打动女孩子的芳心，要对女孩细心照顾和关爱。

销售也是如此，想让客户从感觉喜欢到确定喜欢，就要通过产品的细节打动客户，让客户知道产品真的好。毕竟现在的产品从外观看都差不多，看不出有什么太大区别，客户容易被外在的东西迷惑，而销售人员一定要让客户知道，想要买到好产品，不能只看表面，一定要看细节！

当然对细节的讲解，一定要基于客户喜欢你的产品，否则只会弄巧成拙。

4. 敢于承诺，终成眷属。

如果你和另一半交往一段时间后确定双方都是真爱，于是想要求婚，这时一定要敢于承诺，毕竟女孩子再怎么喜欢你，想到结婚还是会有点儿顾忌的，毕竟婚姻是一辈子的事情。想要求婚成功就要给对方信心，而让对方有信心就要敢于承诺。当然给出这个承诺一定是在你真心爱对方的基础上，否则就是欺骗。

销售中也一样，当客户有关于产品的质量或者价格等异议的时候，我们需要以实事求是为前提向客户大胆承诺，如此才能更好地提升成交率。

离开这个平台，你什么都不是

当你还是一只猫的时候，别忘记你的目标是成为一只老虎；当你是一只老虎的时候，别忘了你曾经是一只猫。其实，你是猫还是老虎，更多的时候不是取决于你自己，而是取决于你所在的平台。

一个木桶能装多少水，不是取决于短板，也不是取决于长板，而是取决于底板。

很多人总是高估自己的能力，认为自己是只老虎，而人的欲望是无限的，当头脑被"自认为是老虎"的假象充斥时，他就会变得傲慢且目中无人，于是开始索取更多，一旦不予满足，就会有种怀才不遇的感觉，认为得到的回报与自身价值不符，于是开始想着跳槽、想着离开。

跳槽本应是越跳越好，但是大部分人却越跳越差。我在某公司做管理时，看到太多"自认为怀才不遇"的"人才"跳出去，不但没有活得更好，反而越来越艰难，还有一些离开了又返回来，回来后还是原地踏步甚至不如以前……

为什么会这样呢？原因就在于他们相信木桶长板理论，认为自己的本事就像是木桶的长板，只要板子够高够齐就一定能够盛更多的水（得到更多的收获），殊不知木桶理论中的底板才是最重要的！没有了底板（平台），你的长板（能力）再长有什么用？当你离开了平台后，说得现实一点儿，你什么都不是！所以一定要懂得珍惜自己所在的平台。

在珍惜平台（木桶底板）的基础上，还要提升解决问题的能力（木桶长板）。因为在任何一个平台都不可能一帆风顺，有问题的时候不应该逃避，有问题是我们存在的意义，解决问题是我们存在的价值。公司请我们来是解决问题，而不是制造问题的；你能解决多大的问题，决定了你可以坐多高的位子；你能解决多少问题，决定了你能拿多少薪水；如果你不能发现问题或者解决问题，那你本人就是一个"问题"……公司永远都会让解决问题的人高升，让制造问题的人让位，让抱怨问题的人走人！

平台有很多，适合自己的才是最好的。你在这个平台做得也许还不错，但并不代表在其他平台也能做好，所以找到适合自己发展的平台后，一定要好好珍惜，并要努力提升自己解决问题的能力，这才是发展的长远之道！

你的格局决定了你的人生

什么是格局？格局就是价值观的高度和宽度。

一个格局小的人，一定是没有胸怀的人；一个格局小的人，从他的眉宇之间你便能感受到怨气晦气；一个格局小的人，一定是利益熏心，甚至是为了达到目的不择手段的人。这些人有很多，你说真话，他听不进；你说假话，他又要你说真话；你去帮他，他以为你是害他；你不去帮他，他会去害你。对于这种人，我就只有两个字：放弃。

首先，说一下不同格局的高度。

格局小的人只会从自己的角度出发看问题。我们经常会听到有人抱怨：我们工作都这么忙，为什么还要提交调研表、追踪表、总结表？为什么还要涨价？为什么出这个政策？为什么补贴这么少？为什么……

为什么？因为大家看问题的层次、高度和宽度不同。比如你只考虑收入和市场，公司还要考虑政策和管理，等等。

你的生活问题就是你的层次问题，你在社会中位置的高低，决定了你看待问题的角度。所以，与其抱怨，不如思变，努力提高自己的层次，等你达到一定的高度再回想一下过去，就会发现自己原先的想法是多么的幼稚。

格局大的人，是明明知道光明世界的背后有黑暗的一面，却能透过黑暗的一面看到光明，始终会守候光明净土不被污染，这种人是非常少的，需要很大的智慧。

实际上，自己的人生自己做主，自己的命运自己把握，只要你够坚决，只要你不愿意，谁能逼得了你？当你认为问题不在自己身上的时候，这本身就是一个问题。说到底，是你的格局不够大。

其次，说一下格局的宽度。

什么是格局的宽度？格局的宽度就是看问题的全面性，能不能多维度、多角度地去分析一个问题。

格局小的人往往只看到局部，而这并不可怕，可怕的是他把看到的局部当成了全部，这是最致命的，因为他会因此做出错误的判断并掉进坑里。

比如说很多商场每年都会组织团队去参观学习优秀标杆商场，去学习的都是看表面、学皮毛，回去了照搬照抄，结果学得四不像，不但没起到正面作用，还带来很多负面效果，弄得人心动荡、团队动荡、企业动荡，最后直接垮了！所以去优秀标杆商场学习的目的和意义不在于复制，而在于开发思路，寻找突破瓶颈和上限的可能性，降低走弯路而产生的成本。

放开胸怀，努力提升自己的思维层次，才能让你站得更高、看得更远、当你把精力聚焦在如何全面提升自己格局的时候，你会发现，要钱，钱赚到了，要平台，平台也有了，一切都会变得顺利起来。

如何成为赢家

想成为赢家，要怎么样做呢？

第一步：专业。

想要成为赢家，第一步就是要专业！如果一问三不知，你得赶紧反省了；如果什么都要上网搜答案，你得加班熬夜充电了；如果发现客户都比你专业，那你就该下岗了。

第二步：重复。

成大事者都能耐得住寂寞，忍得住孤独，禁得住诱惑，还得享受枯燥的过程！赢家在成为赢家之前都会做大量的重复性工作，很多人都过不了这一关，因为觉得太枯燥了。输家只是为了工作而不断重复，而赢家是为了精益求精而重复，过程不同，结果也不一样。所以，如果你觉得现在的工作很枯燥，那你要反问自己：你精益求精了吗？

第三步：专家。

成为本岗位的专家，本岗位的知识和技能都非常精通，专业知识和技能在公司里面具备一定的权威性，客户问什么都能对答如流并且答得通俗易懂。想成为专家是要付出很多心血的，毕竟知识量比较大。比如说你是卖实木的，就要知道几十个木种的优缺点，要知道含水率、封闭漆、开放漆、清漆，还有各种实木的拼接工艺，如燕尾槽、榫卯结构等。

第四步：杂家。

你不仅要精通本岗位的知识技能，对其他类别的知识也要懂。比如你是卖橱柜的，那么你还要了解衣柜、卫浴、木门、寝具、窗帘、壁纸、瓷砖等，因为客户不仅需要橱柜，其他的也需要，如果你都懂，是不是更能得到客户的认可？

第五步：大家。

全品类都要精通。想要达到这个境界，一般的人要走很长的路，至少要干五年以上，没有时间的沉淀和持续的积累，是很难精通全品类的。能够成为大家的，都是企业的中流砥柱。

第六步：赢家。

成为赢家意味着你能够把全品类的知识和各岗位的技能都融会贯通了，意味着你能拥有更大的平台，能创造更大的价值，也意味着你能赚更多的钱！

想赚钱，就要成为赢家，这是我们大部分人的奋斗路径。所以，大家一起努力吧！

那些让你看不惯的人

面对那些看不惯的人，要先反思。

遇到问题先反思，是自己的偏见导致现在的认知，还是客观事实导致如今的现状？如果不是你的偏见造成的，那么你该怎么做就怎么做，一切按规章制度执行，不需要有任何的心理负担。

面对那些看不惯的人，要学会包容和理解。

如果这个人真的是客观存在问题，不建议压制自己的看法，可以心平气和地指出来，与其沟通。当然我们首先要做的是尝试包容和理解，站在对方角度考虑问题。

面对那些看不惯的人，要学会看透。

当面对看不惯的人的时候，内心要俯视他们，不是因为你的地位，而是因为你的境界。就像过去我一直看不惯年轻人早恋，现在看来很正常，我甚至会调侃说：怎么样小子，这么早就谈恋爱啦？那个女孩追到了没？从过去看不惯到现在的调侃，这就是境界，而这境界是基于你看透了很多东西。看透，才能提高自己的境界。

面对那些看不惯的人，要学会断交。

我们看不惯那些人，不在于那些人的行为，而在于那些人行为背后的内心世界。如果他的内心世界是正能量的、是尊重你的、是你喜欢的，哪怕行为不太好，也不会让你看不惯。

所以，面对那些你看不惯的人，学会理性、控制，然后客观地去处理，才是最重要的。

看别人不顺眼，其实是自己修养不够

上文说了面对那些看不惯的人时该怎么处理，现在我们分析一下为什么会看别人不顺眼。

关于这一点，我觉得证严法师说得特别好："如果你看别人不顺眼，不是别人的问题，而是你自己修养不够。"

总看别人不顺眼，意味着你总是盯着别人的缺点看。这么看，确实是自己修养不够，毕竟金无足赤、人无完人嘛。这个道理很多人都懂，但就是做不到，为什么呢？先看个故事吧。

　　和尚：师傅，这杯子有个缺口，不圆了。

　　师傅：我没看到。

　　和尚：真的，您看看。（将杯子拿到师傅眼前）

　　师傅：你再看看，圆吗？（接过杯子调整了角度）

　　和尚：这个角度看确实还是圆的。

　　师傅：人也是如此，每个人都有缺口（缺点），如果你不去计较，那么他就是完美的。

　　对啊，每个人都会有缺点，如果每次都用挑剔的目光去看，那就真的满眼都是别人的缺点和不足了，慢慢地也会越来越不理解别人，甚至产生反感和排斥。每个人的性格特点、脾气秉性、阅历思维都不同，我们不应该用自己的标准去衡量甚至要求别人。

　　相反，如果学会尊重别人的个性、用欣赏的目光看待别人的优点，就会比较容易接纳、亲近别人。因此，看别人顺眼不顺眼，能不能和周围的同事、朋友和谐相处，更多取决于自己。

　　严于律己，宽以待人。当然，如果这个人你还是看不顺眼、还是不喜欢，大可以扭头就走，无须顾虑太多，免得伤神费力。如果你觉得这个人不对劲，特别是觉得这个人的品德有问题，那就赶紧远离他。

你的价值很重要

　　前段时间我拿自己的公众号做了个实验：第一，长时间不更新公众号文章；第二，更改公众号名字，然后观察用户的关注度，结果发现关注度并没有降低多少。如果公众号更改了过去让人熟悉的名字且一个月不更新原创文章，却依然不会影响到用户关注度的稳定性，那么就证明四个字：价值为王。

　　所以，只要你有能力、你能签单、你业绩做得好，你的学历高低是不太重要的，因为对销售来说，业绩为王，而业绩就是价值的直接体现。

当然，能力和价值的提升是需要多年的坚持和积累的，不能"三天打鱼，两天晒网"。

在你还没有很高的价值之前，能力还不强的时候，不要老是想着跳槽、想着换工作，而要多积累、多总结、多历练。如果能力不够，换工作是得不到高薪的，就像不会游泳或者游得慢的人，换泳池是解决不了问题的。

当然，大部分人对自己的价值认知是有限的，就像一位老师说的："对于打工的人来说，你的价值体现在你的下一份工作的薪酬上。如果你跳槽换工作的薪酬没有翻倍，就证明你的能力水平还不够。"

老板不可能看不到你的才华，事实是你真的没有才华。这就好比山脚下的你跟山顶上的人说"你看到的是错误的"，这根本没有说服力。很多人接受不了这个事实，觉得尊严受到了侮辱。但尊严来自实力，如果你的实力很强，谁敢挑战你？

学会拒绝是门必修课

很多人把拒绝理解成伤害，拒绝别人会伤害别人，所以人总是不善于拒绝，结果却伤害了自己。所以学会拒绝，对自己、对他人都是一种保护。

拒绝一定要明确，不要拖泥带水，如果你总想着如何委婉地表达拒绝，那就是把简单问题复杂化了，容易弄巧成拙甚至引火烧身。

比方说有人跟你借钱，你不直截了当地说，而是找借口推脱，那就可能导致这样的结果："你上个月没借钱给我，说没发工资，现在可以借了没？""你两个月前没借钱给我，一没发工资，二要还信用卡，现在可以借了没？""你三个月前没借钱给我，说没发工资，要还信用卡，老妈生病住院要花钱，现在可以借了没？"

如果当初你能直接说："我没钱！""我不借！"也就不会有后来这些烦恼。哪怕别人会说你"小气""不够朋友""冷血"，没关系，这样的朋友不要也罢。学会拒绝能够分清哪些是真正的朋友，可以帮你筛选出更高质量的朋友。再说，你好不好不需要他们来评判，做好自己就可以了。

如果你不懂得拒绝，你的生活会变得没有原则、没有底线，容易扭曲自己，你会渐渐迷失，最终失去自我。

如果你不懂得拒绝，你的工作会陷入僵局，心力交瘁，因为你不懂得拒绝，因为你是老好人，所以你的额外工作会越来越多，而别人会得寸进尺，对你的付出习以为常。

如果你不懂得拒绝，你的感情会引来很多不必要的麻烦，你的生活一定是一团糟。本来不是你的错，结果成了你的错，弄的里外不是人。比如有人追求你，由于你担心伤害到对方，不好意思太明显地拒绝，结果对方以为有希望，于是继续为你付出，而你还是担心伤害到对方，于是也接受对方的好。结果有一天你喜欢的人出现了，你跟喜欢的人在一起，一定会被认为花心。

学会拒绝吧，少一些纠结，多一些遵从自己的内心。做真正的自己，让自己尽量活得简单舒爽。

学会拒绝吧，也许你缺少一些勇气，也许你内心还不够强大，但这是一门必修课。从现在开始，对不合理的要求，对那些你内心抗拒的人和事大胆地说"我不干""我不愿意""我不要""我不喜欢"吧。

靠实力，成为值钱的人

你的努力只是假象

每次培训的时候，都会碰到一些很努力的学员，可惜的是，很多人的努力都是用时间堆积出来的假象，一回到卖场开始日常工作，这种假象便一戳就破。于是，很多学员就开始说：为什么我这么努力，还是签不了单？为什么我把老师说的技巧、话术都背熟了，但还是没有效果？甚至有些学员因此怀疑自己是不是不适合做销售。

很多学员参加培训时都特别认真，不停地做笔记，不停地用手机把老师的课件拍照，生怕遗漏了什么，培训结束后还不忘问老师要课件 PPT。学员的学习态度很认真，但是效果很差，具体原因仍在于回到终端后不懂得如何转化运用。

这是为什么呢？

我一直强调，学习有两个指标：第一，内容的留存率——你学完后记得多少；第二，内容的转化率——你能转化并运用到实践的有多少。前者是基础，后者是关键。

内容的留存率可以通过背诵、做笔记来提高，内容的转化率则需要通过深度的思考和练习才能实现。为什么你看了这么多书，听了这么多培训，还是这么平庸？因为没有深度思考并转化。为什么你每天这么努力、加班加点地工作，还是没有干出成效？因为没有深度思考把握关键点。

别以为把老师的课件拍个照，把老师说的知识做好笔记，这些知识就属于自己了。很多人做笔记就像在微信上收藏文章一样，做完再也不去看，根本没用。所以建议大家听课的时候不要光顾着做笔记，而要多花时间去思考，否则会错过思维升级的机会。只有经过认真的思考，才能把握住知识的核心以及能运用于实践中的关键点。

可惜，大部分学员不愿意去思考，具体的表现是：

老师，有没有快速成交技巧？

老师，有没有快速杀单技巧？

老师，怎么样才能够把客户快速搞定？

老师，有没有简单而且马上就能用的技巧？

大部分人总想着要快，却没想到慢慢来才是最快的，思考的过程虽然需要花时间，但正是经过这样深度的思考才能找到问题的关键并开发出解决方案。比如，客户为什么不购买？客户成交的关键点有哪些？客户的心理是怎样的？你只有把这些想通了，才有可能比较快地实现成功。

努力只是成功的必要不充分条件，如果要使其成为必要充分条件，那么努力的方向就是既要建立深度思考的基础，还要有强大的自我驱动力。就是不需要有人监督，你自己就能很自觉地去坚持做一些事情。比如我，每天除了上班，还会利用休息时间坚持写文章，这都是自我驱动的结果。

学历只是敲门砖，能力才是安全感

在终端，很多优秀的销售都有这样的困扰：学历低，但是业绩好，并因此得到老板和店长的重视，得到晋升，但他总觉得没有安全感，怕哪天业绩不行了或者带不好团队，随时被开除。而且现在很多公司对销售员的学历要求得也越来越高，担心到时候连跳槽都没资格……

这样的销售员有危机感，是好事，所谓居安思危，思则有备，有备则无患。学历的问题也是终端销售中比较有普遍性和代表性的问题，就此，我分析了几点，供大家参考。

首先，安全感源自你的能力，而非学历。

如果你工作没干好被开除，跟你的学历高低是没有直接关系的，所以不要把你的安全感寄托于学历。安全感源自你的能力，用人单位更看重的也是你的能力。因此，你应该继续努力工作，积累更多的经验，强化自己在这块领域上的特长或者说是优势，以此来让自己更"安全"。

其次，学历低不应成为自卑的理由，更不应该成为不努力的借口。

学历低，顶多就是失去部分工作的敲门砖；能力低，却等于失去所有工作上升的可能性。

有些人觉得反正自己学历低，就破罐子破摔，认为自己学历低，就永远没有翻身的可能，这个逻辑也是错的。恰恰相反，学历低的人应该更加努力，如果能够沉下心来好好工作，一定能够成为某个行业、某个领域的专家，专家是不可能赚不到钱的。

但是在有条件的情况下，能提升学历是最好的，学历能够为你的能力加分。

有些人提升学历是为了逃避工作压力，有些人提升学历是为了让工作和生活变得更好，对于大部分人来说，提升学历的最大目的应该是更好地赚钱和生活。所以，首先要明确你的目的。学历教育主要分为全日制和在职，对于我们这样在职工作的人群来说，我的建议是选择在职教育的学历提升，比如网络教育，这样既不耽误工作又不耽误学习。

压力就像万有引力，谁都无法逃避

当你没钱的时候，你的压力是努力赚钱还房贷、还车贷；当你有钱的时候，你的压力是如何变得更有钱。人性总是贪婪的，没钱的时候想着有钱，有钱的时候想着上富豪榜，上了富豪榜又会想着要是能成为首富就好了。哪怕你有朝一日真的成为首富，你又会碰到新的压力。

拥有的越多，越容易害怕失去。压力就像万有引力，谁都无法逃避。

那么，如何面对压力呢？

1. 越是逃避，压力越大。

如果你因为工作压力太大而辞职，工作的压力是没了，但是更多的压力会出现。你得正视压力、承认压力、理解压力，做一个成熟的人，明白压力正是我们人生的一部分。

2. 承受压力，会让你更有动力。

有一天，一位老朋友发了个课件给我，让我提一些意见。我看后惊呆了：写得太好了！我曾经和他在一个部门共事，对他有一些了解，他曾是个优秀的培训老师，但是后来跳槽到一家上市公司做部门经理，时隔一年多竟然又回来了。我想，这得承受多大的压力啊，毕竟离开了一年多，原公司的变化可以说是翻天覆地的，回归就意味着从零开始、从头再来。因此，一般人都不太可能选择回到原来的公司、原来的位置。但是他不一样，一年多上市公司部门经理的历练，让他有着比一般人更高的格局以及更强大的内心，他能很好地适应和重新融入，目前来看做得很顺利，能力甚至是一年前的几倍。我绝对相信，他回来一定是有压力的，而且压力还不小，但也正是因为这种压力，才逼出了更强大的他！

3. 学会解压，才能更有弹性。

压力无法避免，但它的大小是可以调控的，一定要在你所能承受的范围内。如果压力过大，你会陷入绝望的泥淖里不能自拔，所以千万不要盲目承压，要有自知之明。

即便压力在可以承受的范围，时间一长，也容易疲劳，所以你得学会解压。

① 经常运动，保持健康。运动可以让人放松，再说，身体是革命的本钱，健康是 1，其他都是 0。

② 经常看书，保持学习。世界上唯一不变的就是变，唯有不断的学习才能不被淘汰，唯有不断的学习才能让你保持自信。如果不学习，你可能会经常担忧被淘汰。

③ 努力赚钱，增加收入。逃避压力，说明你在堕落；承受压力，说明你在成长；理解压力，说明你在变成熟；化解压力，说明你是能人。每个人都有压力，你的压力是什么？你化解它了吗？

改变结果从改变观念开始

人是观念的产物，你有什么样的观念，就决定你有什么样的人生；你有什么样的观念，就会有什么样的结果。

很多商场单值一直做不大，很重要的一个原因就是团队的销售观念没有改变过来。

比如我一直告诉大家，我们要卖方案，不是卖产品。以吊柜为例，如果卖方案，应该这么说：

姐，现在房子越来越贵，寸土寸金，所以一定要充分利用墙面空间，要做个吊柜。但是您有没有发现，吊柜比较高，有时候够不着，还要拿个凳子垫着，非常不方便。另外，吊柜里面的东西拿起来也不方便，经常食品放到过期都不知道，搞卫生也麻烦。针对这些问题，我们这里有四种解决方案……您看您喜欢哪一种？

可就是有些人改变不过来，还是一直讲产品卖点，结果销售越干越差，因为没有用户思维，你说的都不是消费者想要的，你说得越多，消费者越反感。

再比如，我们都知道，一个好的厨房一定要有五大系统，可有些人只懂得皮毛，只知道五大系统是洗涤系统、备餐系统、烹饪系统、收纳系统和品质生活系统，然后就没有然后了。结果导致跟消费者沟通设计方案时还是停留在过去的观念上，比如觉得洗涤就是水盆和水龙头，结果只能是卖水盆和水龙头。这就是观念决定了结果。

如果观念改变了，能深刻理解洗涤系统，卖的怎么可能只是水盆和水龙头？一个好的洗涤系统，除了水盆和水龙头之外，还需要洗涤收纳功能配件来收纳洗洁精、钢丝球、抹布等，告别杂乱无章；还需要净水器来确保家人的用水健康；还需要垃圾处理器或者垃圾桶来解决厨余垃圾。只有这些都配备了，才能满足消费者的需求、解决消费者的厨房生活痛点，才能称为好的洗涤系统，才能让消费者认可并做大单值。

人的观念是最难改变的，人与人的区别就在于观念是否能够及时更新。只有具备了好的观念才能有好的行为，只有有了好的行为才能有好的结果，只有有了好的结果才能巩固好的观念，进而进入良性循环反馈系统。

用耐心建立"值钱"系统

很多销售参加的培训不少，即便是课程质量很高，但学习过后的效果还是不理想。这里有三方面的原因：第一是老师水平不行，第二是老板对培训不重视，第三是学员自身的问题。这里从学员层面来展开分析。

培训没有效果，从学员层面分析，第一是没有行动，第二是没有耐心去坚持。不是培训没有用，而是培训过后没有去用。销售本身就是个技术活，因为销售过程充满了不确定性，每个消费者都有其个性和特殊性，我们只能从个性中来总结共性，尽可能地找出规律，并提供具有普遍适用性的流程、方法和技巧。

销售要做好，除了要有方法技巧，还有要诚心。没有诚心，再多的技巧在消费者看来都是欺骗。在诚心的基础上，你还得有耐心，每天去练习和巩固销售技巧和方法，通过大量的实战总结和提炼自己的方法和技巧，让自己能把技巧运用得炉火纯青。就像大夫一样，只有成为了老中医，才能在最短的时间内找到病根，对症下药，药到病除。

要成功，行动很重要，但是比行动更重要的是要有耐心、有耐力，要懂得坚持，要有延迟满足的能力。同时，要相信经过努力的行动、耐心的等待，总会等来花开的一天，那个时候你会发现，自己所有的努力都没有白费。

你"值钱"才能赚到钱。思维和观念只有处于领先或者至少是正确的，才能给你带来好的行为和好的结果。

"值钱"系统其实就是"值钱"思维，就是正确的观念和理念。

选择自己喜欢的、擅长的工作当然会更容易成功，但是再喜欢的工作，总有一天你会厌倦。一个成熟的职场人，不应该让喜不喜欢来左右自己，更不应该因为"不喜欢"而跳槽辞职，因为你最后还是会碰到同样的问题。

正确的做法应该是在产生厌倦的时候，适当地停下来，让自己静下来，在短暂的休息和放松后继续投入工作。忍得住枯燥，耐得住寂寞，精益求精，如此才可能成为某一领域的专家。

这六类人不改变，很快就会被淘汰

我喜欢销售，因为我坚定认为销售做得好，生活工作更美好。

从我大学开始研究销售到现在，整整十年，这十年我几乎跑遍全国，我发现，优秀的销售是有共性的，同样，销售做不好的人也是有共性的。

在定制家居行业新一轮革命的发展浪潮中，如果这六类人不改变，可能下一秒就会被淘汰。

1. 不及时更新知识体系的人。

现在是知识爆炸的时代，用日新月异来形容一点都不夸张。我们现在一天面对的信息量，比古人一辈子面对的还要多。

时代在进步，竞争对手和消费者也在进步，对于做销售的人来说更要进步。我们要把时间和精力聚焦在跟我们工作岗位相关的知识上，只有如此，才能掌握最前沿的技术和观念，才能引领并打动消费者。

如果今天的你还在用旧有的知识体系去服务客户，那么你根本拿不下客户，因为你的知识面和专业度还不如消费者，凭什么去说服他们买单？

活到老学到老是所有成功人士的共性，人如逆水行舟，不进则退。

2. 技能单一的人。

定制行业对人的综合素质要求是比较高的，如果你所掌握的技能过于单一，容易在一棵树上吊死。比如你是设计师，你不能只懂量尺画图，你也要懂销售，包括学习产品知识、产品讲解技巧、功能讲解技巧、卖点讲解技巧、赞美沟通技巧、促单成交技巧等。因为销售的核心就是沟通，量尺的核心也是沟通，如果你不懂沟通、不会沟通，就无法通过沟通打开客户的心扉、挖掘客户的需求、展示你的专业。

因此，不管你做什么，都要实现"一专多能"，对本岗位的工作，你要专业，其他方面你也要懂，技多不压身。对于定制行业来说，设计的重要性越来越突出，销售设计一体化是趋势，所以有机会的话，销售要去参加设计的培训，设计师也要参加销售培训，培训是最大的福利，老板愿意花钱让你去培训提升，就要学会感恩，好好珍惜。

3. 情商低的人。

所谓情商，就是照顾对方感受，能够换位思考的能力。情商为什么很重要？因为情商是沟通顺畅的润滑剂，没有情商，你有再好的建议和诚心都会演变成"尬聊"。情商高可以说服原先反对你的人，情商低可以好心做坏事。

怎么样才能提高情商呢？

① 真诚。真诚大于专业，先真诚再专业，没有真诚的专业都只会让消费者抗拒。

② 兼顾对方的感受。所谓真诚并不是不顾对方感受的大嘴巴，而是尽可能用让对方舒服、能接受的方式来沟通。"己所不欲，勿施于人"，尊重对方的个性，不窥探对方的隐私。

③ 有原则。情商高不是说让你做无原则的老好人，原则和底线必须坚守，该拒绝的要拒绝。

4. 心理脆弱的人。

你的抗压能力足够强，才能快速消化负面情绪。我不是说就要压抑自己，这样会很难受，毕竟人只要活着，从生理和心理上都不可能彻底无视自己的感受。所以，该发泄还是要发泄，这样才能让自己处于平衡状态，避免导致心理疾病。我说的抗压，是承认自己的普通，了解自己的不足，接纳自己的不足，正视而不忽视，这样你的心理才能变得健康且强大。

5. 目光短浅的人。

目光短浅的人没有远见，只顾眼前的蝇头小利，容易被眼前的波动干扰和影响判断。干销售的人目光要长远，选择比努力更重要。定制家居行业的今天跟十年前的家电行业非常相似，这十年是定制家居行业的黄金期，现在定制家居行业处于洗牌阶段，人才缺口很大，只要你有能力，哪怕你没学历都没关系。

所以，不要因为一时得失就轻易放弃，不管在哪个行业，想要成为专家都需要五年、十年的沉淀，如果你干个一年半载就频繁跳槽，便难成大器。

6. 不会学习的人。

想要会学习，不能只掌握表面的知识，你一定要去思考知识背后的逻辑，要多问几个为什么，如此才能透过现象抓本质，从而理出一条清晰的脉络和思维导图。这样才有利于你真正将学到的东西内化为自己的实力，从而更好地指导你的实践。

附　录

测未定操作五步骤

测未定就是免费测量，指的是客户未交定金，仍然为客户提供上门量尺出方案的服务。如今几乎所有品牌都做免费测量，因为现在竞争越来越激烈，只有把服务做到前面并且用心，才能得到客户的认可，树立良好的口碑。但是测未定是把"双刃剑"，操作得好，成交率和单值可以得到大幅提高；操作不好，不但销售上不去，还会打击团队成员，尤其是设计师的信心。

测未定操作不好，原因在于三点：

① 老板不重视、不理解；② 中层干部和团队没有达成共识；③ 基层销售人员没有正确的流程、道具和话术去支撑和执行。

客户的家，是销售的第二战场，其价值和重要性甚至超过了店面。一般导购在店面接待时做好产品的讲解，而设计方面就需要在量尺现场跟客户进行沟通。

所以，量尺现场的核心不在于量尺本身，而在于沟通和包装。量尺的价值只有通过包装和沟通才能实现。很多商场提供的量尺服务缺少包装，不懂沟通的流程和技巧，量尺结束后就草草收场，这样的量尺根本没有效果。

如果在量尺前缺少包装和沟通，可能会导致出现以下两个问题：

① 填了不量：客户填了量尺申请表，但是不让你量尺。为什么？因为客户觉得你提供的免费量尺服务是廉价的，客户不珍惜。

② 量了不在：客户让你来量尺，但是人不在现场。为什么？因为你没有

要求对方在场，也没有说明必须在现场的重要性，所以客户觉得自己可在可不在。

这时该怎么办呢？这里为大家分享测未定的流程步骤、道具和话术。

第一，制定测未定包装话术。

测未定包装话术要想发挥作用，必须包含三个点：

① 为什么要搞免费测量（让客户明白为什么）；

② 免费测量是限量的（让客户懂得珍惜）；

③ 虽然免费但是保质量（让客户放心）。

参考话术：

我们现在为了进一步做大口碑，每天有三个免费测量出方案和效果图的名额，虽然是免费的，但是效果跟外面收费的一样，要不让我们的高级设计师给您量个房？

第二，制定测未定表格，也就是免费测量申请表。

制定免费测量申请表有两个作用：

① 往往越是正式的场合，我们就越会重视，所以测未定要有个表格，给到客户的感觉会正式很多，客户会更加重视和珍惜；

② 为了不让测未定变成一种形式，建议表格里除了包含客户基本信息，还要有服务跟进、时间节点、服务结果和审核报批等项。为什么很多商场的测未定变成了一种形式或者效率低下，其中一个原因就是缺乏监督跟进、时间节点和服务结果的追踪。也就是说，测未定表格不科学、不合理，无法达到理想中的效果。测未定一定是要大家共同参与，也就是要把相关责任人全部拉进来，大家共同监督，这样自然大家都会更加重视。如果每个人都很重视，你觉得测未定的结果会差吗？

第三，引导客户填写测未定表格。

这个步骤貌似简单，但是简单不代表容易。也就是说，你要让客户填写基本信息是有难度的，特别是涉及比较隐私的手机号码、几房几厅、装修进度等，这些信息不是说你问，客户就会回答你、就会写上去的。所以很多商场的免费量尺申请表里的客户信息那一栏常常就只写了个姓，最多写个手机号码，其他就不写了，甚至连手机号码也不愿意留下。为什么？因为客户不愿意。为什么客户不愿意？因为我们没有给客户一个充足的理由。

假设你这样提问引导客户，结果会不会好一点？

姐 / 哥，您怎么称呼？

姐 / 哥，您手机号码多少？ 到时候我们设计师会再次跟您确认具体上门时间，还有后续的跟进都是我们设计师跟您沟通的。

姐 / 哥，您家是几房几厅？ 是这样的，我们有些设计师比较擅长大户型，有些设计师比较擅长小户型。

上面的每个提问后面，都会给客户一个回答问题的理由。所以，要想得到你想要的，就要给对方一个合理的理由。

第四，销售人员必须与设计师一起上门。

为什么销售人员也要一起上门？原因有三点：

首先，接待客户的通常是销售还是设计师？当然是销售！如果只是设计师上门，由于客户之前没见过设计师，所以心理上会感觉陌生，而这种陌生会产生距离感。这时候设计师又要重新花费很多时间去跟客户建立信任感，这会导致效率低下。

其次，设计师的沟通能力普遍比销售要弱，所以销售一起上门，可以有效弥补设计师沟通能力不足的问题。销售和设计师一起上门配合，分工合作，设计师负责量尺画图，销售负责赞美沟通，特别是赞美，这也是销售上门与客户沟通最重要的一项工作。

最后，很多设计师没有自信，甚至连尊严都没有，所以有些设计师甚至自嘲是"量尺师傅"。其实，设计师是需要包装的，而包装就要靠销售人员。

很多设计师上门往往都自称小李 / 小陈 / 小黄……因为设计师不好意思自称李老师 / 陈老师 / 黄老师……即便你好意思，客户也不一定认可，这样就无法在客户心中树立起权威，进而导致后期谈方案时的被动状态。

而销售员上门，除了跟客户沟通之外，还能包装设计师：姐，这就是我跟您说的高级设计师李老师 / 陈老师 / 黄老师……你觉得效果会不会更好？

第五，设计师要量全屋并且出全屋方案。

设计师上门一定要在有限的时间内向客户展示出你的专业水平，所以建议不管客户是买一个柜子还是两个柜子，都要根据客户全屋的原始尺寸做一个手绘平面图，这样给客户的感觉一定是很震撼的。除了手绘原始尺寸户型平面图，还要做出全屋的方案布局，挑两个空间把效果图也做出来，通过方案的讲解和效果图的辅助来打动客户，进而再把其他空间的效果图也做出来，一步一步多做一个空间、一个柜子，全屋也就实现了。

总的来说，测未定操作是否成功至关重要。因为测未定有三个作用：提高客户二次进店率；为活动蓄水；提高成交率。做好这一步，离成交就只有一步之遥了。

如何提高获尺转化率

所谓"获尺"是指获得为客户提供上门量尺设计服务的机会；所谓"获尺转化率"是指为客户提供上门量尺设计服务后转化为订单（客户交款）的概率。

很多商场的设计师天天去量尺，但就是不定单，工作很努力，但是没结果。问题到底出在哪儿？我们做销售要像做医生一样，善于诊断，只有对症下药，才能药到病除。我们先分析一下影响订单率的因素有哪些。

1. 为 C（可测量）而 C（可测量），导致低质量的 C。

销售员把免费测量当成武器，客户一进店就填免测表，没有做好服务，没有甄别客户，没有包装设计师，也没有包装量尺价值……结果把设计师累死却没有效果。事倍而功半，签单率能高吗？

2. 为 L（上门测量）而 L（上门测量），导致低质量的 L。

上门测量的核心不是测量本身，而是沟通。所以客户是否在量尺现场是头等大事，是重中之重！如果客户不在现场，就改天再约，宁愿不量，因为客户不在，量了也白量。别去做这些无用功。

如果是为了完成任务，为了 L 而 L，建议商场管理人员马上核查并禁止，建议上门量尺结束后上传一张和客户的合照或者录一段小视频发到工作群，确保客户到达现场，一旦发现存在客户不在场而去量尺的情况，不但没有奖励，还要处罚，特殊情况除外。因为设计师是很重要的资源，客户不在场去量尺就是对设计师资源的极大浪费。

关于如何确保客户在量尺现场，很简单：你有没有要求客户在场，是的，必须要求！

在店面的时候导购有没有要求客户在现场？上门量尺前设计师或者店长有没有打电话要求客户在现场？

我说的"要求"，是指要给客户一个在场理由，告诉客户在场可以得到什么，告诉客户在现场的重要性。比如水电的布局和空间的布局等细节；比如现场告诉客户家装的注意事项，如何选购瓷砖、寝具、窗帘；等等。

关于如何做好现场的沟通和展示专业，需要做好形象准备、道具准备，百分百做到设计师和销售员搭档上门量尺。

3. 为 A（出方案）而 A（出方案），导致低质量的 A。

别人都出两套方案和 3D 效果图，你还在用 CAD 考验客户的想象力。你说客户为什么要买你的？

别人都是 24 小时内就出图、出全屋方案，你 48 小时都无法做到，而且量尺结束后一个短信、一个电话都没有给客户，客户还以为你人间蒸发了。客户为什么要买你的？

别人的设计方案都有专人、专业的设备来讲解，别人的报价都是信息化的，你的设计方案就是让客户坐在你的电脑旁看，讲的死板又无聊，说的全是废话，报价都是用 A4 纸手写的。你说客户为什么要买你的？

据了解，有不少设计师设计的方案都是把以前做的拿来复制粘贴，没有经过充分考虑，没有结合客户的个性需求。这样的方案，客户能满意吗？我们是定制家居，这样的设计方案如何体现定制？对得起自己定制设计师的称号吗？

出现这个问题，我想，有几个原因：

首先，设计师个人能力不足。

很多商场的设计师其实就是画图员，没有空间想象力，没有设计理念，只会拼凑柜子，沟通能力也不行。这种设计师，如果服务意识较好、态度不错，就可以加紧培训将其培养起来，不行的就淘汰。

其次，设计师工作超负荷。

很多商场的设计师和导购的配比其实是有问题的，未来的业绩增长要靠服务来驱动，而服务的核心就是设计师，说白了就是设计师驱动增长。未来，谁的设计师团队厉害，谁就更能获得客户的青睐。产品的差异是有限的，但服务的差异是无限的，所以商场要重视对设计师团队的打造。

那如何才能降低设计师的负荷呢？

首先，追求高质量的 C。

免费测量是趋势，这不可避免，但是不能泛滥，不能把免测当武器，所以商场必须要求销售做好过程服务并甄别客户。

其次，2∶1 的人员配比。

在设计师和销售员的配比上，最起码要 2∶1，否则设计师忙不过来。

再次，精细化分工。

可以考虑将设计师分为量尺设计师、做图设计师、下单设计师……所谓"物尽其用，人尽其才"，要用人的长处，沟通能力强的可以作为量尺设计师；大胆前卫、3D 做得好的可以作为做图设计师；心思细腻、对工艺很懂的可以作为下单设计师。

最后，薪酬奖励机制不给力。

设计师赚不到钱，或者收入在行业平均水平甚至平均线以下，都会直接导致设计师的工作动力不足，没有激情，容易把工作当任务。

所以设计师的薪酬奖励机制一定要有竞争力，可以采用阶梯式的设置，每级阶梯不能太大，既要有挑战又要让设计师够得着，否则形同虚设。关于机制的设定，可以是底薪很低，但是提成奖励很高；也可以是底薪很高，比如 3000 元保底、5000 元保底，然后提成较低，但是奖励的项目要多，比如大单奖、联单奖、单项奖、PK 奖、创新奖、出图数奖、满意度之星奖等，这样才能激发设计师的热情和动力。

未来的竞争是人才的竞争，如果工作人员学不到东西，工作超负荷，做的很累，很不开心，又赚不到钱，人家凭什么留下？如果商场这不舍得那不舍得，凭什么留住人才？如果商场都没有人才，拿什么来竞争？

所以，知道了症状，找到了病根，也知道了用什么药，接下来就剩下去行动了。

量尺现场十问

第一问：全屋初步探询。

参考话术：

① 您家常住人口是几人？

② 平时经常有朋友来做客吗？

③ 平常跟父母一起住吗？

④ 您打算装修什么风格？喜欢浅色的还是深色的？有没有在网上或我们的展厅看到比较喜欢的款式？

⑤ 您对家里的整体设计有什么想法吗？

第二问：入户需求探询。

参考话术：

① 入户花园柜的设计，您喜欢一门到顶还是中间留空做个台面放置物品？

② 您家有没有运动打球的习惯？需不需要在入户花园设计个收纳区专门收纳篮球 / 足球 / 羽毛球 / 瑜伽球？

③ 您家的高跟鞋 / 长筒靴 / 平底鞋大概有多少？

④ 平常回家都会有脱外套、放包包和帽子的习惯，需不需要多设计几个

挂钩来解决？

⑤ 鞋柜的底部需不需要留空来放常用鞋？

⑥ 平常换鞋如果站着很不方便，需不需要设计个换鞋凳来解决？

⑦ 有时候我们着急出门容易漏带东西，需不需设计几个抽屉收纳出门常带的物品，比如钱包和钥匙之类的？

⑧ 我们出门有时候会忘了整理妆容，需不需要设计个全身镜来方便检查？

⑨ 您对入户花园的设计还有什么想法吗？

第三问：厨房需求探询。

参考话术：

① 您平时有煲汤、喝汤的习惯吗？自来水有异味还不健康，您需要全屋净水还是厨房净水？

② 家里平常都是谁洗碗？碗用手洗，不但洗不干净，还耗时长、伤皮肤，容易腰酸背痛，需不需要设计个洗碗机？

③ 厨房垃圾平常是怎么处理的？如果不及时处理会发臭、招引苍蝇、蚊子，影响家人健康，如果剩菜残羹直接倒入水槽也容易堵塞下水管，需不需要设计个垃圾处理器来解决？

④ 平常烹饪是以炒菜居多吗？如果炒菜时不及时排烟，容易影响家人健康，需不需要设计个大吸力油烟机来解决？

⑤ 在厨房烹饪忘了看时间导致烧焦，这种情况有没有发生过？需不需要设计个防干烧的智能灶具来解决？

⑥ 平常会吃蒸鱼、蒸排骨吗？用传统的蒸锅容易导致滴水回流影响口感，需不需要设计个电蒸箱来解决？

⑦ 平常吃蛋糕是自己做还是从外面买？外面买的蛋糕没有自己做的这么卫生和健康，需不需要设计个电烤箱来解决？

⑧ 有没有发现厨房的拉篮用一段时间后容易生锈？需不需要设计一些不锈钢拉篮来解决？

⑨ 平常厨房的碗碟都是放在哪里？叠在一起拿取其实很不方便，需不需

要设计个碗盘拉篮来解决?

⑩ 家里的锅具都是放在哪个地方? 放在地上乱糟糟的, 也占地方, 需不需要设计个平网拉篮来解决?

⑪ 您对厨房的设计还有什么想法吗?

第四问: 餐厅需求探询。

参考话术:

① 您喜欢圆桌还是方桌?

② 家里小电器多不多? 需不需要预留台面来放置?

③ 家里有喝酒 / 藏酒的习惯吗? 需不需要设计个酒柜和挂杯架?

④ 餐厅的小杂物特别多, 需不需要设计一些抽屉来收纳?

⑤ 家里有工艺品要放在餐边柜来展示的吗?

⑥ 您对餐厅的设计还有什么想法吗?

第五问: 客厅需求探询。

参考话术:

① 电视机准备买多大的? 是挂在墙上还是放在台面上?

② 沙发准备买几人位的? 喜欢贵妃款还是扶手款? 喜欢皮质的还是布艺的? 喜欢浅色的还是深色的? 喜欢偏硬的还是偏软的?

③ 茶几喜欢简单个性点的, 还是复杂点带功能的?

④ 家里小朋友在客厅玩耍的时间多吗? 需不需要专门设计个玩具收纳区?

⑤ 家里的药物、火机、消毒水等危险品是不能让小朋友接触的, 需不需要设计个带锁的抽屉?

⑥ 您对客厅的设计还有什么想法吗?

第六问: 主卧需求探询。

参考话术:

① 您打算把床放在哪个位置? 要1.5米的还是1.8米的? 床架要传统的骨架床还是带抽屉可以储物的箱体床? 床垫喜欢偏硬的还是偏软的? 是要连

锁弹簧的还是独立袋装弹簧的？

②　有没有在卧室梳妆的习惯？需不需要设计个梳妆区？

③　有没有在卧室看电视的习惯？需不需要设计个视听区？

④　有没有在卧室办公的习惯？需不需要设计个办公区？

⑤　平常是穿正装多还是休闲服多？是挂的多还是叠的多？衣柜需要存放的衣物／被褥有多少？

⑥　您喜欢平开门还是推拉门？

⑦　需不需要在衣柜内设计个推拉全身镜？

⑧　衣柜里面需不需要设计个隐藏式保险柜，放一些贵重、隐私物品？

⑨　需不需要设计个格子抽来收纳内衣裤／领带／袜子？

⑩　您对卧室的设计还有什么想法吗？

第七问：书房需求探询。

参考话术：

①　书桌打算放哪个位置？

②　书柜打算设计在哪个位置？

③　平常有在书房休息的习惯吗？需不需要设计个榻榻米？

④　平常会在书房招待客人吗？需不需要设计个升降台？

⑤　平时在书房使用台式电脑还是笔记本电脑？

⑥　平时都收藏什么样的书？多不多？

⑦　平时有没有收藏一些精美工艺品要放在书房的？

⑧　您对书房的设计还有什么想法吗？

第八问：儿童房需求探询。

参考话术：

①　您家有几个小朋友？是男孩还是女孩？多大啦？需不需要设计个上下床？

②　小孩子都会有写日记或存压岁钱的习惯，需不需要设计个带锁的抽屉或者保险柜？

③ 小孩子年年长身体，对桌椅的高度要求也不一样，需不需要设计高度可调节的桌椅？

④ 小孩子的衣服是挂的多还是叠的多？

⑤ 您喜欢平开门还是推拉门？

⑥ 您对儿童房的设计还有什么想法吗？

第九问：老人房需求探询。

参考话术：

① 您打算把床放在哪个位置？需要 1.5 米的还是 1.8 米的？床垫需要偏硬的还是偏软的？

② 老人平时有在床上看书的习惯吗？需不需要设计个可调节的电动床？

③ 老人家拿高处的衣物不方便，需不需要设计个升降衣通？

④ 老人家一般叠的衣服比较多，为了方便拿取，需不需要多设计一些抽屉和层板？

⑤ 您喜欢平开门还是推拉门？

⑥ 您对老人房的设计还有什么想法吗？

第十问：阳台需求探询。

参考话术：

① 家里如果人多，有时候早上起床洗漱需要排队，需不需要在厨房阳台设计个洗漱区？

② 您家洗衣机打算放在哪里？如果放洗手间容易发霉还占地方，需不需要在厨房阳台设计个洗衣区来解决？

③ 家里的清洁工具一般放在什么地方？需不需要在厨阳设计个收纳区和污水池来解决？

④ 您有在客厅阳台会客的习惯吗？需不需要设计个会客区？

⑤ 您有在客厅阳台看书阅读的习惯吗？需不需要设计个简易书柜和懒人沙发？

⑥ 您对阳台的设计还有什么想法吗？